FRAUEN IM SCHATTEN

CH. S. CHIU

FRAUEN IM SCHATTEN

SACHBUCH
J&V
JUGEND & VOLK

ISBN 3-224-17 669-5

Die Fotos zeigen oben von links nach rechts:
Mileva Einstein-Marić, Lise Meitner und Margarete Jeanne Trakl.
Von unten links nach rechts:
Milena Jesenská und Margarete Schütte-Lihotzky.

Umschlag: Bruno Wegscheider
Druck und Bindung: Wiener Verlag, Himberg
94 03 8/30/1

Vorwort

Ihre Namen sind nur der Fachwelt bekannt, nicht dem großen Publikum: totgeschwiegen, verschmäht, übergangen von einer rein männlich ausgerichteten Geschichtsschreibung. Dabei kann jede dieser fünf Frauen mit außergewöhnlichen Lebensleistungen aufwarten:

- die Mathematikerin Mileva Einstein-Marić, die ihrem Mann bei der Erstellung der Relativitätstheorie mit eigenem Fachwissen selbstlos zur Seite steht, von ihm später im Stich gelassen wird und sowohl als Wissenschaftlerin wie als Mutter scheitert;

- Margarete Jeanne Trakl, deren Spuren im dichterischen Werk des Bruders allgegenwärtig sind, die „Machtvollere,... vielleicht sogar Genialere von den beiden", die dennoch von der Literaturwissenschaft geflissentlich übergangen wird und höchstens nur als vages Skandalgerücht existiert;

- die Journalistin und Essayistin Milena Jesenská, die zwar durch die „Briefe an Milena" als Kafkas Geliebte berühmt wird, von deren brillanten politischen Reportagen und Feuilletons zur Zeitgeschichte jedoch kaum jemand Notiz nimmt, ganz zu schweigen von ihrem Widerstand gegen das Dritte Reich und ihrem erschütternden Ende in Ravensbrück;

- die Physikerin Lise Meitner, Schöpferin des Begriffs „Kernspaltung" und dreifache Nobelpreiskandidatin, deren Forschungsergebnisse vom Militär mißbraucht werden und die tatenlos zusehen muß, wie die Anerkennung für ihre bahnbrechenden Arbeiten schließlich von ihrem Kollegen Otto Hahn eingeheimst wird;

- und die Architektin Margarete Schütte-Lihotzky, deren Lebensleistung beharrlich auf die Erfindung der sogenannten „Frankfurter Küche" reduziert wird, die wegen „Hochverrats" von den Nazis zu Kerker verurteilt und nur knapp dem Tod entgeht, schließlich zu jahrelangem Arbeitsboykott verdammt wird, mit dem sie für ihre politischen Aktivitäten nach dem Krieg büßen muß.

Allen diesen Frauen ist nicht nur ihr unablässiger Kampf gegen übermächtige männliche Vorurteile und Ressentiments gemeinsam, sondern auch unermeßliches persönliches Leid, das ihnen vom Schicksal aufgebürdet ist.

Dieses Buch versteht sich weder als Anklageschrift noch als Apologie dessen, wozu Frauen imstande sind, wenn man(n) sie nur läßt, sondern als erneutes Sprechen, Erzählen gegen das Vergessen, als einen kleinen Schritt aus dem Dunkel.

Wien, Frühjahr 1994

Ch. S. Chiu

Mileva Einstein-Marić

„Eine ebenbürtige Kreatur"

Zürich, Winter 1946/47. Seit Tagen fällt Schnee, in den Gassen liegt Glatteis, kein Verkehr trübt die winterliche Ruhe. Nur wenige Fußgänger sind an diesem Morgen unterwegs. Auf einem der Steige unweit des Burghölzli, der durch C.G.Jung weltberühmten Psychiatrischen Klinik an der Zürcher Stadtperipherie, finden Passanten eine alte Frau mitten im Schnee liegend. Sie ist sichtlich bewußtlos, der schmächtige Körper ist notdürftig von einem geflickten Mantel umhüllt, die trotz ihres Alters noch tiefschwarzen Haare sind ungepflegt. Eiligst ruft man Hilfe herbei, die Unbekannte wird in die Ambulanz des nahegelegenen Krankenhauses Neumünster eingeliefert. Der diensthabende Arzt diagnostiziert einen komplizierten Beinbruch und legt der noch immer Bewußtlosen eine Schiene an. Da ihre Identität ungeklärt ist, legt man sie in eines der gewöhnlichen Mehrbettzimmer.

Erst am folgenden Tag wird die Patientin von einer Freundin, die sie vermißt hat, gefunden und identifiziert: Die zierliche Einundsiebzigjährige ist Mileva Marić, geschiedene Einstein, erste Frau des Physikers und Nobelpreisträgers Albert Einstein.

Heftige Schmerzen plagen sie, als Frau Marić zu sich kommt. Dennoch besteht sie darauf, auf der Stelle das Spital zu verlassen. Vor ihrem verhängnisvollen Sturz ist sie auf dem Weg zum Burghölzli gewesen, um den einen ihrer beiden Söhne zu besuchen. Eduard ist wegen Schizophrenie in der Zürcher Nervenklinik in ständiger Behandlung. Ihre eigene Misere ignorierend, gilt die ganze Sorge der betagten Mutter dem Schicksal ihres Jüngsten. Aber es bleibt ihr nichts anderes übrig, wo sie jetzt selber ärztlicher Hilfe bedarf: Mileva Marić wird ins orthopädische Krankenhaus Balgrist überwiesen. Mit Krücken und Spezialschuhen muß sie auf ihre alten Tage noch einmal gehen lernen...

Huttenstraße 62, sechzehn Monate später. Mileva Marić, noch immer nicht vollständig von ihrem winterlichen Sturz genesen, ist in ihre Wohnung im dritten Stock des herrschaftlichen Hauses am Zürichberg, in der sie lebenslanges Wohnrecht hat, zurückgekehrt. Das Haus liegt in einem der besten Viertel der Stadt, die Dreizimmerwohnung mit Blick auf Limmattal und Uetliberg ist der einzige Luxus der ansonsten in ärmlichsten Verhältnissen lebenden Greisin. Mit ihrem nervenkranken Sohn Eduard, den sie seit seiner Kindheit Tete ruft und der gerade neununddreißig geworden ist, verbringt Frau Marić ihren Lebensabend. Die gelegentlichen Mathematik- und Klavierstunden, mit denen sie das Haushaltsgeld aufzubessern versucht – ihr geschiedener Mann hat schon längst jegliche Unterhaltszahlungen eingestellt –, muß die Schwerkranke aufgeben. In den Augen der Nachbarn ist sie eine kontaktscheue, geizige, auch ein wenig wunderliche Person. Ihre einzige Zerstreuung ist die Pflege der geliebten Kakteensammlung, die einen Großteil der geräumigen Terrasse einnimmt. Von hier aus kann sie auch die schöne Aussicht auf den Zürichsee genießen, an klaren Tagen reicht der Blick bis zu den Spitzen des Berner Oberlandes und den Glarner Alpen. Mutter und Sohn leben völlig zurückgezogen, aus Rücksicht auf Eduards labilen Nervenzustand meidet Mileva Marić – ausgenommen eine einzige Freundin aus alten Tagen – jeglichen gesellschaftlichen Kontakt. Nur sporadisch kommen gute Bekannte von früher, wenn sie in Zürich Station machen, in die Huttenstraße zu Besuch. Hans Albert, Frau Marić' älterer Sohn, lebt mit seiner Familie in Amerika, er hat seinen Weg als Ingenieur gemacht. Mit Albert Einstein, seit 1941 ebenfalls US-Bürger, steht sie nur mehr in losem Kontakt, und auch die wenigen Briefe, die er ihr aus Princeton schreibt, sind nicht von seiner Hand: Sekretärin Helen Dukas hat sie nach seinem Diktat angefertigt. Der letzte Besuch des Exgatten liegt nun schon mehr als ein Jahrzehnt zurück, und auch er galt nicht Mileva, sondern dem gemeinsamen Sohn.

In der Nacht zum 22. Mai 1948 bekommt Eduard Einstein wieder einen seiner Tobsuchtsanfälle. Gegenstände fliegen durch die Wohnung, mit Heulkrämpfen wälzt sich der schwer Nervenkranke auf dem Boden. Eine für Mileva Marić grauenvolle Nacht ist die Folge, und diesmal fehlt der dreiundsiebzigjährigen Frau die Kraft, mit dem Tobenden fertigzuwerden.

Am frühen Morgen bricht auch sie zusammen, mit einer linksseitigen Lähmung wird sie in die Zürcher Privatklinik Eos in der Carmenstraße eingeliefert.

Mileva Marićs Zustand verschlechtert sich binnen kürzestem dramatisch, zu allem Unglück hat sie nun auch Probleme mit dem Sprechen, ihr einziger Kontakt mit der Außenwelt erfolgt über eine Klingel an ihrer Bettstatt. Besuch erhält sie nur mehr von Sohn Eduard, der jetzt ständig im Burghölzli wohnt, und von ihrer Freundin Lisbeth Hurwitz. Mitte Juli trifft letztere die Patientin halb bewußtlos am Krankenlager an – man hat der ans Bett gefesselten Patientin, damit sie den Schwestern nicht zu sehr zur Last fällt, die Klingel abgeschaltet. Gut zwei Wochen später, am 4. August 1948, stirbt Mileva Marić in ihrem Krankenzimmer. Sohn Eduard ist noch am Vortag vom Burghölzli herbeigeeilt, stundenlang hat er seiner Mutter die Hand gehalten.

Vier Jahre später wird Albert Einstein an einen seiner Freunde schreiben: „Mir geht es soweit gut, indem ich die Nazizeit sowie zwei Frauen siegreich überlebt habe."

Szenenwechsel: Bern, 23. Juni 1902. Am „Eidgenössischen Amt für geistiges Eigentum", das im alten Postgebäude gegenüber dem Bahnhof untergebracht ist, tritt der dreiundzwanzigjährige Albert Einstein den Posten eines „Sachverständigen III. Klasse" an. Hier, im Patentamt der Schweizer Bundeshauptstadt, findet der diplomierte Physiker und ehemalige Hilfslehrer des Technikums Winterthur so günstige Arbeitsbedingungen vor, daß ihm nach Erledigung der Amtspflichten, die er ironisch seine „Schusterarbeit" nennt, genug Zeit und Energie bleibt, seinen „Grübeleien" nachzuhängen, mit denen er sich in die höchsten Höhen der theoretischen Physik vorwagt. Sein ansehnliches Jahresgehalt von 3500 Schweizer Franken sichert dem bis dato in bescheidenen Verhältnissen lebenden jungen Mann ein gutes Auskommen. Und das ist umso wichtiger, als der des Junggesellendaseins Überdrüssige endlich heiraten will. Seine Angebetete ist Mileva Marić, Kommilitonin noch aus der Zürcher Studienzeit.

Vor einem halben Jahr, fest auf die Stelle am Patentamt spekulierend, hat er seiner vier Jahre älteren „Braut“ geschrieben:

„Und Du wirst bald mein glückliches Weiberl, paß nur auf. Jetzt haben unsere Leiden ein Ende. Nun sehe ich erst, wie lieb ich Dich habe, da der arge Druck der Verhältnisse nicht mehr auf mir lastet! Jetzt darf ich bald mein Doxerl in den Arm schließen und es vor aller Welt mein eigen nennen.“[1]

Doxerl – das ist der Kosename, den Einstein seiner Mileva gibt; er leitet sich von „Docke“ ab, einer im süddeutschen Sprachraum gebräuchlichen Bezeichnung für „Puppe“.

Kennengelernt hat der Sohn des Ulmer Elektrohändlers Hermann Einstein sein „Doxerl“ schon vor sieben Jahren: im Herbst 1896. Der siebzehnjährige Albert Einstein schreibt sich zu Physik-Vorlesungen an der Eidgenössischen Polytechnischen Schule in Zürich ein, die im Physikalischen Institut in der Gloriastraße stattfinden. Mit von der Partie sind vier weitere Kommilitonen, und eine von ihnen, die einzige Frau in der Gruppe, ist Mileva Marić.

Einstein fühlt sich auf Anhieb von dem dunkelhaarigen Mädchen angezogen, sein schüchtern verschlossenes Wesen übt auf ihn einen starken Reiz aus. Aber vor allem imponiert ihm das herausragende mathematische Talent: Als Mileva bei einem Experiment ein Resultat erzielt, das keinem der anderen aus der Gruppe gelingt, spricht er, der jüngste Teilnehmer, die vier Jahre Ältere an: Ob sie ihm bei der Lektüre der Werke von Helmholtz, Maxwell, Boltzmann und Hertz behilflich sein könnte? Mileva willigt zögernd ein, und so trifft man sich fortan zu Hausarbeiten und Diskussionen über Gott und die Welt. Und, wenn die Physikaufgaben erledigt sind, geht's mit Musik weiter: Wie sich schon bald herausstellt, spielen beide seit frühester Kindheit ein Instrument – er Geige, sie Klavier. Mozart und Bach sind seine Götter, Schumann und Anton Rubinstein die ihren.

Der seinem Naturell nach offene, lebenslustige Albert Einstein und die in sich gekehrte, nachdenkliche Mileva Marić ergänzen einander vor allem in ihren Physikstudien. Albert, Prototyp des universell interessierten und zu metaphysischen Exkursen neigenden Forschers, findet in der mehr praktisch veranlagten und systematischen Schwerarbeiterin Mileva sein wissenschaftliches Alter ego.

Er, der offen seine Unzulänglichkeit in der Mathematik zugibt, hat nun jemanden gefunden, der gerade in dieser Disziplin bewandert ist und ihm bei der mathematischen Ausführung seiner Studien zur Hand gehen kann. Und sie kennt sich aus, egal ob bei Infinitesimalrechnungen, bei Funktionentheorien oder bei Kräftekalkulationen.

Vor allem aber treibt ihn ihr Arbeitseifer an: Ausgerechnet eine Frau bringt dem undisziplinierten Albert Einstein methodisches Forschen bei – wo er doch bisher Frauen immer nur als unsichere und launische Wesen ohne Profil betrachtet hat: „Wie glücklich bin ich, daß ich in Dir eine ebenbürtige Kreatur gefunden habe, die gleich kräftig und selbständig ist wie ich! Außer Dir bin ich mit allen allein!“[2]

In ihrem Labor in der Gloriastraße mit Blick auf den Zürichsee sind die beiden Studierenden tagtäglich beisammen. Nach den großteils anstrengenden Vorlesungen trifft sich Albert Einstein, wie stets kontaktfreudig, mit seinen Kommilitonen im Café „Metropol“, während sich die scheue Mileva Marić lieber in die eigenen vier Wände zurückzieht: in ihr Zimmer in der Plattenstraße 50. Die Pension Engelbrecht ist eine Art slawische Enklave: Sämtliche Mieter sind Studenten aus Serbien und Bulgarien. Mit einer Mieterin, mit Milana Bota aus Kruševac, ist Mileva enger befreundet.

Am frühen Abend treffen sich dann Mileva und Albert meist in einer der rund 900 Gastwirtschaften der Kantonshauptstadt. Zur gemeinsamen Physiklektüre in ihr Pensionszimmer hat der junge Kommilitone nur dann Zutritt, wenn ihn Milevas Mitbewohner nicht bemerken: Die streng katholisch erzogene Mileva ist peinlichst auf ihren guten Ruf bedacht.

Umso mehr erschrickt die Zweiundzwanzigjährige, als sie eines Tages spürt, daß sie für den achtzehnjährigen Deutschen mehr als nur wissenschaftliches Interesse empfindet: Auch zum Menschen Albert Einstein fühlt sie sich hingezogen, der wache Verstand und die Lebensfreude des

Kollegen faszinieren sie immer mehr. Mileva hat Angst, wegen der sich anbahnenden Beziehung ihr Studium zu vernachlässigen. Hat sie nicht in einem Gespräch mit ihm über die Ehe gesagt:

„Ich zweifle, ob ich je heiraten werde. Ich glaube, daß eine Frau eine Karriere machen kann wie ein Mann. Mit dem Ausspruch des deutschen Kaisers ‚Küche, Kinder und Kirche für die Frauen' bin ich sicher nicht einverstanden!"?

Kann da eine Liaison mit einem jüngeren Mann, noch dazu aus einem anderen Kulturkreis, jemals gutgehen?

Die Zuneigung der beiden jungen Menschen füreinander wird zum ersten Mal auf die Probe gestellt, als Mileva fluchtartig Zürich verläßt und nach Heidelberg reist. An der dortigen Universität will sie ihr Studium fortsetzen, und auch der Umstand, daß an den baden-württembergischen Hochschulen keine Frauen zugelassen sind, kann sie von ihrem Vorhaben nicht abbringen. Sie ersucht um eine Sondergenehmigung und hat Erfolg. Nun hofft sie, daß sie, von ihren Gefühlen für Albert Einstein unbehelligt, in Ruhe weiterstudieren kann.

Ein Jahr lang überschüttet Albert Einstein seine „kleine Ausreißerin" mit Briefen, in denen er sie vor allem bittet, zu ihm zurückzukehren. Im Frühjahr 1898 hat sein Werben endlich Erfolg: Sein „Doxerl", ohne das es ihm „an Selbstgefühl, Arbeitslust, Lebensfreude" fehlt, ohne das sein „Leben kein Leben" mehr ist, steigt in den Zug und trifft am 16. April im Zürcher Hauptbahnhof ein. Mileva Marić macht den folgenschwersten Schritt ihres Lebens: Sie gibt ihren Gefühlen nach...

Wer ist diese Frau, die in fast allen offiziellen Einstein-Biographien nur mit ein paar Zeilen erwähnt und ansonsten totgeschwiegen wird? Die „bescheiden", „ruhig" und „düster" gewesen sein soll. Und über die ein bekannter Einstein-Biograph geschrieben hat:

„Eine den Gang behindernde Gelenktuberkulose und neurotische Krankheitserscheinungen sowie eine ans Pathologische grenzende Eifersucht gestalteten mit der Zeit ihr Dasein für sie und die Umwelt oft zur Qual, von der sie 1948 in Zürich endlich erlöst wurde..."[3]

1875. Titel – so heißt die Siedlung an der Theiß-Donau-Mündung im

Süden des damaligen Königreichs Ungarn. Es ist jene Tiefebene im slawonischen Grenzland, durch die 116 Jahre später Panzer und Kanonen ziehen werden auf dem Weg zum kroatisch-serbischen Kriegsschauplatz. Hier kommt Mileva Marić am 19. Dezember als ältestes Kind des Grenzfeldwebels der k.u.k. Armee Miloš Marić und der Kaufmannstochter Marija Ružić zur Welt.

Miloš Marić, vor acht Jahren als Soldat der k.u.k. Armee zugewandert, hat die Versprechungen des österreichischen Kaisers, mit denen dieser das südliche Grenzland zu besiedeln versucht, beim Wort genommen: Land- und Hausbesitz, Vieh und Wirtschaftsgerät zum Einstand sowie mehrjährige Steuerfreiheit.

Österreich-Ungarn hat bereits im 18. Jahrhundert – unter der Ägide des Feldmarschalls Prinz Eugen von Savoyen und des Grafen Claudius Mercy – begonnen, die Grenze zu Serbien mit Bürgern aus dem Kaiserreich zu bevölkern, um eine militärische und wirtschaftliche Pufferzone zum südlichen Nachbarn zu schaffen. Städte wurden gegründet, die berüchtigten Sümpfe trockengelegt, Dämme errichtet, Kanäle durch das sich langsam von den Türkenkriegen erholende Land gezogen. Gouverneur Graf Mercys besonderer Stolz: eine Schiffsbrücke quer über die Donau bei Neusatz zum am anderen Ufer gelegenen Peterwardein, die Erschließung der Banater Bergwerke durch Facharbeiter aus Tirol, der Steiermark und Böhmen, die Gründung Hunderter schachbrettartig angeordneter Dörfer. Jetzt, im letzten Drittel des 19. Jahrhunderts, geht die Rechnung vollends auf: Batschka und Banat entwickeln sich zu den prosperierendsten Wirtschaftszentren des Königreichs Ungarn.

Auch Milevas Geburtsort Titel ist solch ein „Schachbrettdorf" mit breiten Straßen, die sich im rechten Winkel kreuzen. Hochgiebelige Häuser geben der ländlichen Siedlung den Anstrich eines Provinzstädtchens.

Miloš Marić, seit 1882 Zivilist, hat eine achtbare Stellung als Kanzlist am Bezirksgericht Ruma. Von seinem Sold als ehemaliger Offizier baut er seiner Familie im nahen Kac ein zweistöckiges Haus mit einem eigens für Tochter Mileva bestimmten Giebeltürmchen auf dem First. Denn das inzwischen achtjährige Mädchen, von den Eltern mit Liebe überschüttet, ist ein Sorgenkind: Mileva kommt mit einer Hüftgelenksverzerrung auf die Welt. Die Eltern machen sich heftige Vorwürfe, da sie den Geburtsfehler erst erkannt haben, als Mileva bereits gehen lernt – sie hinkt. „Hausmittel", von denen sie sich Hilfe erhoffen, fruchten nichts: Mileva wird bis an ihr Lebensende gehbehindert bleiben.

Schon von frühester Kindheit an introvertiert, hat Mileva vor allem zu ihrem liberal gesinnten Vater ein inniges Verhältnis, nur ihm gegenüber öffnet sie sich, nur in seiner Gesellschaft ist sie unbeschwert. Obwohl zu Hause Deutsch gesprochen wird – Miloš Marić hat die Sprache während seiner Militärzeit erlernt –, nennt dieser seine Tochter liebevoll „Klipani" (was soviel wie Flegel bedeutet). Was jedoch Milevas erste Lektüre betrifft, so erhält sie – ebenso wie ihre Schwester Zorka und ihr Bruder Miloš – fast nur deutsche Kinderbücher zum Geschenk: Grimms und Hauffs Märchen sowie deutsche Ausgaben von Andersen und La Fontaine.

Bereits in der Volksschule in Ruma und erst recht in der serbischen Höheren Schule in Neusatz kündigt sich bei Mileva Marić ein besonderes Talent an: Alles Mathematische liegt ihr. In Algebra und Arithmetik ist sie immer Klassenbeste, Funktionsgleichungen und Logarithmen löst sie spielend – ja sogar mit besonderer Eleganz.

In der unterrichtsfreien Zeit, wenn die anderen Kinder im Dorf herumtollen, trifft man die still-scheue Mileva vorwiegend zu Hause an: in ihrem Giebeltürmchen mit dem Blick aufs Theiß-Ufer und die umliegenden Schlammfelder. Dort, alleine mit ihren Lehrbüchern, beschäftigt sie sich lieber mit komplizierten Additionen und Multiplikationen.

Mit acht Jahren tritt bei Mileva Marić eine zweite Begabung zutage: der Sinn fürs Musikalische. Die Eltern tun alles, um das keimende Talent zu fördern; die Marić sind wohlhabend genug, sich einen Klavierlehrer für Mileva zu leisten. Mit Mozart fängt man an, doch schon bald findet die Kleine ihren Lieblingskomponisten: den als „modern" geltenden Schumann.

Was den Eltern Sorgen macht, sind die Heiratschancen ihrer Ältesten: Mileva ist keine Schönheit, und mit ihrem Gehfehler wird sie wohl kaum eine gute Partie machen können. Auch mit dreizehn, wenn andere Mädchen sich vor dem Spiegel intensiv mit ihrem Aussehen zu beschäftigen pflegen, ist Mileva ihr Äußeres völlig gleichgültig. Bequem sollen ihre Kleider sein, das genügt.

Nur die grausamen Sticheleien der Mitschüler, ihren hinkenden Gang betreffend, setzen ihr zu. Die Folge: Mileva Marić zieht sich immer mehr zurück, wird noch unzugänglicher, schweigt oft den ganzen Tag. Selbst dem geliebten Vater gegenüber bleibt sie mehr und mehr verschlossen, die Eltern sind am Verzweifeln.

Erst, als man eines Tages auf Milevas Zukunft zu sprechen kommt, weiht die vierzehnjährige Schülerin ihre Eltern ein: Sie träumt davon, ein Universitätsstudium zu absolvieren, bei dem sie ihre geistigen Fähigkeiten zur Geltung bringen kann und nicht nach ihrem Äußeren beurteilt wird. Vater Marić willigt erleichtert ein; Mileva soll, da sie nun einmal nicht so ist wie die anderen Mädchen, aufs Königlich-serbische Gymnasium in Sabac und ein Jahr darauf aufs Königliche Obergymnasium in Agram geschickt werden. Zwar wäre es dem Vater, der sich Österreich-Ungarn zu Dank verpflichtet fühlt, lieber, Mileva könnte eine deutsche Schule besuchen, aber in der k.u.k. Monarchie ist ihr als Mädchen dieser Weg versperrt.

Als Sechzehnjährige brilliert Mileva in sämtlichen Fächern – die von allen gefürchtete Griechisch-Prüfung besteht sie sogar mit der Note „vorzüglich". Nur, was Freundschaften mit Klassenkameraden betrifft, ist sie weiterhin zurückhaltend: „Svetac", die Heilige – dieser Spitzname aus Volksschultagen bleibt ihr auch während der Gymnasialzeit erhalten.

Anfang 1894 kommt es in Mileva Marić' Leben zu einer folgenreichen Wendung: Die Achtzehnjährige erhält eine Sondererlaubnis der Schulbehörde, zusammen mit anderen regulären – und das heißt männlichen – Schülern am Physikunterricht teilzunehmen. Schlagartig öffnet sich ihr eine neue Welt, und diese Welt zieht sie in ihren Bann: Mechanik, Optik, Gravitation und Dynamik sind fortan ihre große Leidenschaft. Als einziges Mädchen in der siebenten Schulstufe des Königlichen Obergymnasiums Agram besteht sie noch im selben Jahr als Klassenbeste das Schlußexamen in Mathematik und Physik.

Da ereilt Mileva Marić ein schwerer Schicksalsschlag: Sie erkrankt an chronischer Lungenentzündung.

Das rauhe und feuchte Klima von Agram bekommt dem von Kind an schwächlichen Mädchen ganz und gar nicht. Auch die noch so komfortablen Lebensverhältnisse im Elternhaus – Miloš Marić bekleidet nun die

Funktion eines Offizials der königlichen Banaltafel in der kroatischen Hauptstadt und kommt in den Genuß zahlreicher Begünstigungen wie Dienstwohnung und Personal – können wenig zu Milevas Genesung beitragen.

Im Winter 1894 trifft sie eine für ihr Alter ausnehmend mutige Entscheidung: Allein und nur mit den nötigsten finanziellen Mitteln ausgestattet, wagt sie den Sprung ins Ungewisse und reist in die Schweiz. Von der trockenen Höhenluft der Alpen erhofft sie sich Besserung ihres Gesundheitszustands, von den eidgenössischen Hochschulen, die als erste in Europa auch Frauen zum Studium zugelassen haben, die Erfüllung ihrer wissenschaftlichen Ambitionen.

Am Beginn ihres Aufenthalts in der Fremde stehen Prüfungen: Mileva Marić muß, bevor sie an einer Schweizer Universität immatrikulieren kann, ein Maturitätsexamen an einer der dortigen Schulen ablegen. Als Gasthörerin der Eidgenössischen Medizinschule in Bern holt sie nach, was ihr noch zum Abschluß fehlt. Neben Deutsch, Französisch, Latein, Mathematik und Physik stehen auch Gesang und Stenographie auf dem Lehrplan.

Im Sommersemester 1896 ist Mileva Marić am Ziel: Die einundzwanzigjährige Serbin inskribiert Mathematik und Physik an der Zürcher Eidgenössischen Polytechnischen Schule. Am Physikalischen Institut haben vor ihr erst vier Frauen diesen Schritt gewagt, in ihrem Jahrgang ist Mileva Marić überhaupt die einzige. Und schon in der Einführungsvorlesung der Abteilung VI A trifft sie auf einen Kommilitonen namens Albert Einstein...

Zwei Jahre später: 16. April 1898. Mileva Marić ist aus Heidelberg nach Zürich zurückgekehrt. Sie hat sich entschieden: Ab jetzt wird sie sich ganz offen zu ihren Gefühlen für Albert Einstein bekennen. Die erste Person, die sie in die Liaison einweiht, ist Milana Bota, die in derselben Pension wohnt wie sie. Eines Tages steht das junge Paar vor ihrer Zimmertür – Albert im Sonntagsanzug und die Geige unterm Arm. Freundin Milana ist von dem Achtzehnjährigen so beeindruckt, daß sie prompt ihrer Mutter berichtet:

„Die Marić hat mich mit ihrem guten Freund bekannt gemacht, es ist ein Deutscher, heißt Einstein, spielt herrlich Geige, man kann sagen, er ist ein Künstler."[4]

Auch bei Milevas anderen Mitbewohnern macht der kauzige „Künstler" eine blendende Figur: Sein beißender und dennoch liebenswürdiger Sarkasmus bringt alle zum Lachen, die Musikabende, an denen er sein virtuoses Geigenspiel den serbischen Studentinnen zum besten gibt, sind in der Pension Engelbrecht äußerst beliebt.

Nicht so die Gegenseite: Alberts Freunde zeigen sich wenig angetan von dem hinkenden Mädchen mit dem dunklen Teint, und einer von Alberts Kommilitonen läßt sich sogar zu der taktlosen Äußerung hinreißen:

„Ich fände nie den Mut, eine Frau zu heiraten, die nicht ganz gesund ist!"

Auch Alberts Verwandtschaft in Deutschland und besonders seine Eltern, Hermann und Pauline Einstein, zeigen sich über die „Affäre" entsetzt. Der an allen Fronten um Anerkennung der Freundin Kämpfende berichtet seinem „Doxerl" nach Zürich:

„Mama warf sich auf ihr Bett, verbarg den Kopf in den Kissen und weinte wie ein Kind. Als sie sich vom ersten Schreck erholt hatte, ging sie sofort zu einer verzweifelten Offensive über: ‚Du vermöbelst Dir Deine Zukunft und versperrst Dir Deinen Lebensweg!' ‚Die kann ja in gar keine anständige Familie!' ‚Wenn sie ein Kind bekommt, dann hast Du die Bescherung!'."[5]

Sowohl bei den Verwandten in Deutschland als auch bei den Eltern in Mailand, die mittlerweile dort ihren Elektrohandel betreiben, wird Albert ständig mit Aussprüchen wie „Sie ist ein Buch wie du – du solltest aber eine Frau haben!" oder „Bis du dreißig bist, ist sie eine alte Hex!" konfrontiert, und das, obwohl keiner von ihnen die „Hex" bis dato je zu Gesicht bekommen hat.

Albert Einstein ist von alledem nicht zu beirren. Von einem seiner Reisen schreibt er folgenden Brief:

„Doch Dein Besitz macht mich stolz, und Deine Liebe macht mich glücklich. Doppelt selig werde ich sein, wenn ich Dich wieder ans Herz drücken kann und Deine liebenden Augen sehe, die nur mir leuchten, und Deinen lieben Mund küsse, der nur mir in Wonne zittert."[6]

Und sie antwortet – im Dialekt:

„Mei liebes Johonesl! Da ich dich so gern hob und du so weit bist, daß ich dir keins Putzerl kann geben, schreib ich dir jetzt dieses Brieferl und frage dich, ob du mich auch so gern host, wie ich dich? Antworte mir sofort. Tausend Küsserline von deins D.“[7]

„Johonesl“ wiederum revanchiert sich prompt mit einem Schnadahüpfl:

„O mei! der Johonzel,
Der is ganz verruckt.
Gmoant hod er seins Doxerl
Und's Kissen hot er druckt.

Mein Doxerl sei Schnaberl
Des mecht i gern hern
Und nachher ihm's lusti
mit meinem verspern...“[8]

Einundfünfzig solcher Liebesbriefe haben sich erhalten, davon sind nur zehn von ihrer Hand; sie zählen heute zu dem Bestand des Einstein-Archivs an der Princeton University und des „Estate of Albert Einstein“ in New York.

Was die Beziehung zwischen Mileva und Albert betrifft, so schweißen solche Angriffe das junge Paar noch mehr zusammen. Erst ab 1916, nach dreizehnjähriger Ehe, werden die von verschiedenen Seiten angestrengten Intrigen diese Beziehung endgültig zerstören...

Doch ans Heiraten denken Albert und Mileva jetzt im Frühjahr 1901 einstweilen noch nicht, zuerst wollen sie ihr Studium abschließen.

Da wird Mileva schwanger. Die Sechsundzwanzigjährige ist alles andere als erfreut: Wie soll sie als ledige Mutter ihren Kommilitonen und Bekannten vor die Augen treten? Und was werden ihre Eltern dazu sagen? Ganz zu schweigen von den materiellen Sorgen, die auf sie zukommen – wie soll sie in dieser Situation ein Kind aufziehen? Und wie soll es mit dem

Studium weitergehen? Ihre Diplomarbeit ist noch nicht fertiggestellt, auch sind bald Abschlußprüfungen – wird sie überhaupt antreten können?

Der Druck auf Mileva Marić ist enorm: Prompt fällt die physisch und psychisch überlastete junge Frau durch, die Diplomarbeit bleibt unvollendet. In ihrer Not tritt Mileva Marić die Heimreise nach Neusatz an, das Kind soll, fern von ihrem Bekanntenkreis in Zürich, im Elternhaus zur Welt kommen.

Und wie verhält sich Einstein? Hin- und hergerissen zwischen Freude und Sorge, bemüht er sich, in der ihm eigenen humorvollen Art Mileva zu trösten:

„Ich habe Dein liebes Bauchwehbrieferl bekommen, pfleg' Dich nur gut und sei munter und freu dich auf unser Lieserl, das ich mir allerdings ganz im Geheimen, (so daß es das Doxerl nicht merkt), lieber als Hanserl vorstelle..."[9]

Und:

„Das einzige, was noch zu lösen übrig wäre, das wär' die Frage, wie wir unser Lieserl zu uns nehmen könnten; ich möchte nicht, daß wir es aus der Hand geben müssen. Frag einmal Deinen Papa, er ist ein erfahrener Mann und kennt die Welt besser als Dein verstrebter, unpraktischer Johonzel. Es soll doch nicht mit Kuhmilch gestopft werden, es könnt' ja dumm davon werden (die Deine müßte doch viel gehaltvoller sein, mein' ich, was denkst?!)."[10]

Auch, was ihre vorerst gescheiterten Zukunftspläne als Wissenschaftlerin betrifft, macht Albert seiner Geliebten Mut und verspricht:

„Bis Du mein Weiberl bist, wollen wir recht eifrig zusammen wissenschaftlich arbeiten, daß wir keine alten Philistersleut' werden, gellst. Das darfst Du mir ja nie werden, Du mußt immer meine Hex' bleiben und mein Gassenbub!"[11]

Aber für solche Dinge hat Mileva einstweilen keinen Kopf frei: Alberts „Gassenbub" steht eine schwere Geburt bevor. Selbst jene Zeilen, die Albert ihr am 27. März 1901, voller Zuversicht über die gemeinsam begonnene physikalische Untersuchung, geschickt hat – es ist der erste schriftliche Hinweis auf die wichtige Rolle Mileva Marić' bei Einsteins Studien –, sind für sie jetzt kein Trost:

„Wie glücklich und stolz werde ich sein, wenn wir beide zusammen unsere Arbeit über die Relativbewegung siegreich zu Ende geführt haben!“[12]

Wo und wann genau das Kind auf die Welt kommt, bleibt unklar, nirgends findet sich eine Geburtseintragung. Nur in einem einzigen Brief, von Einstein am 4. Februar 1902 aufgesetzt, kommt das Ereignis zur Sprache:

„Aber siehst, es ist wirklich ein Lieserl geworden, wie Du es wünschtest. Ist es auch gesund und schreit es schon gehörig? Was hat es denn für Augerl? Wem von uns sieht es mehr ähnlich? Gellst und ein vollständiges Glatzerl hats. Es kann gewiß schon weinen, aber lachen lernt es erst viel später. Darin liegt eine tiefere Wahrheit.“[13]

„Lieserls“ weiteres Schicksal bleibt im dunkeln, Albert und Mileva werden ihr erstes Kind in Zukunft mit keinem Wort mehr erwähnen...

Bern, Sommer 1903. Mileva und Albert Einstein wohnen nun schon ein Jahr in der Bundeshauptstadt an der Aare. Das junge Paar, seit dem 6. Januar des Jahres endlich verheiratet, ist begeistert von den ruhigen, engen Gassen, von den gepflegten alten Häusern mit ihren bedeckten Lauben. In der Kramgasse 49, der „schönsten Gasse in Bern“, wie Goethe bei einem seiner Besuche voller Überschwang berichtete, haben sie im zweiten Stock eine kleine Wohnung bezogen. Mileva hat sich erholt, ist wieder guten Mutes: Ihre Diplomarbeit hat sie zwar nicht beenden können, ihr Studium hat sie trotz der traumatischen Erlebnisse vor zwei Jahren doch noch abschließen können. Nun hofft sie auf eine passende Anstellung.

Einsteins Arbeit als Patentsachverständiger ist zwar langweilig, es bleibt ihm aber dafür genügend Muße, einerseits an seiner Dissertation zum Dr.phil. zu schreiben, andererseits an diversen Gedankenexperimenten zu Themen wie Lichtgeschwindigkeit, kinetische Theorie der Molekularbewegungen und der Elektrodynamik von bewegten Körpern zu grübeln. Nach der „Pflichtübung“ von acht Stunden im Patentamt trifft sich der vierundzwanzigjährige „Beamte“ mit Freunden zu angeregten Diskussionen bei sich zu Hause. Die illustre Runde, die sich ironisch als

Mileva und Albert Einstein auf der Veranda in Bern

„Academia Olympia" in der Kramgasse eingefunden hat, besteht, neben dem Hausherrn Albert Einstein, aus dessen Arbeitskollegen vom Patentamt, Ingenieur Angelo Besso, den Studenten Conrad und Paul Habicht aus Schaffhausen und Maurice Solovine, einem aus der Handelsstadt Jassy stammenden rumänischen Studenten, der ursprünglich nur in die Kramgasse gereist war, um bei Einstein Physikunterricht zu nehmen, und nun als Alberts enger Freund in Bern lebt.

Bei türkischem Kaffee liest man gemeinsam in Standardwerken wie Ernst Machs „Mechanik" oder in den wissenschaftlichen Vorträgen von Helmholtz, aber auch philosophische Traktate von David Hume bis Schopenhauer, von Platon bis John Stuart Mill, von Spinoza bis Henri Poincaré werden begeistert „durchgeackert". Mileva Einstein-Marić ist immer zugegen; sie – ganz fürsorgliche Gastgeberin – bringt den Diskutanten Imbisse und kümmert sich um deren leibliches Wohl. Meist schweigsam im Hintergrund sitzend, folgt Frau Einstein dennoch stets gebannt den Ausführungen der Freunde. Aber scheu, wie sie nun mal ist, mischt sie sich höchst ungern in die laufenden Diskussionen ein; nur wenn die Gäste bereits gegangen sind, taut sie auf und erörtert mit Albert ihre persönlichen Schlußfolgerungen zur Substanzproblematik des Ichs, zur Ethik oder zur Existenz des Äthers im Weltall. Doch nach und nach werden die übrigen Mitglieder der „Academia" auf die stille Frau Einstein aufmerksam. Die mathematische Präzision ihrer Gedankengänge und ihre Veranlagung, alle Theorien auf deren praktische Umsetzung zu überprüfen, werden selbst bei den belanglosesten Gesprächen mit Mileva offenkundig. Sie wird aufgefordert, an den diversen Untersuchungen der „Academia" mitzuwirken.

Gemeinsam mit Paul Habicht konstruiert sie eine Influenzmaschine zur Messung kleiner elektrischer Spannungen. Dabei wird das Meßresultat ausschließlich durch langwierige mathematische Multiplikationen erzielt. Als Patent Nr.35693 wird der Apparat angemeldet und am 1. April 1908 in der „Physikalischen Zeitschrift" von ihrem Mann Albert eingehendst beschrieben – aber sowohl am Patentamt als auch in der Publikation stehen als Urheber der Erfindung nur die Namen Einstein-Habicht.

Warum, so wird sie von Paul Habicht gefragt, hätte sie denn nicht ihren eigenen Namen auch eingetragen?

Darauf ihre Antwort:

„Ich und Albert, wir sind ja beide nur ein Stein."

Das Eheleben mit Albert Einstein läßt sich gut an, und Mileva hat alle Hände voll zu tun. Tagsüber, während ihr Mann im alten Postgebäude Patente begutachtet, kümmert sie sich um den anfallenden Haushalt oder arbeitet, falls ihr Zeit dazu bleibt, an den ihr von Albert aufgetragenen, ihm selbst als Theoretiker aber lästigen mathematischen Berechnungen. Am Abend stehen dann meist anstrengende Sitzungen der „Academia"-Runde an, oft gefolgt von ausgedehnten Spaziergängen aller Anwesenden mitten in der Nacht zu den umliegenden Berner Tannenwäldern oder zum Bergrücken des Gurten, wo man dem Sonnenaufgang entgegenharrt.

Milevas Gesundheitszustand und ihr Gebrechen haben sich zwar seit ihrer Jugendzeit nicht gebessert – ganz im Gegenteil, immer wieder muß sich die erst Dreißigjährige mit Gelenksschmerzen, Atemnot und Kreislaufbeschwerden herumplagen. Die mit Albert und den Freunden so verbrachten Tage kommen dennoch ihrer Vorstellung eines erfüllten Lebens am nächsten: Bürgerliche Konventionen und „Philisterie" sind in der kleinen Arbeitsgemeinschaft verpönt, von männlichen Fachleuten erstmals als gleichwertig anerkannt, ist es ihr nun möglich, wissenschaftliche Forschungen zu betreiben. Sie kann nicht wissen, daß ihr Glück nur von kurzer Dauer sein wird.

Auch für Albert Einstein wirken sich die knapp sieben Jahre in Bern sowohl privat als auch in wissenschaftlicher Hinsicht ungemein produktiv aus. Ob nun seine harmonische Ehe und Milevas bedingungslose Unterstützung in allen Belangen, seine beschauliche und relativ sorgenfreie Stellung am Patentamt oder die häufigen theoretischen Diskurse mit den Freunden ausschlaggebend dafür sind, jedenfalls wird ein Einstein-Biograph später verwundert feststellen:

„Es ist merkwürdig, wie fruchtbar eine so kurze Zeit seines Lebens war."

Denn der kleine Patentgutachter aus Bern ist auf dem Weg, die Fachwelt in Aufruhr zu versetzen.

Frühjahr 1905. Die von Albert Einstein lapidar als „Grübelei" bezeichneten Untersuchungen gipfeln schließlich in fünf Arbeiten: Erschienen in den „Leipziger Annalen der Physik“, wird, neben seiner Dissertation, vor allem das schlichte, dreißig Seiten umfassende Werk zur „Elektrodynamik bewegter Körper“ die Revolution des neuzeitlichen Physikweltbildes einleiten – es enthält erstmals die Darstellung der „Speziellen Relativitätstheorie“. Von diesem Augenblick an werden tradierte Begriffe wie „Raum“ und „Zeit“ einen vollkommen neuen Klang erhalten, aus Albert Einstein wird das Genie Einstein.

Und ausgerechnet da geschieht etwas Merkwürdiges: Die Urabschrift der „Elektrodynamik bewegter Körper“ verschwindet auf rätselhafte Weise. Vierzig Jahre später wird die seriöse New York Times mit einem spektakulären Hintergrundbericht die Physikfachwelt irritieren: Albert Einstein selbst hat aus unerfindlichen Gründen, unmittelbar nach deren Publikation, sämtliche Originalmanuskripte vernichtet. Handschriftliche Notizen und seitenlange Berechnungen, die die Entstehung der Relativitätstheorie dokumentieren könnten, bleiben so für immer verloren. Die „Library of Congress“ in Washington setzt daraufhin eine weltweite Prämie in Höhe von 11,5 Millionen Dollar für deren Wiederbeschaffung aus – vergebens...

Und wie lautet die spontane Reaktion eines intimen Einstein-Kenners auf diese fünf Arbeiten?

„Das ist für mich eine große Überraschung gewesen, denn Einstein war ein großer Faulpelz, und für Mathematik interessierte er sich überhaupt nicht.“

Von Einsteins Lehrer und langjährigem Freund, dem Mathematiker Hermann Minkowski, stammt diese skeptische Bemerkung. Ist doch, neben ihrer genialen Aussage, gerade die schlichte Eleganz der mathematischen Beweisführung das Herausragende an der „Speziellen Relativitätstheorie“. Wie konnte seinem ehemaligen Schüler diese mathematische Tour de Force in so bestechender Weise und in so kurzer Zeit gelingen? Sogar Einstein selbst, der sich immer nur höchst ungern in die Niederungen des Differentials, Integrals und Infinitesimals begeben hat, wird in seiner späteren Autobiographie ganz offen zugeben:

„Daß ich die Mathematik bis zu einem gewissen Grade vernachlässigte, hatte nicht nur den Grund, daß das naturwissenschaftliche Interesse stärker war als das mathematische, sondern das folgende eigentümliche Erlebnis: Ich sah, daß die Mathematik in vielen Spezialgebieten gespalten war, deren jedes diese kurze, uns vergönnte Lebenszeit wegnehmen konnte."[14]

Und sogar bekennen wird, er sei

„in die Lage von Buderians Esel versetzt, der sich nicht für ein besonderes Bündel Heu entschließen konnte. Dies lag offenbar daran, daß meine Intuition auf mathematischem Gebiet nicht stark genug war, um das fundamental Wichtige, Grundlegende sicher vom Rest der mehr oder weniger entbehrlichen Gelehrsamkeit zu unterscheiden."[15]

Paßt es da nicht gut ins Bild, daß nach 1913, mitten in der Ehekrise zwischen Albert und Mileva, wo tagelang kein Wort zwischen den beiden gesprochen wird, geschweige denn wissenschaftlich diskutiert, Einsteins Kollege Marcel Großmann mit folgenden Zeilen des verzweifelten „Esels" plötzlich überrascht wird:

„Ich bin auf mathematische Schwierigkeiten geraten, die ich nicht besiegen kann. Ich bitte Dich, hilf mir, denn mir scheint ich werde verrückt."?[16]

Und wieso hat derselbe Albert Einstein vor den privaten Auseinandersetzungen mit Mileva die Hilfe mathematisch routinierterer Freunde und Kollegen nie beansprucht?

Doch den interessantesten Hinweis zur Entstehung der „Speziellen Relativitätstheorie" wird der russische Physiker Abraham F. Joffe später in seinen „Erinnerungen an Albert Einstein" liefern: Er habe 1905 als Assistent des damaligen Kuratoriummitglieds der „Leipziger Annalen", Wilhelm Konrad Röntgen, die später verlorengegangenen Originalabschriften begutachtet, und diese wären unter einem Doppelnamen eingereicht worden – Einstein-Marity.

Marity ist die ungarische Schreibweise des serbischen Marić – auch auf Milevas Todesanzeige vom 4. August 1948 wird ihr Familienname so geschrieben stehen...

Von Einstein selbst erfährt man über all dies nichts, kein Wort wird der spätere Nobelpreisträger jemals darüber verlieren, was genau in den fünf Wochen passiert ist, als er seine Gedanken zur Relativitätstheorie zu Papier gebracht hat, keine Äußerung darüber, wie er es geschafft hat, geschweige denn, ob jemand ihm dabei behilflich war. Erst vierzig Jahre später, und zwar 1948, kurz nach Milevas Tod und Jahrzehnte, nachdem Einstein ihren Namen nicht mehr erwähnt hat, trauert er in einem Schreiben an Freund Maurice Solovine auf einmal den sieben Jahren in Bern wehmütig nach:

„Es war doch wirklich eine schöne Zeit, damals in Bern, als wir so in unserer lustigen ‚Academie' studierten."

Auch da kein Wort über Mileva.

März 1915. Der Erste Weltkrieg tobt bereits seit über sechs Monaten. In der französischen Champagne und im Artois scheitern die Alliierten mehrmals an der deutschen Westfront, General Hindenburg, der im Laufe des Jahres zum 1. Generalquartiermeister und Oberbefehlshaber der 8. Armee avancieren wird, hat erst vor einem Monat den russischen Nordflügel an der Ostfront zerschlagen; in Deutschland und in den Achsenstaaten ist die Kriegseuphorie auf dem Höhepunkt.

Anfang des Monats zieht Mileva Einstein-Marić mit ihren beiden Söhnen, dem neunjährigen Hans Albert und Eduard, gerade erst zweieinhalb geworden, aus einer Zürcher Pension in eine Zweizimmerwohnung in der Gloriastraße Nr. 59 ein. Es liegt noch Schnee auf den Straßen, Mileva muß darauf achten, daß sie mit der Umsiedlung möglichst schnell fertig wird. Ihre Möbel sind endlich angekommen – aus Berlin-Dahlem. Albert Einstein, mittlerweile als Physiker zu Weltruf gelangt und seit dem 7. Dezember 1913 Direktor am neugegründeten Kaiser-Wilhelm-Institut für Physik in der Reichshauptstadt, hat sie erst nach langem Drängen geschickt.

Szenenwechsel: August vor acht Monaten. Für Mileva beginnt eine alptraumhafte „Odyssee", die erst mit dem Umzug in die Gloriastraße zu Ende sein wird: Ursprünglich während der Sommerferien mit Albert und den Kindern auf Urlaub nach Zürich gekommen, überrascht der Ausbruch des Krieges sie und ihren Mann völlig. Für die Kleinen ist eine Rückkehr per Bahn nach Berlin zu gefährlich geworden, Albert Einstein tritt also allein die Rückfahrt an, Mileva und ihre Söhne müssen an der Limmat zurückbleiben.

Von ihren Eltern im kriegführenden k.u.k. Österreich-Ungarn gleichermaßen abgeschnitten, verschlechtert sich ihre Situation von Tag zu Tag – die finanziellen Reserven schwinden. Zwar findet sich ab und zu Geld aus Berlin ein, aber diese Zuwendungen reichen für eine Mietwohnung nicht aus, Mileva und ihre Söhne ziehen von Pension zu Pension, es gibt nur eine einzige warme Mahlzeit am Tag, die Winterkleidung der Buben wird aus alten Stoffen genäht. Um die sich auftürmenden Wechsel der Herberge zahlen zu können, muß Mileva eine Freundin sogar um ein Darlehen bitten. Ihrem Mann erzählt sie allerdings nichts davon, in Briefen hält sie ihn nur an, er möge ihr doch regelmäßiger einen Teil seines gutdotierten Gehaltes als Institutsleiter nachschicken, und selbst dann weiß sie nicht, ob ihr Hilferuf Albert in den Kriegswirren erreicht – wochenlang gibt es keine Antwort von ihm.

Dann sind, nach über einem halben Jahr, wenigstens die Möbel heil angekommen, endlich kann sie mit dem Rest des Darlehens eine kleine Wohnung mieten und den Kindern ein eigenes Zuhause bieten. Um nicht gänzlich von den noch immer spärlich eintreffenden Überweisungen ihres Mannes den Unterhalt fristen zu müssen, beschließt die nun bald vierzigjährige Frau, Klavier- und Mathematikstunden zu geben.

Aber sie kommt nicht zur Ruhe – denn zwischen ihr und Albert gibt es seit fünf Jahren Spannungen. Schon damals, in Prag, hat es angefangen...

15. April 1911: Gerade dreiunddreißig geworden, tritt Einstein eine Professur an der dortigen Deutschen Universität an, er wird zum Nachfolger des berühmten Ernst Mach ernannt. Die Stadt an der Moldau mit ihren grauen, gotischen Häusern und dunklen Gassen bietet Mileva einen krassen Gegensatz zum hellen Berner Ambiente mit den umliegenden Bergen und Tannenwäldern, die öden Prager Industrieviertel und die vielen Fabrikanlagen trüben ihre Stimmung. Zudem findet die introvertierte Frau Professor als Serbin kaum Anschluß an den vorwiegend deutschen Bekanntenkreis ihres Mannes; dafür wird Albert ständig mit hämischen Bemerkungen seiner dortigen Freunde über das unvorteilhafte Aussehen

Milevas konfrontiert. Wieder wird die Beziehung der beiden auf die Probe gestellt, nur diesmal schaffen es Mileva und Albert nicht – anders als vor acht Jahren bei ihrer Heirat – dagegen anzukämpfen. Beider Nerven sind aufs höchste angespannt – es kommt zu Streit: Sie ärgert sich darüber, daß er morgens immer zu spät aufsteht oder beim Rasieren ständig vor sich hin pfeift; er seinerseits wirft ihr plötzlich ein zu schweigsames Naturell vor, außerdem mache sie sich bei seinen Kollegen an der Universität unbeliebt. Man fängt sogar an, sich aus dem Weg zu gehen: Einstein sucht zunehmend die Geselligkeit mit Freunden in den Caféhäusern und bei Abendgesellschaften – allein. Mileva hingegen verbringt ganze Tage nur mehr im Bett und vernachlässigt dabei ihr Äußeres gänzlich, ihr chronisches Leiden verschlimmert sich, sie wird von schweren Depressionen heimgesucht.

Zwar bleibt Prag nur ein kurzes Intermezzo; Albert Einstein wechselt nach nur zehn Monaten als Professor zur Eidgenössischen Technischen Hochschule Zürich, und Mileva schöpft kurz wieder Hoffnung, in der vertrauten Umgebung ihrer gemeinsamen Studienjahre auch die Ehe retten zu können – doch dazu bleibt ihr keine Zeit mehr. Ihren Mann zieht es nämlich gleich weiter nach Berlin: Dem aufsteigenden Stern der Physik werden 1913 der Direktorsposten des renommiertesten Forschungsinstituts in Europa und die damit verbundene Mitgliedschaft an der berühmten Preußischen Akademie der Wissenschaften angeboten. Da kann selbst der Deutschlands Politik kritisch gegenüberstehende Albert Einstein nicht mehr widerstehen; nicht einmal seine seit der Kindheit ausgeprägte Abneigung gegen den steif-asketischen Lebensstil des Berliner Bürgertums vermag seine Freude über diesen großen Karrieresprung zu dämpfen. Auf die Beziehung mit Mileva sollte er sich allerdings verheerend auswirken.

Der Erste Weltkrieg macht schließlich alle Rettungsversuche Milevas zunichte, ab nun wird sie von Albert auch räumlich getrennt. Kaum, daß sie sich in Zürich von Geldschwierigkeiten, Wohnungssuche und Übersiedlung etwas erholt hat, kommen Mileva, als sie sich gerade darum kümmert, Sohn Hans Albert in ein geeignetes Gymnasium einzuschreiben, vage Gerüchte aus Berlin zu Ohren – und stürzen sie erneut in tiefste Verzweiflung.

Mileva Einstein-Marić mit ihren Söhnen Eduard und Hans Albert, 1914

Im bayrischen Viertel der Reichshauptstadt hat Albert Einstein Elsa Lowenthal wiedergetroffen. Mit der um fünf Jahre Älteren verbindet ihn nicht nur die doppelte Verwandtschaft – die Mütter der beiden waren Cousinen zweiten Grades, ihre Väter stammten von demselben Familienzweig der Einsteins ab –, auch ihre großbürgerlich geprägte Kindheit haben beide gemeinsam in München verbracht. Seitdem hat man sich aus den Augen verloren; Alberts Verwandtschaft in Berlin, die von Anfang an die „unstandesgemäße" Heirat mit der Ausländerin Mileva abgelehnt hat, führt sie wieder zusammen. Nun Witwe geworden, macht die gemütliche, blonde Elsa nicht nur auf Albert tiefen Eindruck. Ganz im Gegensatz zu seiner Frau Mileva liebt sie den Trubel um die Berühmtheit Einstein, bewegt sich selbstsicher und souverän in den einflußreichen Kreisen, mit denen es der prominente Professor jetzt zu tun hat, ist zu allen Anlässen stets guter Laune und überschüttet ihren Vetter mit kleinen Aufmerksamkeiten. Auch zu den beiden Töchtern aus ihrer früheren Ehe – drei Jahre später wird er Ilse und Margot adoptieren – faßt Einstein schnell Vertrauen. Und vor allem beruhigt es den sechsunddreißigjährigen Gelehrten, daß die in Alltagsdingen sehr resolute Elsa von seiner Arbeit keine Ahnung hat. Zu einem Freund wird er, nachdem es 1919 schließlich zur Hochzeit kommt, sagen:

„Ich bin froh, daß meine Frau nichts von Wissenschaften versteht. Meine erste tat es nämlich..."

Frühjahr 1916: In Verdun ist der Stellungskrieg voll im Gange, an der Somme wird um jeden Fußbreit blutig gekämpft, der österreichisch-ungarische Angriff in Tirol ist ins Stocken geraten.

Zu Ostern reist Einstein von Berlin nach Zürich und konfrontiert seine Frau mit der unwiderruflichen Entscheidung: Er möchte sich endgültig von ihr trennen. Damit er sie bei den anstehenden rechtlichen Formalitäten nicht sehen muß, beauftragt Einstein den gemeinsamen Freund Angelo Besso als Vermittler. Nur für den Fall, Mileva würde im Krankenhaus liegen, wäre er bereit, sie zu besuchen. Für Zusammenkünfte mit seinen Söhnen solle Besso „neutralen" Boden vereinbaren.

Als das schriftliche Formular über die Scheidungsmodalitäten bei Mileva Einstein-Marić eintrifft, erleidet sie einen schweren Herzanfall. Mit kurzen Unterbrechungen ist sie ein volles Jahr bettlägrig, nur einige wenige Freunde kommen zu Besuch an ihr Krankenlager, Einstein kein einziges Mal. Am 14. Februar 1919 wird die Ehe zwischen Mileva Marić und Albert Einstein formell geschieden – der Trennungsgrund lautet: „natürliche Unverträglichkeit".

Für Mileva Marić beginnt nun der letzte Abschnitt ihres Lebens – schwerkrank und mit zwei unmündigen Kindern, für die sie das Sorgerecht hat, ohne Anstellung, ihr ursprüngliches Ziel, Wissenschaftlerin zu werden, endgültig zunichte gemacht...

Zürich, Sommer 1929. Mileva Marić lebt nun seit fünf Jahren mit ihrem jüngeren Sohn Eduard in der Huttenstraße 62. Trotz der anfangs katastrophalen Situation nach ihrer Scheidung kann sie einigermaßen stolz auf sich sein: Sie hat ihre Kinder durchgebracht. Ihr älterer Sohn Hans Albert ist bereits außer Haus, hat die Ausbildung als Ingenieur in den USA erfolgreich beendet. Auch Eduard, oder Tete, wie sie ihn immer noch liebevoll nennt, hat heuer die Matura bestanden.

Das Jahr 1922 hat die Wende gebracht: Am 10. November ist Albert Einstein der Nobelpreis für „Verdienste auf dem Gebiet der theoretischen Physik" zugesprochen worden – und unmittelbar nach dessen Erhalt hat er seiner ersten Frau den gesamten Betrag von 30.000 Schwedischen Kronen überlassen. Was ihn zu diesem Schritt bewogen hat, ist bis heute unbekannt; Klarheit darüber könnte vor allem seine private Korrespondenz mit Mileva verschaffen; allerdings liegen sämtliche Briefe und andere Unterlagen aus dieser Zeit im Nachlaß der „Estate of Albert Einstein" unter Verschluß – sie sind nicht einmal der Fachwelt zugänglich.

Mileva Marić ist sorgfältig mit dem Geld umgegangen, drei Zinshäuser hat sie kaufen können, eines davon hat sie für sich und die Kinder halbwegs eingerichtet, die anderen in Miete weitergegeben. Hinzu sind monatlich 350 Franken an Unterhaltszahlung von Einstein gekommen, den restlichen finanziellen Bedarf deckt sie mit Privatstunden und mit äußerster Sparsamkeit: Ihre gesamte Kleidung ist selbstgenäht, Zerstreuung findet sie im Botanischen Garten und beim Anlegen einer Kakteensammlung, alle Monate ein Kinobesuch ist das höchste, was sie sich erlaubt. Nur ihren Söhnen gegenüber ist sie großzügig gewesen – ihnen hat es an nichts gemangelt, für sie hat sie sich die teuersten und elitärsten Schulen geleistet, und sie hat sogar dafür gesorgt, daß sie ihren Buben ab und zu einen kleinen Urlaub bieten konnte. Nun, da das Ende ihrer Ausbildung abzusehen ist, hofft Mileva Marić auf einen ruhigeren und gesicherten Lebensabend.

Dabei sind die letzten zehn Jahre alles andere als ereignislos gewesen. Noch während des Ersten Weltkrieges ist ihr Bruder Miloš in russische Kriegsgefangenschaft geraten, und seit der Unterzeichnung des Friedensvertrags von Brest-Litowsk lebt er angeblich als Arzt in der Sowjetunion. Aus Moskau sind nur spärlich Briefe eingetroffen, seit 1923 hat die Familie Marić in Novi Sad überhaupt nichts mehr von ihm gehört. Milevas Vater hat sich von der Ungewißheit über den Verbleib des einzigen Sohnes nie erholt, zwei weitere Schicksalsschläge kann er nicht mehr überwinden: Milevas Bruch mit Einstein und die plötzlich auftretende Nervenkrankheit seiner Tochter Zorka, die zu Hause bei den Eltern geblieben ist.

Neben dem kummervollen Tod ihres Vaters und der noch immer katastrophalen Situation zu Hause – ihre Mutter ist erkrankt und ans Bett gefesselt, mehrmals muß Mileva nach Novi Sad fahren und sie monatelang pflegen; Schwester Zorka verfällt zunehmend in geistige Umnachtung (dreizehn Jahre später wird man sie verhungert, ihr magerer Körper von der Alkoholsucht gezeichnet, in ihrer verwahrlosten Wohnung tot auffinden) – hat Mileva Marić auch in Zürich genug Probleme zu bewältigen. Zwar hat sie sich mit ihrem geschiedenen Mann nach Hans Alberts Maturitätsprüfung wieder versöhnt. Doch größte Mühe haben ihr die unzähligen Versuche bereitet, aufgestaute Ressentiments ihrer beiden Söhne gegenüber dem nur sporadisch zu Besuch kommenden Albert Einstein abzubauen. Briefe voller Haßliebe von Eduard an den berühmten Vater und scharfe Auseinandersetzungen zwischen dem Nobelpreisträger und seinem Sohn Hans Albert wegen dessen weiteren Studienwegs – Albert Einstein hätte seinen Ältesten lieber als Nachfolger gesehen, während dieser auf einer Ausbildung als Ingenieur beharrt – bleiben Mileva nur allzufrisch in Erinnerung.

Zwischen Hans Albert und seinem Vater ist es ihr zwar gelungen, zu vermitteln; er hat seinen Weg durchgesetzt, und seit seinem Studium in den USA muß sie sich um ihn keine Sorgen mehr machen. Dafür kommt sie mit ihrem Jüngsten Eduard immer weniger zurecht: Tete hat sich seit dem Eintritt ins Gymnasium zu einem Problemkind entwickelt.Von klein auf mit einem ungewöhnlich wachen Intellekt und einem fast photographischen Gedächtnis versehen, wird alles, was Eduard Einstein in die Hände bekommt, von ihm minutiös gespeichert; schon als Heranwachsender konnte er ganze Bücherbände rezitieren, sämtliche Klavierstücke spielt der musisch Begabte auswendig, an jede Begebenheit, sei sie noch so unwichtig, kann er sich auch nach Monaten genauestens erinnern. Doch nicht einmal mit achtzehn besitzt Eduard die Fähigkeit, eigenständige Ideen und Gedanken zu entwickeln. Sogar Albert Einstein ist die beunruhigende Entwicklung des Sohnes nicht entgangen: Bei einem seiner spärlichen Besuche in Zürich hat Tete dem unbehaglich zuhörenden Vater einige Klavierstücke vorgespielt – zwar perfekt und fehlerfrei; Albert Einstein jedoch war aufs höchste irritiert, sein eigener Sohn kam ihm wie eine Maschine vor, ohne Ausdruck und jegliches Gefühl.

Doch es wird noch schlimmer: Seit der Pubertät kam zusehends eine „dunkle" Seite zum Vorschein. Unvermutet bricht Eduard in Wutanfälle aus, zertrümmert alles, was er in die Hände bekommt, heult und schreit, so daß die Nachbarn Alarm schlagen; dann wieder hält er sich die Ohren zu und fleht die Mutter an, sie möge den Höllenlärm in seinem Kopf doch abstellen. Sie versucht ihr Bestes, mit den furchterregenden Launen des Sohnes fertigzuwerden, fährt sogar mit ihm, da sie als Ursache für Eduards Anfälle dessen chronische Ohrenschmerzen und die daraus resultierende Migräne vermutet, zur Kur in eine teure Heilklinik nach Wyk an der Nordsee – vergebens.

Eduard verfällt immer mehr in tiefste Melancholie; er schreibt wieder einmal dem Vater seitenlange Briefe voller Pathos nach Berlin, fleht um dessen Anerkennung und pöbelt ihn gleichzeitig aufs heftigste an. Selbst als Einstein aus Berlin herbeieilt, ändert sich nichts an Tetes Zustand: Seine anfängliche Euphorie über den Besuch des Vaters verfliegt rasch, er benimmt sich ihm gegenüber wieder aggressiv und rüpelhaft, schockiert ihn mit schwersten Vorwürfen. Albert Einstein tritt tief enttäuscht die Heimreise nach Berlin an, bald wird er seine Besuche ganz einstellen. Die goldene Uhr, die Eduard von ihm zur Firmung bekommen hat und die er voll Stolz nur sonntags trägt, wird schließlich als einziges Andenken an den berühmten Vater zurückbleiben – bis an sein Lebensende...

Eduard hat also endlich maturiert, er möchte Medizin studieren, ist voller Zukunftspläne. Doch seine Krankheit verschlimmert sich im Sommer 1929 dramatisch: Tete nimmt unmäßig zu, die entsetzte Mutter findet die Wände seines Zimmers mit pornographischen Bildern volltapeziert, der Neunzehnjährige schleudert ihr vulgäre Schimpfwörter entgegen, wird gewalttätig – mit einem Messer zerschneidet er Bücher, Möbel, ja sogar die eigenen Kleider. Es kommt zur Katastrophe: Mitten in der Nacht wird Mileva von Geschrei geweckt, Tete hat sich in seinem Zimmer eingeschlossen, will niemanden hineinlassen. Mit Mühe verschafft sie sich Zugang – ihr Sohn steht mit zerrissenen Kleidern vor dem offenen Fenster, droht, sich umzubringen und seinem Leiden ein Ende zu setzen. Als sie ihn vom Fenster wegreißen will, wird er rabiat, die ganze Wut ist nun gegen sie gerichtet. Eduard versucht, seine Mutter zu erwürgen. Schließlich gelingt es ihr, Hilfe zu holen, eine Freundin findet die völlig verzweifelte Frau – die Würgemale am Hals sind noch deutlich sichtbar – inmitten einer total verwüsteten Wohnung und alarmiert die Rettung. Noch in derselben Nacht wird Eduard Einstein von Krankenwärtern in die Nervenklinik am Burghölzli eingeliefert.

In ihrer Verzweiflung wendet sich Mileva Marić an den einzigen Menschen, der ihr noch bleibt – Albert Einstein. Selber von Tetes Angriff noch schwer mitgenommen und kaum zum Gehen imstande, reist die Vierundfünfzigjährige per Bahn nach Berlin. Von Eduards Vater erhofft sie sich Hilfe. Doch nachdem sie die 950 Kilometer lange Reise nur mit Mühe überstanden hat, muß Mileva Marić feststellen, daß sie ungelegen kommt: Es ist der Hochzeitstag von Albert Einsteins Stieftochter Margot, die ganze Sippschaft wohnt gerade der feierlichen Hochzeit im Rathaus bei. Zwar gelingt es ihr, zur Trauung zu gelangen, zu ihrem geschiedenen Mann kommt sie angesichts der ihn umgebenden Menschenmenge gar nicht durch. Allein tritt sie wieder die Heimreise an.

Mileva Einstein-Marić mit ihren Kakteen

Wieder einmal auf sich selbst gestellt, muß Mileva Marić hilflos mitansehehen, wie in den nächsten Jahren ihre Liegenschaften nach und nach verkauft werden – die Behandlung von Tete ist kostspielig, von ihrem älteren Sohn Hans Albert kann sie nicht viel verlangen, denn er hat mittlerweile selbst Frau und Kinder zu versorgen. Auch die Unterhaltszahlungen aus Berlin bleiben bald ganz aus: Wegen der extremen politischen Entwicklung Deutschlands und dem überall offen zur Schau getragenen Judenhaß entschließt sich Albert Einstein zur Emigration in die USA, sein ganzer Besitz und sein gesamtes Vermögen werden 1933 konfisziert, auf ihn selbst werden 50 000 Reichsmark Kopfgeld gesetzt und Jagd gemacht.

Für Mileva Marić sind die letzten Jahre ihres Lebens von ständiger materieller Not geprägt; mit Privatstunden allein kann sie bald nicht mehr ihr Auslangen finden, also muß sie nun – über sechzig Jahre alt – sogar eine Zeitlang als Physiklehrerin am örtlichen Lyzeum arbeiten. Sie ist nur froh darüber, daß ihr wenigstens drei Zimmer in der Huttenstraße erhalten geblieben sind; beim Verkauf des Hauses hat sich die in finanziellen Transaktionen unerfahrene Frau glücklicherweise das lebenslange Bezugsrecht auf eine der Wohnungen zusichern lassen.

Jetzt bleibt ihr nur mehr Eduard als ganzer Lebensinhalt; selbst ständig an argen Kreuzschmerzen, Herzflattern und Atemschwierigkeiten laborierend, besucht Mileva den kranken Sohn fast täglich im Burghölzli. Tete hat sich wieder etwas erholt, kann sogar mit dem Medizinstudium anfangen – allerdings muß er zu seinen Vorlesungen von einem Krankenwärter begleitet werden. Nur in besonders „friedlichen" Phasen erhält Eduard Einstein von der Anstaltsleitung die Erlaubnis, zu Hause bei seiner Mutter zu wohnen. In Mileva Marić' Leben kehrt nun tatsächlich Ruhe ein; über fünfzehn Jahre wird sie, völlig von ihrer Umgebung abgeschnitten, ihr ganzes Hab und Gut verpfändet oder verkauft, als eine geizige und etwas sonderbare alte Frau verbringen – bis zu jener verhängnisvollen Nacht des 22. Mai 1948, wo sie nach einem letzten Tobsuchtsanfall ihres Sohnes endgültig zusammenbricht...

Albert Einstein überlebt seine einstige Kommilitonin um knapp sieben Jahre, geht in die Geschichte der Neuzeit als eines der größten wissenschaftlichen Genies und Humanisten ein. Seine erste Frau Mileva Marić findet nur eine provisorische Ruhestätte im Zürcher Nordheimfriedhof; das Grab trägt bis 1975 die Nummer 9357, dann wird es vermutlich von der Friedhofsleitung aufgelassen. Eduard Einstein stirbt am 25. Oktober 1965 in der Nervenanstalt am Burghölzli, die er seit seiner Einlieferung vor dreizehn Jahren nicht mehr verlassen hat. Seine Mutter hat er nach ihrem Tod nie wieder erwähnt, und auch auf seiner Todesanzeige sucht man ihren Namen vergebens. Da steht nur geschrieben:

„Sohn des verstorbenen Prof. Albert Einstein".

Epilog

New Orleans, Februar 1990. Der alljährliche Kongreß der „American Association for the Advancement of Science" findet gerade statt. Schreiduelle, wüste Beschimpfungen, es kommt fast zu körperlichen Tätlichkeiten. Drei Wissenschaftler, es sind die Linguistin Dr. Senta Troemel-Ploetz aus Deutschland, der Physiker Dr. Evan Harris Walker aus Maryland und – mittels Telephonschaltung direkt aus New York – der Physiker an der dortigen Rockefeller University Dr. Abraham Pais, präsentieren ihre Beiträge. Thema: Mileva Marić Rolle bei den Forschungen Albert Einsteins. Vertreter der herkömmlichen Physikgeschichtsschreibung reagieren wütend auf die neuesten Forschungsergebnisse der drei Vortragenden: Einsteins erste Frau hat sehr wohl, entweder „bloß" in mathematischer Hinsicht, oder möglicherweise sogar inhaltlich, ihren Beitrag zur Entstehung der „Relativitätstheorie" geleistet.

Erst zweiundvierzig Jahre nach ihrem Tod und ganze fünfundachtzig Jahre nach der Veröffentlichung dieser umwälzenden Theorie ist der Name Mileva Marić in einer akademischen Diskussion endlich gefallen...

Margarete Jeanne Trakl

„Mönchin schließ mich in dein Dunkel"

Man wollte ihr nur beistehen. Der jungen Frau helfen, die verzweifelte Lage, in der sie sich seit über drei Jahren befand, kurz zu vergessen – schwerste materielle Not und ständige Delogierungen, eine Fehlgeburt, die sie wochenlang ans Krankenbett gefesselt hat, unverschämte Geldforderungen ihres geschiedenen Mannes, ihre Chloroform-, Kokain- und Opiumsucht. Sie haben es allesamt gut gemeint, Herwarth Walden, Herausgeber der expressionistischen Zeitschrift „Der Sturm", die Dichter Camill Hoffmann, Theodor Däubler und andere Berliner Intellektuelle; es sollte bloß ein harmloser Abend werden, etwas Ablenkung. Niemand neigt in diesen Tagen zu allzu großem Überschwang oder Ausgelassenheit – schließlich befindet man sich, im Frühherbst 1917, mitten im Krieg.

Anlaß zu einer kleinen Feier gibt es dennoch: Vor einigen Tagen ist es Walden gelungen, die völlig überschuldete Frau aus ihrem Hotel in Berlin-Wilmersdorf, wo sie gestrandet ist, „loszukaufen". Für ein provisorisches Quartier haben die Freunde gesammelt; zumindest ist die Gefahr, wegen Landstreicherei oder Wechselübertretung im Frauengefängnis zu landen, fürs erste gebannt. In der neuen Bleibe – wieder ein schlichtes Zimmer samt Kabinett – trifft sich die Runde am 21. September zu Ehren der Notleidenden.

Später werden alle Anwesenden bemerken, wie heiter und gelöst sich die von ihrer Sucht schwer gezeichnete Frau an diesem Abend gegeben hat: Die gemeinsame Freundin – so scheint es – hat sich wieder etwas erfangen. Sogar Zukunftspläne werden geschmiedet. Sobald der verhaßte Krieg vorbei ist, will die von Kindheit an Sprachgewandte Französisch-Übersetzungen für einen renommierten Verlag machen.

Doch das entspannt begonnene Fest endet unversehens in einer Katastrophe. Mitten in der Gesellschaft geht die junge Frau wortlos in den Nebenraum und erschießt sich: Margarete Jeanne Langen, geborene Trakl, stirbt, gerade sechsundzwanzig geworden, von eigener Hand...

Nur am Rande der Trakl-Forschung finden sich Spuren von der Schwester des Dichters, und das, obwohl Margarete Jeanne in den Werken ihres Bruders über sechzigmal als Motiv aufscheint: Für Georg ist sie „Fremdlingin", „Jünglingin" und „Mönchin" zugleich; „aus innerer Notwendigkeit" kann er über sie nur „hymnisch" sprechen; als einzige Frau wird sie von ihm geliebt und bewundert – „das schönste Mädchen, die größte Künstlerin, das seltenste Weib". Zentrale Figur in Georg Trakls Lyrik ist Margarete, die „Möndin" – so der Philosoph Heidegger –, „um deren Leuchten rings die Sterne verblassen und erkühlen."

Nach ihrem Tod fast vierzig Jahre lang nur ein Gerücht, kommt Margarete Trakl, die „Machtvollere, Männlichere, vielleicht sogar Genialere der beiden", wie Otto Basil sie in seiner Biographie Georg Trakls charakterisiert hat, in den Schriften und Aufsätzen über den berühmten Bruder zu zweifelhaftem Ruhm: Ihre Liebesbeziehung mit Georg wird Gegenstand klinischer Untersuchungen, die Seelenverwandtschaft zwischen den beiden beschrieben als sich gegenseitig zerfleischende unio mystica, oder sie wird – hinter vorgehaltener Hand – zur Geliebten des Bruders abgestempelt, im besten Fall bloß als dessen „ins Haltlose verzerrtes Ebenbild". An der Persönlichkeit der Frau wird herumgedeutet, selbstverständlich nur aus einem bestimmten Winkel – dem männlichen: An einem Porträt aus ihrer Kindheit glaubt ein besonders feinfühliger Trakl-Biograph einen „wild-finsteren Gesichtsausdruck" zu bemerken, sie wirke „in der unmädchenhaften Sicherheit ihrer Haltung aggressiv"; ein anderer kanzelt sie ab zu einer „völlig Unschöpferischen" – „Trägerin einer schon an den Wurzeln zerstörten Genialität". Ihr verhängnisvoller Freitod kommt all diesen Interpretationen naturgemäß auch sehr zupaß: Wen wundert's, daß solch eine Person nicht die Kraft finden kann, „ihr Leben sinnvoll weiterzuführen".

Und mit ihrem Tod sind sämtliche Spuren verwischt – selbst ihr Grab bleibt bis heute unauffindbar. Margarete Jeanne Trakl – bloß eine „tragische Gestalt", die „wie ein Schatten das Leben des Bruders begleitete, dann widerspiegelte"?

Salzburg, 1890. Das ehemalige Erzbistum erlebt noch die letzten Ausläufer der Gründerzeit. Doch hinter den Prunkfassaden von Mirabell und den Barockkirchen, kaschiert vom bunten Treiben am Residenzplatz, auf der Feste Hohensalzburg und in den Caféhäusern, verliert die Hauptstadt des gleichnamigen Kronlandes langsam ihren früheren Glanz –

„Verlorner Sinn vergangener Zeiten
Blickt aus den steinernen Masken her...".

(Verfall[1])

Der verheerende Börsenkrach vom Schwarzen Freitag, dem 9. Mai 1873, vor siebzehn Jahren, ist bereits Legende, verdrängt und verdaut. Die ausgelassenen Gesellschaften der Hautevolee, der prächtige Sonntagskorso zwischen Domplatz und Tomaselli-Kiosk mit den vielen „Feschaks" – Offiziere der k.u.k. Armee und bevorzugte Heiratsobjekte bürgerlicher Fräuleins – können die ärarische Lethargie, die sich in Amtsstuben, Kasernen und Banken ausbreitet, kaum mehr verschleiern. Ein neues Jahrhundert kündigt sich an.

Innerhalb einer Dekade ist der Grundstein der modernen Welt gelegt worden: Bis 1890 – das Ende der auf österreichisch liebevoll geheißenen „goldenen Backhendlzeit" – sind nach und nach in der Monarchie Kafka, Musil, Wittgenstein, Weininger und Kokoschka zur Welt gekommen, in Frankreich wird achtzehn Jahre später der Kubismus und besonders ein junger Maler namens Picasso für Furore sorgen, in Deutschland werden die in dieser Generation Geborenen mit Bauhaus, Expressionismus, Abstrakter Malerei und „Sein und Zeit" die Gesellschaft verändern. Und noch einer, gerade ein Jahr alt, wird der Welt seinen Stempel aufzwingen – allerdings im Negativen: Adolf Hitler.

Am 8. August 1891 bringt Maria Catharina Trakl, geborene Halik, ihr jüngstes Kind auf die Welt. Die Entbindung findet in den Wohnräumen der Familie Trakl am Waagplatz 2 statt, es wird ein Mädchen, einige Tage später wird es in der evangelischen Kirche am Salzach-Kai auf den Namen Margarete Jeanne getauft.

Im Gegensatz zu seiner Frau, deren Vorfahren in Prag ansässige Deutsche gewesen sind, entstammt Tobias Trakl, der vierundfünfzigjährige Vater des Kindes, einem schwäbisch-lutheranischen Bauerngeschlecht zu Ödenburg, dem späteren Sopron. Salzburg ist nur die letzte Station eines bewegten Lebens: Um 1860, im Zuge der industriellen Gründerzeit und mit dem regen Zustrom von Siedlern aus den böhmischen und ungarischen Kronländern, wandert auch Tobias Trakl nach Wiener Neustadt aus. In der aufstrebenden Bürgersiedlung am Steinfeld findet der knapp fünfundzwanzigjährige junge Mann, der seinen Namen noch in der magyarisierten Form „Trackl“ schreibt, eine Anstellung als Kommis, also Kaufmannsgehilfe, in einem Handelsgeschäft – und legt damit den Grundstein für seinen späteren Wohlstand.

1879 übersiedelt der fertig gelernte Kaufmann erneut, diesmal an die Salzach. Er möchte sich selbständig machen und wird Teilhaber einer Eisenwarenhandlung. Mittlerweile zum zweiten Mal verheiratet – seine erste Frau Valentine ist früh an Wochenbettfieber gestorben –, bezieht Tobias Trakl mit seiner fünfzehn Jahre jüngeren Gattin Maria zunächst eine Wohnung in der Salzburger Schwarzstraße nahe dem Mozarteum, kurz darauf übersiedelt er in eine etwas größere am Platzl, direkt gegenüber der Staatsbrücke. Als die Familie Zuwachs erhält – neben Sohn Wilhelm aus erster Ehe muß der Familienvater bald für zwei weitere Kinder, Gustav und Maria, sorgen – und die drei Zimmer nicht mehr ausreichen, erwirbt der geschäftlich erfolgreiche Händler das sogenannte „Schaffner-Haus“ am Waagplatz 2, mitten im Zentrum des früheren Patrizierviertels der Römerzeit.

Margarete wächst in großbürgerlichen Verhältnissen auf: Ammen für die Kinder und Dienstpersonal für den Haushalt sind selbstverständlich, Barockmobiliar und Antiquitäten prägen die Wohnräumlichkeiten. Der Innenhof, bevorzugter Spielplatz der Geschwister, ist durchzogen von

Fritz, Georg und Margarete Trakl

romanischen Arkaden; der steinerne Leierbrunnen an der Ostseite des Hofs geht auf das Jahr 1807 zurück, bei der Toreinfahrt hat man vor einiger Zeit ein römisches Mosaik, vermutlich Teil eines herrschaftlichen Speisezimmers, freigelegt. Die Rückseite des vierstöckigen Hauses blickt direkt auf die Salzach und den Kapuzinerberg.

Als Margarete zwei wird, zieht der mittlerweile zu großem Wohlstand und Ansehen gelangte Tobias Trakl ein letztes Mal um. Er erwirbt das gesamte Gebäude am Waagplatz 3, direkt vis-à-vis dem „Schaffner-Haus". Flankiert von Residenzplatz, Mozartplatz und Waagplatz, findet der Sechsundfünfzigjährige endlich die ideale Lokalität für ein eigenes Geschäft – die Eisenhandlung Trakl. Die Verkaufsräumlichkeiten werden im Vorbau zum Mozartplatz untergebracht; eben dieser Vorbau wird Jahrzehnte später das berühmte Café Glockenspiel beherbergen, von dessen Terrasse aus künftige Salzburg-Besucher bewundernde Blicke auf das Mozart-Denkmal werfen werden.

Die neunköpfige Familie Trakl – vor Margarete kommen noch Hermine, Georg und Fritz zur Welt – bewohnt den gesamten ersten Stock, noch geräumiger und herrschaftlicher als die Wohnung zuvor, mit insgesamt zehn großen Zimmern und sämtlichen Nebenräumen. Aber nicht genug damit, der fürsorgliche Vater kauft den Kindern, damit sie einen ordentlichen Spielplatz zum Austoben haben, ein großes Gartengrundstück samt hölzernem „Salettl" in der benachbarten Pfeifergasse 3.

Schon von klein auf zeigt Margarete zu einem ihrer Geschwister eine fast zwillingshafte Ähnlichkeit, die sich im Laufe der Jahre noch verstärkt: Ihrem vier Jahre älteren Bruder Georg ist sie wie aus dem Gesicht geschnitten – die gleiche kräftige Nase, das gleiche grobgeschnittene Gesicht mit dem intensiven Ausdruck von Vitalität in den Augen. Unter den sechs Kindern aus Tobias Trakls zweiter Ehe – sein Ältester Wilhelm nimmt eine Sonderstellung ein, er ist jetzt schon längst erwachsen und absolviert gerade die kaufmännische Lehre im Betrieb des Vaters – sind sich die beiden am nächsten; zu Gretl, wie die Jüngste von allen genannt wird, entwickelt der Bruder eine intensive Zuneigung, später wird er bei Streitigkeiten unter den Geschwistern stets auf Seite der Schwester stehen.

Und von einer weiteren Person erfährt Margarete, schon in den ersten Monaten nach ihrer Geburt, eine für die Trakl-Kinder besondere Zuwendung – als einziges der Geschwister wird sie von ihrer Mutter gestillt. Frau Trakl, sonst eher zu schöngeistigen Passionen geneigt als zu Haushalt, Küche und Kindern, lebt die meiste Zeit abseits der Familie ein Leben für sich. Die knapp vierzigjährige Hausherrin unterhält mit erheblichem Kunstgespür eine umfangreiche Kunst- und Antiquitätensammlung, mit Hingabe restauriert sie die im Haus befindlichen Barockmöbel; ihr Schlafzimmer, zu dem niemand ohne Erlaubnis Zutritt hat, ist gefüllt mit kostbaren Vasen, Ziergegenständen und edlem Porzellan. Einzig die musikalische Erziehung der Kinder ist der kunstsinnigen Frau ein Anliegen – bei allen sechs überwacht sie persönlich die obligatorischen Klavierstunden.

Mittelpunkt der Trakl-Geschwister wird also nicht die Mutter – zumal sie sich oft tagelang in ihr Zimmer zurückzieht und ansonsten ihre Kinder eher kühl-distanziert behandelt –, sondern die Gouvernante: eine gebürtige Elsässerin namens Marie Boring. Ein Jahr vor Margaretes Geburt in den Dienst der Familie getreten, wird „Mademoiselle" Boring so lange bei den Trakls bleiben, bis die Buben erwachsen und die Mädchen in Pensionaten außer Haus sind.

Selber aus streng katholischem Haus, erzieht Fräulein Marie die Kinder nach den klassischen Vorgaben der Pädagogin Madame Leprince de Beaumont: Untereinander wird nur Französisch gesprochen, von klein auf gewöhnen sich die Geschwister an die gebräuchlichsten Gallizismen; Verhaltensregeln und Ratschläge für den Alltag werden aus moralisierenden Kinderjournalen à la „Magasin des Enfants" oder „Le Petit Français Illustré" entnommen. Mademoiselle Boring unternimmt auch ihr Bestes, den Kindern Werke von Maeterlinck, Lerberghe oder Rimbaud schmackhaft zu machen – mit Erfolg: Vor allem Georg interessiert sich bereits sehr früh für die französische Lyrik. Zur Unterhaltung gibt es Märchen und Abenteuergeschichten – bei den Kleinen sind Daniel Defoe, Karl May und Jules Verne besonders beliebt –, vorgelesen von der engagierten Erzieherin.

Allerdings wird Mademoiselle Boring wegen ihrer Beschäftigung im Hause Trakl von heftigen Gewissensbissen geplagt, so sehr, daß sie „ihren" Kindern einmal für zwei Jahre den Rücken kehrt und in die elsässische

Heimat zurückreist: Die überzeugte, fast fanatische Katholikin tut sich schwer in einem lutheranisch geprägten Haushalt, ständig ist sie hin- und hergerissen zwischen dem Wunsch – bestärkt durch ihren Beichtvater, einem konservativen Franziskanermönch –, die dem „Ketzertum" ausgelieferten Trakl-Kinder zum „wahren" Glauben zu bekehren, und ihrer abgöttischen Liebe zu den Kleinen. Aber schließlich gewinnt doch das letztere die Oberhand, Mademoiselle kehrt zu den „cher enfants" zurück und wird bei ihnen insgesamt fünfzehn Jahre bleiben.

In diesem Ambiente wächst Margarete Jeanne wohlbehütet und sorgenfrei zur „höheren Tochter" heran. Tagsüber verbringt sie die meiste Zeit unter der Aufsicht der Mademoiselle im Garten der Trakls, man sieht die kleine Gretl oft auf der Schaukel sitzen oder im „Salettl" den Erzählungen der Gouvernante aufmerksam zuhören; am Abend besucht sie mit ihren Schwestern Mozarteum-Konzerte oder Aufführungen des Stadt-Theaters – die auf kulturelle Werte bedachte Mutter hat dafür gesorgt, daß die Mädchen ihre Abonnements erhalten. Oder man veranstaltet zu Hause Musikabende: Margarete zeigt schon sehr früh außerordentliches Klaviertalent, spielend überflügelt sie die anderen Geschwister mit ihrem Können. Zwar gehören Wagner, Beethoven und Mozart zum Grundstock ihres Unterrichtes, doch die mit sieben Jahren schon sehr virtuose Gretl findet schnell ihre Idole ganz woanders: die russischen Romantiker, Liszt und – über allen stehend – Frédéric Chopin. Wie besessen übt die Kleine bis spät in die Nacht hinein an ihrem geliebten Instrument, die Gänge und Flure des Hauses sind erfüllt von ihrem Spiel. Für Georg Trakl werden das bleibende, tröstliche Eindrücke sein, die Erinnerung daran wird in seinen Gedichten immer wiederkehren:

„Freude; da in kühlen Zimmern eine Abendsonate erklang."

(Sebastian im Traum[2])

„Ein weißer Fremdling tritt ins Haus.
Ein Hund stürzt durch verfallene Gänge.
Die Magd löscht eine Lampe aus,
Das Ohr hört nachts Sonatenklänge."

(Musik in Mirabell[3])

Garten der Familie Trakl

Aber schon bald legt sich ein dunkler Schatten über das Haus am Waagplatz 3.

Margarete besucht seit geraumer Zeit die Bürgerschule des Internats der Englischen Fräulein in Sankt Pölten. Zwar wäre es der Mutter lieber, ihre Mädchen würden, so wie die Buben, das Gymnasium besuchen, aber im k.u.k. Österreich ist Mädchen und Frauen die höhere Ausbildung noch – bis auf einzelne Ausnahmen – verwehrt. Sorge bereitet den Trakls Sohn Georg: Seit der Pubertät ist er immer schweigsamer geworden, für die Schule scheint er sich kaum noch zu erwärmen, beschäftigt sich dafür viel lieber mit den Versen von Rimbaud und Baudelaire, mit Dostojewski und Nietzsche. Seine Noten, vor allem in Mathematik, Latein und Griechisch, lassen stark nach, so kann es nicht ausbleiben, daß er am Ende der siebenten Klasse zum zweiten Mal sitzenbleibt und das Gymnasium daraufhin verlassen muß. Georg sondert sich immer mehr von der Familie ab, schließt sich tagelang in sein Kabinett ein.

Bis eines Abends das Haus der Trakls von lähmendem Entsetzen erfaßt wird – der Achtzehnjährige wird bewußtlos im Zimmer aufgefunden. Die bittere Wahrheit kommt zutage: Schon seit Jahren hat Georg Erfahrung mit Rauschmitteln, Experimente mit Äther und Chloroform führen immer häufiger zu schweren Betäubungen. Am Anfang vielleicht noch getrieben von Neugierde und dem Wunsch, gegen bürgerlich-provinzielle Werte zu revoltieren – ein Jahr später wird Georg Trakl einer Runde Gleichgesinnter, von den Salzburger Bürgern ob ihres exaltierten Gehabes schlicht „spinnertes Grätzl“ genannt, beitreten –; spätestens nach seinem Versagen in der Schule und unter dem auf ihn lastenden Erwartungsdruck der Familie, gerät der empfindsame junge Mann immer mehr in den Kreislauf von Verführung und Mißbrauch – Georg Trakl wird süchtig:

„Um über die nachträgliche Abspannung der Nerven hinwegzukommen, habe ich leider wieder zu Chloroform meine Zuflucht genommen. Die Wirkung war furchtbar. Seit acht Tagen leide ich daran – meine Nerven sind zum Zerreißen.“[4]

Für die erst knapp fünfzehnjährige Gretl wird diese Entwicklung verhängnisvolle Folgen haben: Sie, die einzige Person, zu der Georg sich hingezogen fühlt, die Schwester, sein anderes, „künstlerischeres“ Ich, wird in sein Geheimnis eingeweiht. Ob der Bruder mit dieser Tat auch sein Alter ego in die fatale Verkettung von Schuld und Selbstzerstörung hineinziehen wollte? Oder ist es der Wunsch gewesen, beide Seiten des Ganzen mit Beaudelaires „paradis artificiels" vertraut zu machen, in „Sänger der tollen Wollüste des Weins und des Opiums" hochzustilisieren? Sicher ist nur, daß Margarete in späteren Jahren darin den Bruder übertreffen wird. Von Chloroform, Opium, Kokain oder gar Curare – ein tödliches Nervengift aus den Tropen – wird sie sich nie mehr befreien können.

Und doch werden beide noch tiefer in den Sog von Exzeß, Zerfleischung und Schuld hineingezogen.

August 1908. Georg Trakl hat vor einem halben Jahr mit dem guten Erfolg der sogenannten Tirocinalprüfung seine Lehre in Carl Hinterhubers Apotheke „Zum Weißen Engel" abgeschlossen. Nun will er nach Wien, an der dortigen Universität ist er trotz Fehlens einer Matura zum Studium der Pharmazie zugelassen. Die siebzehnjährige Margarete ist wieder zu Hause in Salzburg, nach zwei Jahren im Erziehungsheim für junge Mädchen Notre Dame de Sion in der Wiener Burggasse. Die Geschwister sehen sich noch einmal vor der Abreise Georgs. Bisher sind sie nie länger voneinander getrennt gewesen, Gretl hat die Ferien immer in der Nähe des Bruders verbracht.

Um sich auf die schmerzliche Absenz von der geliebten Schwester einzustellen, hat Georg Trakl für sie ein besonderes Geschenk parat: ein Exemplar von Gustave Flauberts „Madame Bovary". In die mit „Ein Sittenbild aus der Provinz" untertitelte Ehebruchsnovelle schreibt er Margarete folgende Widmung:

„Meinem geliebten kleinen Dämon, der entstiegen ist dem süßesten und tiefsten Märchen aus 1001 Nacht. in memoriam!"[5]

Es ist dasjenige der elften und zwölften Nacht aus den gesammelten Erzählungen der Schehrezâd, auf das Georg Trakl mit diesen Zeilen anspielt: Eine Geschichte über Blutschande zwischen Schwester und Bruder und über die Strafe, der sie nicht entgehen können – versteckt in einem Grabgewölbe und abgeschnitten von der Außenwelt, werden beide dennoch von Gottes Feuer getroffen und zu Asche verbrannt.

Georg Trakl

Margarete Jeanne Trakl

Erstmals kommt da jene leidenschaftliche Beziehung zur Sprache, deren Chronik sich durch die Werke des Bruders wie ein roter Faden ziehen läßt, deren körperlicher Vollzug Margarete und Georg in tiefste Verzweiflung stürzt, deren Folgen für beider Leben unabsehbar sind.

Einmal artikuliert, wird Georgs Liebe zu seiner Schwester zur Besessenheit – auch in dessen Gedichten:

„Es dräut die Nacht am Lager unsrer Küsse.
Es flüstert wo: Wer nimmt von euch die Schuld?
Noch bebend von verruchter Wollust Süße
Wir beten: Verzeih uns, Maria, in deiner Huld!"

(Blutschuld[6])

Eine Liebe, die, wie jene Zeile aus dem Gedicht „Traum des Bösen" – „Im Park erblicken zitternd sich Geschwister" – vielleicht andeutet, ihren Anfang im Garten der Familie Trakl genommen hat? Eine verbotene Liebe, deren Schuldhaftigkeit die Liebenden sich bewußt sind und die dennoch beide mit ihrer Intensität überwältigt? So sehr, daß Margarete sich von der Familie gänzlich abwendet und sich umso verbissener ihrer Musik anvertraut? In jedem Fall erreicht die Siebzehnjährige fortan eine derartige Virtuosität beim Klavierspielen, daß ihr Lehrer, der Komponist August Brunetti-Pisano – damals schon bekannt für seine Ouvertüre zu Gerhart Hauptmanns mystischem Drama „Die versunkene Glocke" – Gretls Eltern dazu überreden kann, das talentierte Mädchen eine Laufbahn als Konzertpianistin einschlagen zu lassen.

Im September 1909 reist Margarete Trakl nach Wien, an der dortigen Musikakademie belegt sie die Fächer Theorie und Komposition, für ihre weitere Klavierausbildung schreibt sie sich bei Professor Paul de Conne ein.

Georg – mittlerweile seit einem Jahr in Wien, der „brutalsten und gemeinsten Stadt", wie er einem Freund schreibt – verstrickt sich immer tiefer in Gedanken an Schuld und Ausweglosigkeit. Die erst nach seinem Tod erschienenen Gedichte aus dieser Schaffensperiode bestürzen durch ihre Direktheit:

„Ein schwüler Garten stand die Nacht.
Wir verschwiegen uns, was uns grauend erfaßt.
Davon sind unsre Herzen erwacht
Und erlagen unter des Schweigens Last.

Es blühte kein Stern in jener Nacht
Und niemand war, der für uns bat.
Ein Dämon nur hat im Dunkel gelacht.
Seid alle verflucht! Da ward die Tat.“

(Ballade III[7])

Georg Trakls Dichtung nimmt eine bedeutsame Wende – synchron mit den düsteren Gefühlsstimmungen und seinem Lebensstil, der immer „ausschweifender“ wird. Der erst Zweiundzwanzigjährige versucht, Phasen tiefster Depression zu bekämpfen: Alkohol und Zigaretten im Übermaß, unregelmäßiger Tagesablauf, ganz zu schweigen von Kokain und Veronal in hohen Dosen. Die Überweisungen von daheim reichen bald nicht mehr aus, seine täglichen Ausgaben zu decken. Sogar ein Bekannter empört sich:

„Er braucht 200 Kronen monatlich: 2 Kronen pro Tag für Weintrinken und Rauchen. Wie viele Menschen leben mit diesem Geld ganz!“

Die bis zum Exzeß betriebene Selbstzerstörung verlangt ihren Tribut – Georg Trakl verändert sich auch nach außen hin, das Gift in seinem Nervensystem schlägt sich auf die Persönlichkeit nieder. Ein Zeitgenosse wird später berichten:

„Hat Halluzinationen, ‚spinnt‘. Wenn er hie und da irgend etwas Geheimnisvolles ausdrücken will, hat er eine so gequälte Art des Sprechens, hält die Handflächen offen in Schulterhöhe, die Fingerspitzen umgebogen, eingekrampft, Kopf etwas schief, Schultern etwas hochgezogen, die Augen fragend auf einen gerichtet. Er kann in der Eisenbahn nicht sitzen, nie, das Vis-à-vis eines Menschen verträgt er nicht. Er kann nicht telefonieren, kann einfach nicht. Er kann nicht allein sich einem Aufzug anvertrauen.“[8]

Nur ein Gedanke vermag Georg Trakl aufzurichten – das Wiedersehen mit seinem „geliebten Dämon“ Gretl. Am 25. Oktober 1909 wird

„Frl. Grete Trakl, Musikstudium, 18 Jahre, ledig" in den Meldezettel des k.k. Polizei-Kommissariats Wieden eingetragen. Ihre Vermieterin ist eine gewisse „Frau Dr. Emilie Sigmann", ihre Wohnadresse die „Margaretenstraße 47, 1. Stock, Tür Nr.7".

Die Nähe der geliebten Schwester, das Zusammensein ohne Rücksicht auf bürgerliche Konventionen und fern von den Einschränkungen in Salzburg, stürzt beide in einen wahren Rausch zwischen Euphorie und Niedergeschlagenheit, zwischen Opium- und Veronalorgien und tagelangen Depressionen.

Und Georg Trakl erlebt einen Schaffenstaumel wie noch nie:

„Welch eine Entzückung einen dahinrafft, wenn alles, was sich einem jahrelang zugedrängt hat, und was qualvoll nach einer Erlösung verlangte, so plötzlich und einem unerwartet ans Licht stürmt, freigeworden, freimachend. Ich habe gesegnete Tage hinter mir – o hätte ich reichere vor mir, und kein Ende, um alles hinzugeben, wiederzugeben, was ich empfangen habe."[9]

Die intensive Arbeit wird belohnt, am 17. Oktober 1909 gelingt dem dichterisch bis dato Unbekannten sein publizistisches Debüt: Auf Empfehlung des großen Hermann Bahr, den Trakl durch Vermittlung von Erhard Buschbeck, einem Jugendfreund, kennenlernt, druckt das „Neue Wiener Journal" drei Gedichte ab.

Die Begeisterung Hermann Bahrs für den Salzburger Dichter flaut aber bald ab, eine Tatsache, die dem wegen seiner Barockliebe von den Wienern nur mehr „Bahrock" Geheißenen von anderer Seite Spott und Hohn einbringt: Sogar nach dem Tode des Bruders wird Margarete ihm nicht verzeihen können; sie wird an Buschbeck, der als dramaturgischer Sekretär Bahrs an der Hofbühne agiert, über den gerade in Salzburg weilenden Theaterdirektor schreiben:

„Über Deinen Freund Bahr wirst Du wohl von anderer Seite Nachricht erhalten. Er macht hier zu meinem Ärger alle Kirchen unsicher; schon um 1/2 8 rutscht er auf den Knien in der Pfarrkirche herum. Es ist um die Wasserspeib zu kriegen..."[10]

Und was ist mit Georg? Wie so oft zuvor wechseln sich bei ihm Glücksgefühl und Bedrücktheit innerhalb kürzester Zeit ab, jetzt wird auch

Margarete von diesem mörderischen Rhythmus erfaßt. Sowohl Bruder als auch Schwester verstricken sich, der gesellschaftlichen Verdammnis ob ihrer verbotenen Beziehung bewußt, immer tiefer in die Drogenabhängigkeit. Sogar Freund Buschbeck bleibt dies nicht verborgen, er erfährt von den ständigen an Bekannte gerichteten Betteleien Margaretes um Rauschgift. Aus seinem Nachlaß stammt einer der wenigen erhaltenen Briefe der bereits schwer süchtigen Frau:

„Ich komme nicht Sie wegen des Opiums zu belästigen – obwohl ich von ganzer Seele hoffe, daß Sie es mir in den nächsten Tagen beschaffen werden. Mir ist etwas Entsetzliches geschehen. An Georg's Gesicht u. Laune sehen Sie einen schwachen Abglanzes eines Teils meiner Schmerzen."[11]

Ob andere, prominentere Bekannte vom inzestiösen Verhältnis zwischen Margarete und Georg erfahren haben, ist nicht bekannt. Nach außen hin haben beide getrennte Quartiere (allerdings wechselt Georg die seinen je nach Lust und Laune, da er es nirgends länger aushält: Josefstädter Straße 7, Klimschgasse 10 und Stiftgasse 27 werden nach und nach von ihm bezogen). Aber ob Adolf Loos, Karl Kraus, Oskar Kokoschka, Ludwig Ullmann oder Hans Brecka die Schwester des von ihnen hochgeschätzten Salzburger Lyrikers bei den häufigen Treffen im „Café Central", im „Imperial" oder im „Museum" je kennengelernt haben? Margarete wird nirgends erwähnt, existiert auch hier sozusagen nur im dunkeln.

Als einziges Dokument des sieben Monate lang währenden Wiener Zusammenseins existiert ein von einem Silhouettenschneider angefertigter Schattenriß der beiden - Relikt eines gemeinsamen Praterausflugs.

Margarete Trakl kann schließlich dem Dauerdruck und dem aufreibenden Leben an der Seite des Bruders nicht mehr standhalten: Am 29. April 1910 verläßt die Achtzehnjährige fluchtartig die Donaustadt und reist per Bahn nach Berlin. Ihre Ausbildung zur Konzertpianistin ist noch nicht beendet, an der dortigen Musikhochschule geht sie in die Meisterklasse des weltberühmten Komponisten Ernst von Dohnányi. Vielleicht erhofft sie sich, von ihrer Liebe zu Georg und den Drogenexzessen sowohl seelisch als auch körperlich völlig zermürbt, mit der räumlichen Trennung auch von Georg loszukommen.

Keine zwei Jahre später unternimmt Margarete Trakl einen weiteren Versuch, sich von ihrer Vergangenheit zu lösen: Hals über Kopf geht sie, einen Monat vor ihrem zwanzigsten Geburtstag, eine für sie später ruinöse Ehe ein. Nicht genug damit, daß sie ihren Auserwählten kaum kennt – Arthur Langen, so heißt der hühnenhafte Mann, ist der Neffe ihrer Wilmersdorfer Zimmervermieterin und dreiunddreißig Jahre älter als Margarete –, auch sonst ist er in jeder Hinsicht von zweifelhaftem Charakter. Sogar womit Arthur Langen seinen Lebensunterhalt verdient, bleibt ein Geheimnis: Mal nennt er sich Kaufmann, dann wieder Redakteur, schließlich gibt er auf Anfragen der Familie Trakl als Beruf „Buchverleger" an.

Wie sehr die Heirat der Schwester Georg Trakl trifft, läßt sich nur erahnen. In seinem expressiven Leidensaufschrei, „Traum und Umnachtung" betitelt, steht der Satz:

„... und die Schwestern flohen in dunkle Gärten zu knöchernen Greisen."[12]

Der Text endet schließlich mit Tod und Verzweiflung:

„... steinern ins Leere hinsank, da in zerbrochenem Spiegel, ein sterbender Jüngling, die Schwester erschien; die Nacht das verfluchte Geschlecht verschlang."[13]

Für Margarete Trakl, die Zuflucht in eine neue, bürgerliche Identität als Frau Langen sucht, wird sich dieser Schritt katastrophal auswirken: Die hastig eingegangene Ehe wird nicht einmal als selbstauferlegte Buße für vergangene „Missetaten" taugen; ganz im Gegenteil, auch eine vielversprechende Karriere wird mit einem Schlag vertan – die angehende Konzertpianistin muß ihr Klavierstudium abbrechen.

Nicht einmal fünf Jahre werden noch bis zu ihrem Tod vergehen; ein fünf Jahre lang währender Alptraum, dessen Ende sich bereits jetzt abzuzeichnen beginnt...

Am 21. März 1914 trifft bei Ludwig von Ficker, dem Herausgeber der Literaturzeitschrift „Der Brenner", Post aus Berlin ein:

„Meine arme Schwester ist noch immer sehr leidend. Ihr Leben ist von einer so herzzerreißenden Traurigkeit und zugleich braven Tapferkeit, daß ich mir bisweilen sehr gering davor erscheine; und sie verdiente es wohl tausendmal mehr als ich, im Kreise guter und edler Menschen zu leben, wie es mir in solch übergroßem Maß in schwerer Zeit vergönnt war."[14]

Der Brief schließt mit

„Ich gedenke wohl noch etliche Tage in Berlin zu bleiben, denn meine Schwester ist den ganzen Tag allein und meine Gegenwart für sie doch von einigem Nutzen."[15]

Der Absender ist ein völlig aufgelöster Georg Trakl, seit vier Tagen ist er in Berlin und muß dem väterlichen Gönner und Verleger seiner Gedichte, Ficker, das geplante Zusammentreffen wegen einer Lesung absagen. Was ist geschehen?

Margarete Trakl liegt nach einer Fehlgeburt mit schwersten Blutungen darnieder. Fünf Tage lang kann sie sich nur von etwas trockenem Brot und Wasser ernähren, Georg ist sofort zu ihr geeilt. In der Wilmersdorfer Wohnung des Ehepaars Langen sind alle Vorhänge zugezogen, das Dienstpersonal ist weggeschickt worden. Wo sich der Hausherr Arthur Langen aufhält, weiß man nicht; Schwester und Bruder sehen sich so wieder.

Bereits vor zwei Monaten hat ein zutiefst deprimierter Georg Trakl vage Andeutungen gemacht:

„Mir geht es nicht am besten. Zwischen Trübsinn und Trunkenheit verloren, fehlt mir Kraft und Lust eine Lage zu verändern, die sich täglich unheilvoller gestaltet, bleibt nur mehr der Wunsch, ein Gewitter möchte hereinbrechen und mich reinigen oder zerstören. O Gott, durch welche Schuld und Finsternis müssen wir doch gehen."[16]

Auf welche „sich täglich unheilvoller gestaltende Lage" spielt Trakl da an? Sicherlich ist der Fortgang seiner Arbeiten nicht gemeint, sind doch erst unlängst die Gedichtsammlung „Sebastian im Traum" und einige andere Stücke erschienen. Oder meint der verzweifelte Dichter mit diesem Satz die Schwangerschaft der Schwester? Ein weiterer, undatierter Brief an Ficker ist erhalten, dessen Einordung die Trakl-Forschung jahrzehntelang Kopfzerbrechen bereiten wird. Darin manifestiert sich die schwerste seelische Krise des Dichters:

„... es haben sich sonst in den letzten Tagen für mich so furchtbare Dinge ereignet, daß ich deren Schatten mein Lebtag nicht mehr loswerden kann. Ja, verehrter Freund, mein Leben ist in wenigen Tagen unsäglich zerbrochen worden und es bleibt nur mehr ein sprachloser Schmerz, dem selbst die Bitternis versagt ist.“[17]

Georg Trakl ist am Ende:

„Es [ist] ein so namenloses Unglück, wenn einem die Welt entzweibricht. O mein Gott, welch ein Gericht ist über mich hereingebrochen. Sagen Sie mir, daß ich die Kraft haben muß noch zu leben und das Wahre zu tun. Sagen Sie mir, daß ich nicht irre bin. Es ist steinernes Dunkel hereingebrochen. O mein Freund, wie klein und unglücklich bin ich geworden.“[18]

Von welchem „Gericht“ mag da wohl die Rede sein? Und aus welchem Grund ist Georg Trakls Leben „in wenigen Tagen unsäglich zerbrochen worden“?

In einem Aufsatz, siebzig Jahre später, läßt der Innsbrucker Germanist Eberhard Sauermann diesen Brief mit jenem verhängnisvollen Ereignis im März 1914 zusammenfallen. Die daraus resultierenden Schlußfolgerungen sind nicht nur schwerwiegend, sie sind unvorstellbar: Georg Trakl habe lange Zeit von der Schwangerschaft Margaretes gewußt – das Ungeborene sei sein Kind gewesen. Deswegen die Andeutung auf eine Situation, „die sich täglich unheilvoller gestaltet“. Kurz nach der Fehlgeburt habe Margarete dem Bruder eröffnet, daß der Abortus, der ihr fast das Leben gekostet hätte, durch ihren ständigen Drogenkonsum ausgelöst worden sei. Innerhalb von „wenigen Tagen“ wäre das Leben Georg Trakls zerstört gewesen, war er es doch, der die Schwester zum Mißbrauch animiert hat. Wie könnte der von Schuld und Schande Überwältigte anders als mit Worten wie „Gericht“ und „steinernes Dunkel“ darauf reagieren?

Beide, Schwester wie Bruder, werden, was auch immer der wahre Grund dieser Katastrophe gewesen sein mag, sich nie mehr davon erholen können. Als Georg Trakl Anfang April aus Berlin zurückkehrt, finden ihn Freunde am Innsbrucker Bahnhof dermaßen von Drogen „schwer vergiftet“ vor, daß sie ihn stützen müssen. Bis zu seinem Tod vergehen genau sieben Monate, in dieser Zeit schafft es der seelisch zerrüttete Dichter noch, „Offenbarung und Untergang“, „Abendland“ und einige wenige Gedichte fertigzustellen. Als Medikamentenakzessist zum Dienst bei einer Innsbrucker Sanitätskolonne zugeteilt, bricht Georg Trakl, siebenundzwanzig Jahre alt, angesichts der Kriegsgreuel an der Galizischen Front endgültig zusammen: Nach einem Selbstmordversuch ins Garnisonskrankenhaus Nr.15 zu Krakau abkommandiert, wo sein Geisteszustand von der Psychiatrischen Abteilung untersucht werden soll, stirbt Georg Trakl in der Nacht vom 3. zum 4. November 1914 an einer Überdosis Kokain.

Selbst in seinem letzten Gedicht – nach dem Kriegsschauplatz der Septemberschlacht „Grodek" (der Sanitäter Trakl mußte dort zwei Tage lang, allein und ohne ärztliche Hilfe, in einer Scheune über neunzig Schwerstverwundete betreuen) betitelt – ist dem Verzweifelten im Augenblick äußerster Not die Gestalt der Schwester erschienen – als Symbol der eigenen Erlösung:

„Unter goldnem Gezweig der Nacht und Sternen
Es schwankt der Schwester Schatten durch den schweigenden Hain,
Zu grüßen die Geister der Helden, die blutenden Häupter;
Und leise tönen im Rohr die dunklen Flöten des Herbstes..."[19]

Nach dem Tod ihres Bruders verliert Margarete jeglichen Halt, die Dreiundzwanzigjährige kann sich aus dem mörderischen Kreislauf von Drogensucht, materieller Not und psychischer Zerrissenheit nicht mehr befreien. Zwar hat Georg Trakl in seinem Testament verfügt,

„... daß im Fall meines Ablebens, es mein Wunsch und Wille ist, daß meine liebe Schwester Grete, alles, was ich an Geld und sonstigen Gegenständen besitze, zu eigen haben soll".[20]

Damit sind jene 20 000 Kronen gemeint, ein für damalige Verhältnisse ansehnliches Vermögen, die der Dichter vier Monate vor seinem Ableben zugesprochen bekommen hat – von einem großzügigen Spender, der später als Verfasser des „Tractatus logico-philosophicus" zu Weltruhm gelangen sollte: Ludwig Wittgenstein. Der Sohn eines reichen Industriellen und Kunstfreund war an den Verleger Ludwig von Ficker herangetreten, mit der Bitte, einen Teil des Wittgensteinschen Erbes an bedürftige Künstler und Schriftsteller zu verteilen. Neben Rainer Maria Rilke, Else Lasker-

Schüler, Theodor Haecker und Carl Dallago fällt die Wahl des „Brenner"-Herausgebers eben auch auf Georg Trakl.

Doch die gutgemeinte Geste des Bruders bleibt vergebens: Der Schwester „brennt" das erhaltene „Geld in den Fingern", die nun wirklich „Haltlose" verschleudert innerhalb kürzester Zeit den gesamten Betrag. Das wiegt umso schwerer, als ihre Familie in Salzburg ihr schon länger nicht mehr mit Geldzuwendungen unter die Arme greifen kann: Seit dem Tod von Tobias Trakl vor vier Jahren muß Margaretes Mutter um den Erhalt der einst so hohe Bonität genießenden Firma kämpfen. Psychisch total ihren schwankenden Stimmungen ergeben, ist Margarete nicht mehr imstande, für die Zukunft zu planen.

Nur ab und zu besucht sie die alten Freunde in Innsbruck, im Familiensitz der Fickers in Mühlau spielen sich dann fürchterliche Szenen ab, schwer opiumsüchtig, ist sie zeitweise kaum zu beruhigen. Völlig verzweifelt schreibt Margarete an ihre Schwester nach Salzburg:

„Ich hab wahre Tobsuchtsanfälle und falle bisweilen hin, beinah ohne Bewußtsein, so daß Fickers mich tragen müssen. Gott weiß, was werden soll, und wie bald mich der Tod erlöst."[21]

Versuche, entweder zu Hause in Salzburg oder in Berlin wieder Fuß zu fassen, gehen daneben. Am 3. Juni 1916 reicht die knapp fünfundzwanzigjährige Frau beim Königlichen Landesgericht Berlin die Scheidung ein. Aber die Beendigung einer für sie zutiefst unglücklichen Ehe verschlimmert Margarete Trakls Situation noch mehr: Fortan muß sie sich mit den Geldansprüchen ihres geschiedenen Mannes herumplagen, sogar die Familienangehörigen in Salzburg werden von Arthur Langens Belästigungen nicht verschont.

Angesichts der ausweglosen Umstände, in denen sie sich befindet, denkt Margarete sogar ernstlich daran, sich als Dienstmädchen durchzubringen, zumal sie um die Schwierigkeiten, eine Anstellung zu finden, weiß:

„... umso mehr, als sicherlich viele Leute daran Anstoß nehmen werden, daß ich eine geschiedene Frau bin".[22]

Aber die guten Vorsätze führen zu nichts, Margaretes Drogenabhängigkeit ist bereits zu weit fortgeschritten. Selbst Entwöhnungskuren am

Innsbrucker Sanatorium der Kreuzschwestern und in der Münchner Nervenanstalt Neufriedheim können keinerlei Besserung bewirken.

Im Juli 1917 erreicht Ludwig von Ficker ein verzweifeltes Schreiben aus Berlin – mit den Worten „Sie sind meine letzte Rettung!" bittet ihn Margarete um 3000 Kronen. Doch es trifft sich schlecht, der in der Vergangenheit stets Großzügige kann just im Augenblick einen so hohen Betrag nicht erübrigen. Zwei Monate später, als Ficker noch mit der Überweisung zögert, ist es bereits zu spät: Die kleine Feier in Berlin-Wilmersdorf endet mit einem Selbstmord. Seit dem Kokaintod ihres über alles geliebten Bruders Georg sind nicht einmal drei Jahre vergangen...

Über Georg Trakl erscheinen in den darauffolgenden Dekaden ganze Bände von Anthologien, Biographen untersuchen minutiös sein kurzes Leben, es werden tiefenpsychologische Abhandlungen über die Symbolik seiner Dichtungen abgefaßt, zu seinem Grab auf dem Friedhof der Gemeinde Mühlau bei Innsbruck pilgern Lyrikenthusiasten aus der ganzen Welt, in einem der Besitztümer der Familie Trakl am Salzburger Waagplatz wird eine Gedenkstätte, samt liebevoll betreutem Museum zu Ehren des Dichters, errichtet.

Von Margarete Jeanne Trakl sind nur einige wenige Briefe erhalten geblieben. Der Familie Trakl ist die gesamte Korrespondenz zwischen Bruder und Schwester „abhanden" gekommen; aus verständlichen Gründen gibt es nicht einmal Andeutungen von den Angehörigen über die verpönte Beziehung – Georg Trakls Werk soll unter keinem persönlichen Makel leiden. Was Arthur Langen betrifft, so ist nach dessen Erklärung der Nachlaß seiner geschiedenen Frau Margarete „auf dem Boden eines Berliner Mietshauses, auf dem er untergestellt war, gestohlen worden".

Ganz im Gegensatz zu Georg Trakl selbst: Margarete, die einzige Frau, die ihn inspiriert und geliebt hat, die Euphorie und Abgründe seines kurzen Lebens geteilt hat, ist im Werk des Bruders nie in den Schatten verdrängt worden.

An die Schwester

„Wo du gehst wird Herbst und Abend,
Blaues Wild, das unter Bäumen tönt,
Einsamer Weiher am Abend.

Leise der Flug der Vögel tönt,
Die Schwermut über deinen Augenbogen.
Dein schmales Lächeln tönt.

Gott hat deine Lider verbogen.
Sterne suchen nachts, Karfreitagskind,
Deinen Stirnenbogen.“[23]

Lise Meitner

„Die Trümmer meiner Vergangenheit"

Sie hat Glück. Der Zug, der sie über die Grenze nach Holland retten soll, wird an diesem Tag nicht von der SS kontrolliert. Das einzige persönliche Dokument der schmächtigen Frau ist ein längst ungültiger österreichischer Paß, ein Einreisevisum hat sie nicht. Nur noch Minuten trennen die aus Deutschland Flüchtende von der Zollkontrolle zu Nieuwe Schans, da fallen ihr die dreizehn Reichsmark in der Manteltasche ein - zur Ausfuhr sind nur zehn erlaubt. Ihr ganzes Hab und Gut hat die Sechzigjährige in einem kleinen Handkoffer bei sich, darunter, für den Notfall, ein alter Brillantring. Und der ist ein Abschiedsgeschenk: Ein Mitarbeiter hat ihr das Familienerbstück die Nacht zuvor in Berlin mitgegeben.

Die Verhaftung als illegaler Flüchtling bleibt der politisch und rassisch Verfolgten an diesem 14. Juli 1938 erspart, fünfzehn Kilometer westlich der Ems-Mündung kann sie unbehelligt die Grenze passieren. Noch Jahrzehnte später wird sie sich voller Bitterkeit an ihre überstürzte Flucht aus ihrer zweiten Heimat erinnern:

„Ich habe genau eineinhalb Stunden Zeit gehabt, um zu packen, um nach einunddreißig Jahren von Deutschland wegzugehen."[1]

Lise Meitner, Leiterin der renommierten Radiophysikalischen Abteilung am Kaiser-Wilhelm-Institut in Berlin-Dahlem und dreifache Nobelpreiskandidatin, tritt nach einem fünf Jahre lang währenden Alptraum das Leben im Exil an.

Begonnen hat alles 1933: Am 30. Januar des Jahres ernennt Reichspräsident Hindenburg den ehemaligen Putschisten Adolf Hitler als Führer der nunmehr stärksten Partei zum Kanzler der neuen Koalitionsregierung. Noch Ende März ist Lise Meitner zuversichtlich; über die feierliche Eröffnung des neuen Reichstages berichtet sie dem gerade eine Vortragsreihe in den USA antretenden Kollegen Otto Hahn:

„[Die Potsdamer Feier] ... war durchaus harmonisch und würdevoll. Hindenburg sprach ein paar kurze Sätze und übergab das Wort an Hitler, der sehr machtvoll, taktvoll und persönlich sprach. Hoffentlich geht es in diesem Sinne weiter. Daß die Übergangszeiten allerlei Mißgriffe (!) bedingen, ist ja fast unvermeidlich. Es hängt jetzt alles von einem vernünftigen Maßhalten ab.“[2]

Die politisch völlig naive Wissenschaftlerin könnte sich nicht gravierender täuschen – ab nun überstürzen sich die Ereignisse: Am 24. März tritt das „Ermächtigungsgesetz“ in Kraft, am 1. April wird der „Tag des Juden-Boykotts“ ausgerufen, eine Woche später das „Gesetz zur Wiederherstellung des Berufsbeamtentums“ verabschiedet. Alle Staatsbeamten „nichtarischer Abstammung“ sollen nach §3 der neuen Verfügung „zu einem möglichst baldigen Termin“ entlassen werden. Die Jüdin Lise Meitner, die einzige Physikerin Deutschlands von Weltruf, wird daraufhin von ihrem Posten im Kaiser-Wilhelm-Institut beurlaubt, sämtliche Bezüge als Lehrkraft werden umgehend gestrichen.

Die Lage spitzt sich für sie immer mehr zu, Kollegen und Mitarbeiter versuchen, mittels schriftlicher Fürsprachen an das Preußische Ministerium für Wissenschaft, Kunst und Volksbildung in Berlin die drohende Gefahr einer Kündigung abzuwenden. Insbesonders Lise Meitners direkter Vorgesetzter, der Physiker Max Planck, kann es nicht fassen, daß die „im In- und Ausland als führende Radiumforscherin anerkannte und in ihrer Bedeutung unmittelbar neben der Nobelpreisträgerin Frau Curie rangierende“ Mitarbeiterin ihre Stellung verlieren soll:

„Wie mir berichtet worden ist, wird gegenwärtig im Ministerium der Plan erwogen, den nichtarischen Privatdozenten die ‚venia legendi‘ zu entziehen. Sie haben mir bereits höchst dankenswerterweise gestattet, Ihnen eine Liste von nichtarischen Physikern zu überreichen, deren Verbleiben in ihrer bisherigen Tätigkeit für die wissenschaftliche Forschung durchaus notwendig erscheint. Von den in jener Liste genannten Namen möchte ich den von Frl. Lise Meitner ganz besonders unterstreichen. Ich will dahingestellt sein lassen, ob sie nicht schon durch ihre Autorität geschützt ist – sie war schon vor dem Kriege als planmäßiger Assistent am Berliner Universitätsinstitut für theoretische Physik angestellt –, wichtiger ist, daß sie zusammen mit Herrn Otto Hahn die Seele des Kaiser-Wilhelm-Instituts für Chemie bildet, das diesen beiden seinen Ruf und sein Ansehen in der Welt verdankt. Ihr Ausscheiden würde in weitesten Kreisen Aufsehen erregen."[3]

Aber es ist bereits zu spät, am 11. September 1933 verliert Lise Meitner ihre Lehrbefugnis. Fortan kann sie nicht mehr öffentlich auftreten, Einladungen zu Vorträgen bleiben aus, ihre Teilnahme an Kolloquien wird verboten.

Die Wissenschaftlerin will – selbst als „freie Mitarbeiterin des Instituts" – dennoch weitermachen: Die gemeinsam mit Otto Hahn begonnenen Untersuchungen zu „Transuranen" – durch Neutronenbeschuß aus Uran gewonnene „neue" und extrem schwere Elemente, ursprünglich eine Entdeckung des in Frankreich arbeitenden Forscherehepaars Curie – befinden sich gerade erst in der Anfangsphase, das Arbeitsklima am Institut ist, trotz vereinzelter NSDAP-Anhänger, kollegial. Außerdem wähnt sich Lise Meitner als österreichische Staatsbürgerin vor ärgeren Repressalien und Zugriffen sicher. Ihre falsche Einschätzung der politischen Lage und des bereits wie ein Flächenbrand übergreifenden Fanatismus der nationalsozialistischen Kräfte in Deutschland sollten sich bald katastrophal für sie auswirken.

12. März 1938: Der „Anschluß" ihres Heimatlandes an das Deutsche Reich ist vollzogen. Über Nacht wird aus der Österreicherin eine deutsche Jüdin. Hilflos muß Lise Meitner mitansehen, wie Nazi-Günstlinge just in jenem Institut, das sie fünfzehn Jahre lang mit Hingabe geleitet hat, immer dreister und unverfrorener gegen sie agitieren: Als der Gastdozent Kurt Heß – ein NSDAP-Mitglied – beim Versuch, Räumlichkeiten für sich zu beantragen, scheitert, gelangt postwendend eine Anzeige gegen die „jüdische Mitarbeiterin" in das Ministerium. Lise Meitner – so die Anklage – hindere ihn, den „deutschen Forscher", bei der Arbeit; und wörtlich: „Die

Jüdin gefährdet das Institut!" Die ehemalige Leiterin der physikalisch-radioaktiven Sektion kommt auf die „Schwarze Liste".

Nicht einmal die persönliche Intervention ihres politisch einflußreichsten Befürworters, des Präsidenten der IG Farben, Carl Bosch, beim Reichsminister Wilhelm Frick mit der Bitte um eine Ausreisebewilligung vermag Lise Meitner aus der höchst bedrohlichen Situation zu retten. Ende Juni trifft prompt eine Verfügung aus dem Wissenschaftsministerium ein:

„Im Auftrag des Herrn Reichsministers darf ich Ihnen mitteilen, daß politische Bedenken gegen die Ausstellung eines Auslandspasses für Frau Prof. Meitner bestehen. Es wird für unerwünscht gehalten, daß namhafte Juden aus Deutschland ins Ausland reisen, um dort als Vertreter der deutschen Wissenschaft oder gar mit ihrem Namen und ihrer Erfahrung entsprechend ihrer Einstellung gegen Deutschland zu wirken. Diese Auffassung hat insbesondere der Reichsführer-SS und Chef der Deutschen Polizei im Reichsministerium des Inneren vertreten..."[4]

Lise Meitner entschließt sich, fast zu spät und schweren Herzens, zur „illegalen" Flucht. Über Nacht gibt sie ihre Dienstwohnung in Dahlem auf und zieht in das Berliner Hotel Adlon; Kontakte zu einem befreundeten Physikerkollegen, dem Professor Dirk Coster im holländischen Groningen, werden unter strengster Geheimhaltung hergestellt. Während dieser die Behörden daheim von der geplanten Einreise einer „prominenten deutschen Radiumforscherin" in Kenntnis setzt, verbringt Deutschlands renommierteste Wissenschaftlerin, von Freunden und Kollegen völlig isoliert, schlaflose Nächte. Denn jener „Institutskollege" Kurt Heß, alarmiert durch das plötzliche Verschwinden der „namhaften Jüdin" aus ihrer Wohnung, hat Verdacht geschöpft und umgehend Meldung bei der NSDAP-Ortsgruppe in Dahlem gemacht. Die Mitarbeiter des Kaiser-Wilhelm-Instituts werden daraufhin vom Sicherheitsdienst aufgefordert, auf der Stelle den Aufenthaltsort ihrer früheren Vorgesetzten zu überprüfen. Nur einer glücklichen Fügung verdankt es Lise Meitner, daß sie unentdeckt bleibt: Die Verordnung des SD gerät in die Mühlen universitärer Dienstwege – ein unbekannter Wissenschaftler verzögert die Meldung.

In der Nacht zum 12. Juli 1938 trifft Dirk Coster endlich aus Groningen in Berlin ein. Das holländische Außenamt hat grünes Licht gegeben, Prof. Lise Meitner darf auch ohne Visum und gültigen Paß einreisen. Ein letztes Mal verbringt die einstige Leibniz-Medaille-Preisträgerin der Berliner Akademie der Wissenschaften den Abend mit ihrem engsten Kollegen, Otto Hahn, und dessen Frau, Edith. Als Andenken und für den Notfall überreicht ihr der langjährige Mitarbeiter das Wertvollste, was er besitzt – den Verlobungsring seiner Mutter.

Am nächsten Morgen wird der endgültige Schlußstrich über einunddreißig Jahre fruchtbarste wissenschaftliche Forschung gezogen; erst im Zug nach Nieuwe Schans gesellt sich Kollege Coster, der die Nacht in einer unauffälligen Pension verbracht hat, zu Lise Meitner – beide wollen nicht unnötig Verdacht erregen. Daß sie nicht alleine die riskante Fahrt machen muß, beruhigt die Physikerin ein wenig; Coster soll sie über die holländische Grenze bringen und sie dann bei sich in Groningen einquartieren.

Ein letzter Zufall sorgt dafür, daß ihre Abwesenheit niemandem auffällt: Da die Semesterferien am 16. Juli beginnen, glauben die Mitarbeiter am Institut, Doktor Meitner sei auf Urlaub.

Die Vertreibung aus Deutschland sollte nicht die letzte einer langen Folge von Demütigungen sein, die das Leben Lise Meitners prägen. Noch ist es das erste Mal, wo sie unterdrückt oder ausgebootet wird...

Szenenwechsel. Berlin Wangenheimerstraße, September 1907. Es ist das Arbeitszimmer von Geheimrat Max Planck, dem Rektor der Friedrich-Wilhelms-Universität. Gerade hat sich ein Fräulein Meitner aus Österreich beim berühmten Nobelpreisträger zu einem Termin eingefunden. Von der Erscheinung her eine scheue, zierliche Person, trägt Fräulein Meitner ihr Anliegen mit leiser Stimme vor. Der Geheimrat ist erstaunt zu hören, daß sie Physik an der Universität Wien studiert hat, noch mehr, daß sie den Abschluß zum Dr. phil. besitzt. Nun bitte sie um Erlaubnis, sich zu seinen Vorlesungen einschreiben zu dürfen. Freundlich, aber bestimmt, versucht Professor Planck die Österreicherin von ihrem Vorhaben abzubringen: Sie hätte doch bereits einen akademischen Titel, das wäre doch genug, außerdem würden die vom Ministerium erlassenen Regelungen dies ausschließen.

Lise Meitner ist verzweifelt, sie hat nicht gewußt, daß an den preußischen Hochschulen – im Gegensatz zum übrigen Deutschland – Frauen als Hörerinnen noch nicht zugelassen sind. Und nun erfährt sie ein weiteres: Planck selbst ist der Vorstellung höchst abgeneigt, weibliche Hörer in seinem Institut zu haben. Hat er nicht erst vor wenigen Jahren auf eine Umfrage zum Thema „Befähigung der Frau zum wissenschaftlichen Studium und Beruf" selber geschrieben:

„Wenn eine Frau, was nicht häufig, aber doch bisweilen vorkommt, für die Aufgaben der theoretischen Physik besondere Begabung besitzt und außerdem den Trieb in sich fühlt, ihr Talent zur Entfaltung zu bringen, so halte ich es in persönlicher wie auch sachlicher Hinsicht für unrecht, ihr aus prinzipiellen Rücksichten die Mittel zum Studium von vornherein zu versagen... Andererseits muß ich aber daran festhalten, daß ein solcher Fall immer nur als Ausnahme betrachtet werden kann, und daß es insbesondere höchst verfehlt wäre, durch Gründung besonderer Anstalten die Frauen zum akademischen Studium heranzuziehen. Amazonen sind auch auf geistigem Gebiet naturwidrig. Bei einzelnen praktischen Aufgaben, z.B. in der Frauenheilkunde, mögen vielleicht die Verhältnisse anders liegen, im allgemeinen aber kann man nicht stark genug betonen, daß die Natur selbst der Frau ihren Beruf als Mutter und als Hausfrau vorgeschrieben hat, und daß Naturgesetze unter keinen Umständen ohne schwere Schädigungen (!), welche sich im vorliegenden Falle besonders an dem nachwachsenden Geschlecht zeigen würden, ignoriert werden können."[5]

Was sie später als Wissenschaftlerin besonders kennzeichnen wird, nämlich ihre Beharrlichkeit, bringt Lise Meitner auch jetzt weiter. Vielleicht trägt auch ihre Erscheinung – ganz die ergebene und wohlerzogene höhere Tochter – dazu bei, vielleicht auch ihr scheues Temperament, hinter dem sich ein eisener Wille verbirgt, jedenfalls macht der Frauenverächter Planck bei ihr eine Ausnahme: Sie darf an seinen Vorlesungen teilnehmen – allerdings nur als außerordentliche Hörerin. Er könne aber nicht für die anderen Kollegen des Instituts sprechen, da könne sie nicht mit seiner Fürsprache rechnen.

Lise Meitner, weit entfernt davon, sich über solch eine Behandlung zu entrüsten, ist überglücklich. Noch vierzig Jahre danach wird sie sich voller Dankbarkeit über „ihren“ Professor äußern:

„Planck konnte ein sehr aufmerksamer und warmherzig anteilnehmender Beobachter seiner Mitmenschen sein. Wieviel menschliches Verständnis und wieviel Förderung habe ich von ihm bekommen!“[6]

Max Planck wird sich im Laufe der Jahre als Lise Meitners engagiertester Befürworter herausstellen, der Nobelpreisträger wird der zweite prominente Physiker sein, den die angehende Forscherin überzeugen kann.

Bereits während ihres Studiums in Wien hat die ungewöhnlich talentierte junge Frau eine andere große wissenschaftliche Persönlichkeit auf sich aufmerksam gemacht; damals ist sie allerdings sofort und ohne die üblichen Vorurteile gegenüber Frauen akzeptiert worden...

Leopoldstadt, 17. November 1878. In der Kaiser-Josef-Straße 27 des zweiten Wiener Bezirks kommt Elise Meitner als drittes Kind einer angesehenen Bürgerfamilie zur Welt. Vater Philipp Meitner, dessen Vorfahren einem böhmisch-mährischen Dorf namens Meitheim entstammen, ist ein prominenter Rechtsanwalt, Mutter Hedwig, eine geborene Skovran, leitet, wie es zu dieser Zeit üblich ist, den Haushalt.

Obwohl beide jüdische Vorfahren haben, erziehen die Meitners ihre Kinder nicht in dem angestammten Glauben, sondern lassen sie, nach Vorbild vieler assimilierter Juden des gehobenen Bürgertums der Wiener Gründerzeit, zum Protestantismus übertreten. Philipp Meitner ist es vor allem wichtig, auch seinen Nachwuchs schon von Kind an für das liberale und freidenkerische Gedankengut, das ihn selber geprägt hat, einzunehmen.

Mit nach und nach insgesamt sieben Geschwistern wächst Elise, ein zartes Kind mit ruhigem Temperament – sie wird von der Familie mit dem Kosenamen „Wuzerl“ gerufen –, in einem wohlhabenden Haus auf. Mutter Hedwig führt nicht nur den großen Haushalt mit Dienstboten und böhmischer Köchin; da die Kinder selbstverständlich auch in kultureller Hinsicht erzogen werden sollen, kümmert sie sich um die musikalische und künstlerische Ausbildung der Kleinen. Mädchen wie Buben erhalten Klavierunterricht, Theater-, Konzert- und Opernbesuche gehören zum Alltag. Die Bemühungen zeigen Wirkung: Es gelingt ihr nicht nur, alle ihre

Kinder für die Musik zu begeistern, die Älteste, Augustine, wird später sogar zur Konzertpianistin heranreifen.

Nach der Volksschule besucht Elise – oder Lise, wie das unauffällige und stille Kind nur von ihren Kameradinnen genannt wird – die Bürgerschule am Czerninplatz 3, da in der k.u.k. Monarchie prinzipiell allen Mädchen der Zugang zu einem Gymnasium noch verwehrt ist. Die dreijährige Ausbildung an diesem Institut soll den Töchtern jener Wiener Bürger, die sich's leisten können, Einführungen in den erweiterten Gegenständen wie Mathematik, Natur- und Erdkunde, Physik und Fremdsprachen bieten. Und da zeigt sich zum ersten Mal, was in dem bisher unauffälligen Mädchen steckt: Auf dem Abschlußzeugnis der Dreizehnjährigen, datiert mit dem 15. Juli 1892, stehen nur „sehr gute" oder „gute" Beurteilungen, bei „sittlichem Betragen" findet sich der Vermerk „vollkommen entsprechend".

Lise Meitner kann sich über den vorzüglichen Abschluß dennoch nicht so recht freuen. Sie, die auch zu Hause so sehr in ihre Bücher vertieft ist, daß sie dafür den praktischen Dingen des Alltags fast hilflos gegenübersteht – sie wird von ihren Geschwistern wegen ihrer Unbeholfenheit andauernd gehänselt. „Weil's nicht im Physikbüchl steht!" wird zum Stehsatz aller, wenn „Wuzerl" bei den einfachsten Handgriffen des Haushalts wieder einmal so gar nicht weiter weiß –, das Mädchen, das großes Talent fürs Mathematische und Naturwissenschaftliche zeigt, hat keine Möglichkeit weiterzustudieren.

Es ist vor allem die Beschäftigung mit der Physik, die ihr am meisten abgeht: Vor einigen Jahren hat sie, gerade acht geworden, das Geheimnis der Regenbogenfarben auf einer öligen Wasserpfütze erklärt bekommen, seitdem ist sie ständig auf der Suche nach Lösungen weiterer Rätsel der Natur.

Um nicht gänzlich untätig zu bleiben und wohl auch, damit sie später einen „anständigen" Beruf ergreifen kann, läßt sich Lise Meitner – eine typische Entscheidung der Mädchen ihrer Schicht, die andere Alternative wäre Gouvernante gewesen – als Französischlehrerin ausbilden. Und verdient nebenbei durch Privatstunden auch erstmals ihr eigenes Geld; alles wird in die Ausbildung ihrer Schwester Augustine gesteckt, mit Hilfe von

Lise schafft diese den Sprung zur Konzertpianistin und diplomierten Komponistin.

Vater und Mutter unterstützen Lise Meitner zwar nach Kräften in ihrem Wunsch, studieren zu können, aber erst mit der Änderung der Gesetzesnovelle Anfang 1899 sieht die Einundzwanzigjährige ihre Chance gekommen: Frauen sind nun, sofern sie eine „externe Maturitätsprüfung" an einem der staatlichen Gymnasien bestehen, zum Studium an den österreichischen Hochschulen zugelassen. Lise Meitner stürzt sich in die Maturavorbereitungen.

Es bleibt ihr nicht viel Zeit, um in Privatkursen den Gymnasialstoff von acht Jahren durchzugehen: Griechisch und Latein, Algebra und Infinitesimalrechnung, Philosophie und deutsche Literatur. Während ihre Geschwister in der Freizeit ausgedehnte Fiakerfahrten auf der Prater Hauptallee unternehmen, wie gewohnt ins Theater gehen oder Matineevorstellungen im Konzerthaus besuchen, muß Lise zu Hause bleiben und sich physikalische Kurvendiagramme und Latein-Deklinationsregeln einprägen. Sie ist so vertieft in ihre Studien, daß es im Hause Meitner üblich wird, sich über sie mit: „Lise, du bist gerade durch das Zimmer gegangen, ohne ein Buch gelesen zu haben!" lustig zu machen.

Am glücklichsten ist die verbissen arbeitende „Schülerin" darüber, einen verständnisvollen Mathematik- und Physiklehrer bekommen zu haben: Es ist ein gewisser Dr. Arthur Szarvasy, Privatdozent an der Universität Wien, der sich als „Nachhilfelehrer" engagiert, und er ist es auch, der Lise Meitner endgültig für die höhere Physik begeistern kann – indem er den ihm anvertrauten Schülerinnen Einblicke in die Arbeit am Institut gewährt:

„Manchmal konnte er uns sogar im Institut an der Wiener Universität Geräte zeigen, was eine Seltenheit für privaten Unterricht war. Üblicherweise bekam man ja nur Zeichnungen und Kurven zu sehen, und ich muß zugeben, daß ich daraus häufig keine richtige Vorstellung vom Aussehen der Geräte gewann. Heute amüsiert es mich, wenn ich an mein Erstaunen denke, mit dem ich einige der Geräte zum ersten Mal ansah."[7]

Im Juli 1901 ist es endlich soweit. Gemeinsam mit vierzehn anderen Frauen tritt Lise Meitner zum Maturitätsexamen an. Die Prüfungslokalität, die ihnen von der Schulbehörde zugeteilt wird, ist das Akademische Gymnasium am Beethovenplatz, ansonsten nur Burschen zugänglich. Die Anforderungen sind hoch, nur vier Frauen verlassen das wie eine Burg anmutende Schulgebäude mit einem positiven Abschluß, darunter, zur Freude der Eltern, auch die bürgerliche Anwaltstochter Lise Meitner. Am 11. Juli hält sie ihr Zeugnis in der Hand – sie hat endlich das Recht erkämpft, studieren zu dürfen!

Nachdem sie so viele Jahre darunter gelitten hat, daß ihr der Wunschtraum, Wissenschaftlerin zu werden, verwehrt geblieben ist, inskribiert die mittlerweile dreiundzwanzig gewordene Lise Meitner im September 1901 unter der Nummer 15.316 des Meldungsbuches an der „Philosophischen Fakultät der k.k. Universität zu Wien“ Mathematik und Physik. Als überhaupt erste Frau besucht sie am 2. Oktober die Vorlesungen am Institut für Physik.

Mittlerweile sind die Meitners umgezogen; im noblen Viertel hinter der Wiener Börse in der Eßlinggasse 15, inmitten imposanter Gründerzeitbauten, hat der Rechtsanwalt die ideale Wohnung für seine große Familie gefunden. Fortan begibt sich Lise Meitner zeitig in der Früh – im Winter fangen die Vorlesungen meist um acht Uhr an, im Sommer sogar um sieben – zu Fuß in die Türkenstraße 3, wo sich ihr Institut befindet. Zwar ist das Gebäude schon längst abbruchreif: Die Fassade bröckelt, die Hörsäle sind stickig und eng, das Stiegenhaus in einem desolaten Zustand, manche Räumlichkeiten betritt man fast unter Lebensgefahr – die „Wiener Zeitung“ bringt angesichts der Baufälligkeit des Instituts sogar folgende Meldung ins Blatt:

„Wieder hat sich ein Student in das Physikalische Institut in der Türkenstraße begeben; unglückliche Liebe soll das Motiv gewesen sein.“ Aber das alles stört die frischgebackene Studentin nicht im geringsten; sie ist bloß froh darüber, daß sie die Übungen dort besuchen darf. Im Praktikum für Anfänger bei Professor Anton Lampa – es ist derselbe Gelehrte, der knapp eine Dekade später einem jungen Wissenschaftler namens Einstein zu dessen Professur in Prag verhelfen sollte – darf die Jahrgangsälteste zum ersten Mal in ihrem Leben „richtige“ Physikexperimente durchführen – mit eher gemischten Gefühlen:

„Lampa war ein ausgezeichneter Experimentator. Doch die extrem primitiven Apparate, die verfügbar waren, schränkten die Möglichkeiten ein, Experimente auszuführen. Ich erinnere mich daran, wie ich ihn einmal gefragt habe, wie ich Eis für ein Experiment bekommen könnte. Er antwortete eher barsch, daß ich nur hinunter in den Hof zu gehen und einigen Schnee zu holen brauchte.“[8]

Im Oktober 1902 kommt es für Lise Meitner zu einer schicksalhaften Begegnung: Der geniale Physiker Ludwig Boltzmann ist aus Leipzig nach Wien zurückgekehrt. Die Antrittsvorlesung des ob seiner Theorien umstrittenen, aber in der Öffentlichkeit höchst populären neuen Ordinarius für theoretische Physik gerät zu einem Medienereignis: Der Vortragssaal ist mit Tannenreisig geschmückt, die Zuhörer drängen sich bis auf das Stiegenhaus und die Gänge, alle namhaften Zeitungen schicken ihre Berichterstatter. Auch die Studentin Lise Meitner ist unter den Hörern dieser denkwürdigen Vorlesung – und ist auf der Stelle vom Wissensstand und der Persönlichkeit Boltzmanns fasziniert:

„Er war ein guter Vortragender, in meiner Erinnerung sind seine Vorlesungen die schönsten und anregendsten, die ich jemals gehört habe. Er war selbst von allem, was er uns lehrte, so begeistert, daß man aus jeder Vorlesung mit dem Gefühl wegging, es werde einem eine ganz neue und wunderbare Welt eröffnet.“[9]

Der korpulente Professor mit dem markanten Vollbart und der kleinen Nickelbrille übt einen nachhaltigen Einfluß auf die schmächtige Studentin aus: Von ihm lernt sie auf dem Gebiet der Physiktheorie die Bedeutung von Abstraktion und Gedankenexperimenten, er weist sie ein, wie man einen Beweis für unbelegte Theorien zu führen hat. Von ihm wird die enthusiastische Lise Meitner auch in ihrem wissenschaftlichen Weltbild geprägt: entgegen jeglichem, von außen auferlegten, philosophischen Dogma nach dem Aufbau der materiellen Welt zu suchen – „Forschung als einen Kampf um die letzte Wahrheit“.

Und die ist für den achtundfünfzigjährigen Boltzmann, knapp vier Jahre vor seinem tragischen Selbstmord, vor allem ein Kampf um die Anerkennung des Atomismus. Lise Meitner ist rückhaltlos von der Richtigkeit und Bedeutung dieser noch heftig umstrittenen Theorie überzeugt. Ihr ganzes wissenschaftliches Werk wird sie später diesem Fachgebiet widmen.

Während seiner gesamten Lehrzeit als Ordinarius sieht sich Boltzmann erbitterten Angriffen seitens seiner Gegner ausgesetzt. Experimentell ist 1903 die Existenz von Atomen noch nicht bewiesen, es gibt keinerlei empirische Untersuchungen darüber. Nur vereinzelte Phänomene deuten schemenhaft darauf hin, daß die Welt, das gesamte Universum selbst, auf kleinste, noch geheimnisvolle Teilchen aufgebaut ist. Vor allem Boltzmanns direkter Vorgänger, der bereits emeritierte Professor Ernst Mach, Physikdoyen und philosophischer Vater des „Empiriokritizismus", ist sein mächtigster Kritiker. Die Debatten werden nicht nur im akademischen Kreis geführt, selbst in Zeitungsartikeln und Essays bekämpfen sich die beiden aufs heftigste:

„Atome? Haben S' welche g'sehn?"

So soll Mach stets auf die Frage nach der Existenz von Atomen sarkastisch geantwortet haben.

Für die mittlerweile an ihrer Dissertation arbeitende Lise Meitner ist die Sache längst klar – an dem Atomismus ist nicht zu rütteln. Als schließlich eines Tages Boltzmanns Assistent Stefan Mayer, der ab 1906 das Institut leiten sollte, die siebenundzwanzigjährige Studentin auf ein bestimmtes Phänomen aufmerksam macht, hat die Frau Doktor in spe endlich ihr Spezialgebiet in der noch jungen Kernforschung gefunden: die Radioaktivität. Jahrzehnte später wird sie ihm für seine Anregung danken:

„... eine meiner lebendigsten Erinnerungen, wie Sie [Anm.: Mayer] eines Tages in mein Arbeitszimmer kamen und mir an meinem für Alpha-Messungen bestimmten Elektroskop zeigten, daß Ihre Hände etwas radioaktiv infiziert waren. Das kam mir damals als etwas höchst Wunderbares vor. Sicher hat Ihre Arbeitsrichtung auch die meinige mitbestimmt. So bin ich auch heute noch voller Dankbarkeit."[10]

In ihrer kargen Freizeit besucht die von Arbeit völlig in Anspruch genommene Lise Meitner, so oft es geht, den Botanischen Garten; die ausgedehnten Spaziergänge inmitten exotischer Pflanzen werden bis zu ihrem Lebensende einen fixen Stammplatz in der Tagesroutine haben. Am Abend, falls sie sich von ihren Untersuchungen und Abschriften der tagsüber ausgeführten Experimente lösen kann, begibt sie sich meist in die Staatsoper. Selber eine ausgezeichnete Klavierspielerin, kann sie sich bei Beethoven, Mozart oder Verdi von den Strapazen eines langen Arbeitstages erholen. Nur eines stört die Musikliebhaberin: Da sich die Studentin nur die billigen Stehkarten an der Balustrade leisten kann, hat sie oft keine freie Sicht – Lise Meitner ist nur ein Meter fünfzig groß.

Alles in allem sind die Studienjahre, wie sie selbst sagt, die „schönste Zeit ihres Lebens“. Sie kann nicht wissen, wie recht sie behalten sollte...

11. Dezember 1905. Lise Meitner tritt zum Hauptrigorosum an. Das Thema ihrer Doktorarbeit: „Wärmeleitung in inhomogenen Körpern“. Darin kann sie nachweisen, daß jene von James Maxwell – der berühmte Physiker hat als erster die Wellenbewegung von Lichtstrahlen erkannt – aufgestellte Formel für die elektrische Leitung in inhomogenen Körpern auch für die Wärmeleitung gilt. Meitners Betreuer, Prof. Franz Exner, und dessen Assistent Hans Bennedorf sind beeindruckt. Sogar die Wiener Akademie der Wissenschaften wird diese Arbeit ein Jahr später als publikationswürdig befinden und diese Dissertation in ihren „Sitzungsberichten“ veröffentlichen.

Vorerst muß die Doktorandin an diesem grauen Dezembertag die Abschlußprüfung bestehen. Wie stets gewissenhaft vorbereitet, schafft sie auch diesmal das Examen mit Bravour – „einstimmig mit Auszeichnung“, so lautet die offizielle Beurteilung. Dr. phil. Lise Meitner ist die zweite Frau, der es gelingt, im Hauptfach Physik zu promovieren (ihre Kommilitonin Selma Freud hat erst vor kurzem bestanden), nur noch drei weibliche Hörer haben vor ihr den Doktortitel von der Universität Wien verliehen bekommen.

Neun Monate später, es ist der 7. September 1906, werden die wissenschaftlichen Akademien in Wien und in Graz von einer Mitteilung aus dem italienischen Duino erschüttert: Ordinarius Ludwig Boltzmann hat sich zwei Tage zuvor im adriatischen Kurort umgebracht. Schon seit seiner Rückkehr aus Leipzig mit schweren Depressionen kämpfend, haben dem auch physisch leidenden Gelehrten – er ist von Angina pectoris, Neurrasthenie, Asthma und allgemeiner Überarbeitung gezeichnet – die sehr polemisch geführten Debatten über „seinen" Atomismus zur Verzweiflung getrieben. Der Leichnam wird per Bahn nach Wien überführt, am Döblinger Friedhof findet einige Tage später im kleinen Kreis die Beisetzung statt.

Für die frischgebackene Dr. Meitner ist der Tod ihres geliebten Lehrers ein Schock: Seit ihrer Promotion im Februar sind erst sieben Monate vergangen, voller Hoffnung auf weitere Forschungsmöglichkeiten unter der Aufsicht und Leitung Boltzmanns hat sie sich noch ihre Zukunft in den schönsten Farben ausgemalt. Zu Recht, wie erste wissenschaftliche Erfolge gezeigt haben – so ist es ihr vor zwei Monaten gelungen, eine umfangreiche Publikation über das neue, aufregende Spezialfach der Radioaktivität zu veröffentlichen. Die im Juli erschienene Arbeit „Über die Absorption von Alpha- und Beta-Strahlen", in der Lise Meitner das rätselhafte Phänomen jener von radioaktiven Substanzen wie Radium oder Uran ausgesandten Strahlungen untersucht, hat bei Fachkollegen eine äußerst positive Resonanz gefunden. Nun, da die in akademischen Kreisen noch relativ unbekannte Wissenschaftlerin sich anschickt, auf dem Gebiet der Radioaktivität zu reüssieren, steht sie plötzlich ohne ihren wissenschaftlichen Mentor da; an wen soll oder kann sie sich wenden, um noch mehr über theoretische Physik zu erfahren und die Radioaktivität genauer zu erforschen?

Die in Frage kommenden Gelehrten von Format in dem „neuen Jahrhundertzweig der Physik" kann man zu dieser Zeit gerade an einer Hand abzählen. Als erstes fällt Lise Meitner eine Frau ein: Marie Slodowska-Curie, die weltberühmte Nobelpreisträgerin von 1903. An der Pariser Sorbonne hat die von allen als „Madame" Curie geachtete Chemikerin einen Lehrstuhl für Physik inne.

Im Sommer 1907 bewirbt sich Dr. Lise Meitner um einen Studienplatz bei Professor Curie – und wird abgewiesen: Hörerinnen sind selbst am Institut der von vielen als Vorkämpferin für die wissenschaftliche Stellung der Frau bewunderten Madame Curie nicht gern gesehen. Die Absage trifft Lise Meitner zwar schwer, aber sie sieht es schließlich von der positiven Seite:

„Zum Glück hat sie mir abgeschrieben. Ich habe ja so bestimmt viel mehr gelernt. Ihr Buch ist in physikalischen Sachen mehr vom chemischen Standpunkt geschrieben."[11]

Doch niemals, selbst als bereits arrivierte Wissenschaftlerin, wird die ihrem Naturell entsprechend äußerst Gutmütige wegen dieser Ablehnung irgendeinen Groll gegen Madame Curie hegen. Drei Jahre später, als Lise Meitner auf dem 1. Internationalen Radium-Kongreß in Brüssel die polnische Nobelpreisträgerin zum ersten Mal persönlich trifft – Madame Curie ist als Namensgeberin einer neuen physikalischen Einheit für radioaktive Strahlungen Mittelpunkt der Konferenz –, ist sie nur voller Bewunderung. Beide verbindet sogar, außer ihrem gemeinsamen Forschungsgebiet, eine andere „schicksalshafte" Parallele: An einem 17. November geboren, wird in den Dokumenten Lise Meitners – vermutlich auf Grund einer Schlampigkeit seitens der Schulbehörden – nach ihrer Maturitätsprüfung plötzlich als Geburtstag der 7. November eingetragen. Er ist auch Madame Curies Geburtstag.

Die „Panne" aus der Schulzeit wird auf ihre Art richtungweisend für Lise Meitners Leben: Fortan feiert sie stets – in Einklang mit Marie Curie – am 7. November ihren Geburtstag, und in allen Veröffentlichungen, Enzyklopädien und Lexika wird Dr. Lise Meitners Geburtsdatum mit dem 7. angegeben. Als Wissenschaftlerin wird sie später von Kollegen, allen voran Albert Einstein, stets „unsere Marie Curie" genannt.

Zurück zum September 1907. Während Lise Meitner gerade die Absage aus Paris erhält und beginnt, sich langsam um ihren weiteren Lebensunterhalt Sorgen zu machen, erhält sie ein einmaliges Angebot. Die in Atzgersdorf ansässige Auer-Gesellschaft, europaweit führend in der Gasglühlicht-Fabrikation, bietet der Physikerin eine verantwortungsvolle Stellung.

Obwohl sehr vieles für die Annahme dieses Angebots spricht – Lise Meitner ist stolz darauf, daß „ein Mädel eine solche Stellung in der Industrie bekommen soll" –, entscheidet sie sich dagegen. Auch wenn mit einem Schlag alle materiellen Sorgen gelöst wären: Ein anderes Leben als das einer Wissenschaftlerin kann sie sich nicht mehr vorstellen.

Sie entsinnt sich eines Namens, den ihr Lehrer Boltzmann seinerzeit voll euphorischer Bewunderung erwähnt hat: Max Planck. Sieben Jahre zuvor hat der in Berlin forschende Professor eine revolutionäre These verkündet – die sogenannte „Quantentheorie". Die Vorstellung, daß Strahlungsenergie in Form von kleinen Teilchen – Planck nennt sie nach lateinischem Vorbild schlicht „Quanten" – entsteht, würde das bisherige Physik-Weltbild völlig auf den Kopf stellen. Für Lise Meitner ist diese Theorie der Schlüssel zur weiteren Erforschung des Atomismus und somit der Radioaktivität. Noch ahnt sie nicht, welch entscheidende Wende ihr Leben nehmen wird, als sie, achtundzwanzig Jahre alt, ihren Eltern eröffnet, sie werde nach Berlin gehen. Von den sie erwartenden Schwierigkeiten kann sie noch nichts wissen, nur ihr welterfahrener Vater, Philipp Meitner, sagt daraufhin jenen Satz, den man in Zusammenhang mit ihrem Namen am häufigsten hören wird:

„Ich bewundere deinen Mut."

Macht sich der Vater vielleicht Sorgen um das private Glück seiner Tochter? Die männlich dominierte Gesellschaft sieht es nicht gerne, wenn Frauen sich in etwas einmischen, das bisher als ureigenste Domäne der Männer gilt: die theoretischen Naturwissenschaften. Ganz abgesehen davon, daß Lise Meitner noch ledig ist – ein Makel in den Augen ihrer Zeitgenossen. Oder, mit den Worten Stefan Zweigs, eines der schärfsten Kritiker des restriktiv-verklemmten Bürgertums dieser Zeit:

„So wollte die Gesellschaft von damals das junge Mädchen, töricht und unbelehrt, wohlerzogen und ahnungslos, neugierig und schamhaft, unsicher und praktisch, und durch diese lebensfremde Erziehung von vornherein bestimmt, in der Ehe dann willenlos vom Manne geformt und geführt zu werden... Aber welche Tragik dann, wenn eines dieser jungen Mädchen seine Zeit versäumte, wenn es mit fünfundzwanzig, mit dreißig Jahren noch nicht verheiratet war!... Das unverheiratete Mädchen wurde zum sitzengebliebenen Mädchen, das sitzengebliebene Mädchen zur alten Jungfer, an der sich der schale Spott der Witzblätter unablässig übte."

Ganz auf sich gestellt und nur mit spärlichen finanziellen Zuwendungen der Eltern bedacht, reist das „sitzengebliebene Mädchen" Anfang September 1907 an die Spree. An der Friedrich-Wilhelms-Universität will sich Lise Meitner zunächst einmal einige Semester bei Max Planck einschreiben lassen – es werden einunddreißig Jahre Forschung daraus...

Seit drei Wochen besucht Lise Meitner nun Vorlesungen bei Professor Planck in Berlin. Die prosperierende Reichshauptstadt mit ihren weiten Alleen, Prunkbauten und Parkanlagen, mit dem regen Treiben der Arbeitenden tagsüber und dem pulsierenden Leben auf den Straßen, in Theaterhäusern und Kneipen am Abend – die Wienerin ist überwältigt. Anders als in ihrer Heimatstadt mit der eigentümlichen Mischung aus Morbidität und Gemütlichkeit, der gemächlichen Gangart und dem gleichzeitig bissigen, oft sogar zynischen „Schmäh", herrschen hier in Berlin preußische Sachlichkeit und das allgegenwärtig idealisierte Junkertum, auf seltsame Weise konterkariert durch die Lebensgier der Arbeiterklasse, die sich nachts in engen Gassen und in den Hinterhöfen der Lokale entlädt, die Genuß und Entspannung sucht.

Wenn Lise Meitner aus den Hörsälen herausschaut, kann sie ihre Blicke entlang der Promenade Unter-den-Linden aufs Brandenburger Tor richten, nur ein kurzer Spaziergang ist es bis zum Tiergarten, vier Häuserblocks ostwärts liegt der berühmt-berüchtigte Alexanderplatz. Die Frau Doktor, nun von ihrem Status her – Professor Planck hat sich persönlich für seine „Vorzugsschülerin" eingesetzt – endlich auch den anderen Kommilitonen gleichgestellt, wird von Tatendrang erfaßt, noch nie ist sie mit größerem Eifer bei der Arbeit gewesen.

Dennoch, ganz glücklich kann Lise Meitner nicht sein. Der Grund liegt bei „ihrem" Professor: An die Klarheit und Eloquenz der Wiener Vorlesungen Boltzmanns gewohnt, die immer wieder unterbrochen und fortgeführt wurden vom kaustischen Humor und der Begeisterung des Vortragenden, sieht sich die Österreicherin mit der trockenen, preußischen Nüchternheit Plancks konfrontiert. Keine Vorlesung wird gelockert durch persönliche Bemerkungen, zu Scherzen ist der Herr Geheimrat niemals aufgelegt – Physik sei eine ernste Angelegenheit, die Studenten sollen hart an sich arbeiten. Der sehr praktisch veranlagten jungen Wissenschaftlerin sind überdies die Ausführungen ihres Professors zu theoretisch, Lise Meitner vermißt die unter Boltzmann üblichen Experimentierübungen, den täglichen Umgang mit ihren geliebten Geräten und Instrumenten.

Bereits einen Monat nach Semesterbeginn hält sie es nicht mehr aus, Dr. Meitner spricht beim Leiter des Instituts für Experimentalphysik, Professor Heinrich Rubens, vor. Es kostet sie alles an Überwindung, um die simple Frage zu stellen, ob denn ein Laborplatz für sie frei wäre? Rubens, nicht mit den gängigen Vorurteilen gegenüber Frauen belastet, schlägt ihr – da es im Institut an Räumlichkeiten mangelt – sein eigenes Arbeitszimmer als „Experimentierstube" für die nötigen Versuche vor. Allein der Gedanke, mit einem „Professor" ein kleines Zimmer zu teilen, womöglich noch stundenlang und jeden Tag, ist der zur höheren Tochter erzogenen jungen Frau schon zu viel:

„Da habe ich mir gedacht, um Gottes Willen, so schüchtern wie ich bin – ich werde doch nie wagen, etwas zu fragen!"[12]

Zum Glück kommt Lise Meitner nicht in die peinliche Lage, dem Institutsleiter – aus „persönlichen Gründen" – absagen zu müssen: Im letzten Augenblick fällt Heinrich Rubens ein, daß bereits ein Mitarbeiter des Instituts für Chemie sich über die Physikerin aus Wien erkundigt hat – ein gewisser Otto Hahn. Vielleicht könnte sie mit diesem einen Laborplatz teilen, zumal Hahn ja auch gerade auf dem Gebiet der radioaktiven Strahlungen arbeite und Lise Meitners Wiener Publikationen sehr gut kenne.

Es wird eine schicksalhafte Begegnung, sowohl für die Physik des zwanzigsten Jahrhunderts als auch für beide Beteiligten: Lise Meitner trifft am 28. Oktober 1907 Otto Hahn – und ist zunächst tief verunsichert. Der um vier Monate jüngere Hahn ist von seinem Wesen her das genaue Gegenteil der dunklen, introvertierten Lise Meitner: bar jeglicher preußischer Steifheit, im Auftreten charmant und gewitzt, unkonventionell und spontan. Zwar ist er der Kollegin vom wissenschaftlichen Rang gleich, sie braucht also keine Scheu davor zu haben, ihm Fragen zu stellen oder ihre Meinung zu sagen, dennoch kann sie nicht verstehen,

„daß ein Chemiker spontan sagt, er wolle mit einer jungen Physikerin zusammenarbeiten. Na ja, weil er vielleicht das Gefühl hat, daß er die Physik ganz gut gebrauchen kann? Ich muß gestehen, das weiß ich nicht."[13]

Ihre Skepsis geht sogar noch weiter:

„Vielleicht hat es ihn auch gelockt, mit einem Mädel – so, wie er nun mal war! – zu arbeiten, auch das ist möglich..."[14]

Lise Meitners Wunsch nach praktischer Forschung erweist sich schließlich doch stärker als alle „Bedenken": Nach acht Tagen Bedenkzeit

ARBEITSTISCH VON OTTO HAHN

willigt sie ein. Nun gilt es, eine letzte Hürde zu nehmen, Otto Hahn muß die Angelegenheit noch mit seinem Institutsvorstand, Professor Emil Fischer, besprechen und dessen Erlaubnis einholen. Aber beim Nobelpreisträger von 1902, einem der Pioniere der organischen Chemie, beißt Hahn auf Granit. Professor Fischer duldet einfach keine weiblichen Personen in seinen Vorlesungen, geschweige denn am Institut oder in den Laborräumen. Alle Frauen hätten doch einen solchen „exotischen“ Haarstil, daß er um deren Sicherheit in ständiger Sorge wäre – wer garantiere dafür, daß die Haarpracht nicht am Bunsenbrenner Feuer fangen würde? Wenn sich „Weiber“ in sein Labor begeben, dann höchstens und nur als Putzfrauen!

„Auf keinen Fall fange ich eine Weiberwirtschaft an!“

So – einer Überlieferung zufolge – schnauzt der dreiundfünfzigjährige Fischer entrüstet seinen Mitarbeiter an. Otto Hahn muß seine gesamten Überredungskünste einsetzen, damit Fischer am Ende doch etwas einlenkt – gnädigerweise:

„Wenn diese Person im Keller bleibt und sich niemals am Institut blicken läßt, so soll es mir recht sein.“

Mit dieser abfälligen Bemerkung nimmt eine der berühmtesten Teamarbeiten in der Geschichte der Physik ihren Anfang: Am 28. November 1907 beziehen Lise Meitner, die Physikerin, und Otto Hahn, der Chemiker, ein desolates Zimmer im Souterrain des Instituts an der Hessischen Straße in Berlin-Mitte. Ursprünglich die Werkstatt eines Tischlers – davon zeugt eine zurückgelassene Hobelbank –, wird das fünfzehn Quadratmeter große Kabinett als die „Holzwerkstätte“ einen legendären Ruf erlangen. Aber noch müssen sich die beiden Forscher mit der Laboreinrichtung herumplagen.

Vorerst wird ein massiver Eichentisch aufgestellt, groß genug, damit die primitivsten Meßgeräte und Instrumente darauf Platz finden können: diverse Glasapparaturen, ein Spektrometer einfachster Bauart, ein von Hand zusammengeschustertes Elektroskop. Für kompliziertere Messungen muß man sich außer Haus in ein benachbartes Institut begeben, die ersten radioaktiven Substanzen sind „Spenden“ befreundeter Physiker.

„Glück“ für Lise Meitner, daß just diese Räumlichkeit einen separaten Eingang besitzt; wenn sie sich da durch schleicht, bleibt sie für den

Institutsvorstand unsichtbar. Erst nach Monaten wird sie den Frauenverächter zu Gesicht bekommen, und auch da muß sich die Forscherin – total eingeschüchtert – die Rüge vom „exotischen Haarstil“ anhören.

Nicht genug damit – die Frau Doktor, die vom regulären Institutsbetrieb völlig übergangen wird, muß sich eine weitere Demütigung gefallen lassen: Da sie die Gänge des Instituts nicht betreten darf, hat sie während ihrer Experimente keine Toilette zur Verfügung. „Ihre“ Toilette befindet sich außer Haus – in einer Gastwirtschaft auf der anderen Straßenseite.

Trotz aller Widrigkeiten für Lise Meitner erweist sich die Zusammenarbeit mit Otto Hahn in der „Holzwerkstatt“ als wissenschaftlicher Glücksfall. Beide können sich im Laufe der oft täglich vierzehn Stunden andauernden Versuche in idealer Weise ergänzen: Hahn, ein von Grund auf intuitiver Forscher, ist ein hervorragender Experimentator, der auch ungewöhnliche Versuchsanordnungen nicht scheut und seine Kollegin auf kumpelhaft-freundschaftliche Art ermutigt; Meitner, ruhig und sehr geduldig, arbeitet vor allem kritisch-systematisch, versucht ständig, Fehlerquellen und Ungenauigkeiten in den Experimenten auszumerzen. Ist sie zunächst äußerst reserviert – in den ersten zwölf Monaten der Zusammenarbeit ist Lise Meitner allerhöchstens darauf bedacht, sich nicht zu blamieren, mit dem Kollegen zu scherzen bringt die Introvertierte erst nach und nach über sich –, so wird sie sich im Laufe der Zeit sogar erlauben, falls Otto Hahns Begeisterung allzu Überhand nimmt, diesen mit dem später berühmten Ausspruch: „Hähnchen, sei still, von Physik verstehst du nichts!“ in die Schranken zu weisen.

Damit sie nicht das gleiche von ihm zu hören bekommt, will sich Lise Meitner auch in dessen Fachbereich weiterbilden – also besucht sie heimlich Chemie-Vorlesungen. Erst, nachdem die Vorträge angefangen haben, wagt sie es, den Hörsaal zu betreten. Nun erweist sich ihre Körpergröße erstmals von Vorteil: Wenn sie sich geduckt hält, kann sie in den hintersten Reihen – unter den Sitzbänken! – unbehelligt das ganze Geschehen mitverfolgen.

Erste wissenschaftliche Erfolge stellen sich bald ein, nach nur wenigen Monaten unermüdlichen Experimentierens können „die beiden aus der Holzwerkstätte” erstmals gemeinsame Publikationen veröffentlichen:

„Über die Absorption der ß-Strahlen einiger Radioelemente". Hahn, begeistert von der Vorstellung, neue „strahlende" Substanzen zu entdecken und deren chemische Eigenschaften zu erforschen, harmoniert perfekt mit Lise Meitner, die ihre ganze Energie daransetzt, die unterschiedlichen Alpha-, Beta- und Gamma-Strahlen zu entwirren und deren physikalischen Charakter zu untersuchen.

Im Oktober erscheint eine in Fachkreisen vielbeachtete Arbeit: Meitner und Hahn haben ein neues Zerfallsprodukt, das sogenannte „Actinium C", entdeckt. Ab nun geht es Schlag auf Schlag, ein Jahr später erscheinen bereits sechs großangelegte Untersuchungen, ein weiteres Radioelement – „Thorium D" – wird gefunden, nebenbei kann die methodisch denkende Lise Meitner ein neues Verfahren zur Analyse radioaktiver Prozesse vorstellen, das sich innerhalb kurzer Zeit in der Physik etabliert – die „Rückstoßmethode".

Obwohl Lise Meitner nun schon über ein Jahr mit Otto Hahn zusammenarbeitet und die Stimmung in der „Holzwerkstatt" – nachdem man sich ein Jahr lang gesiezt hat – äußerst vertraut geworden ist, haben beide kaum privaten Kontakt. Die einst behütete höhere Tochter bringt nicht den Mut auf, mit Hahn und anderen Kollegen die traditionellen samstägigen Caféhaustreffen zu besuchen; niemals kommt es ihr in den Sinn, mit „Hähnchen" zusammen Mittag zu essen; nach der Arbeit, die oft genug bis in den späten Abend dauert, verschwindet sie sofort in ihr Untermietzimmer unweit der Universität. Auch sonst lebt die in gutbürgerlichen Verhältnissen aufgewachsene Tochter eines Anwalts zurückgezogen und äußerst bescheiden. Um ihren Eltern nicht allzu sehr zur Last zu fallen, eignet sie sich strikteste Sparsamkeit an – zu Beginn des Jahres 1908 steht zum Beispiel folgende Eintragung in ihrem Haushaltsbuch:

„ 9. Jänner	Zigaretten 0,20
	Aluminium 1,60
	Mittagessen 0,95
11. Jänner	Mittagessen 0.95
	Brot 0,10
	Eier 0,32"

Typisch für sie, daß der teuerste Posten „Rohmaterial" fürs Labor ist.

Nachdem sich die ersten wissenschaftlichen Erfolge einstellen, wird „Frau Doktor Meitner" – allerdings wird sie selten so genannt, meistens gilt sie schlicht als „Dr. Hahns Mitarbeiterin" – eine etwas bessere Behandlung seitens des Institutsleiters Fischer zuteil: Nunmehr kommt er ihr, die er ehemals verpönt hat, fast freundschaftlich entgegen. Nun kann auch er dem neuen Zweig der „Radiochemie" die Anerkennung nicht mehr verwehren; neben der „Holzwerkstatt" wird ein weiterer Raum für die Experimente des Teams Meitner-Hahn eingerichtet, die „Weiberschaft" darf nun hochoffiziell die Räumlichkeiten der männlichen Studenten betreten (vielleicht sieht sich Fischer genötigt, das neue Gesetz zur Kenntnis zu nehmen, wonach jetzt auch Frauen preußische Hochschulen besuchen dürfen). Herr Professor läßt sogar eine Damentoilette bauen.

Lise Meitner besucht weiterhin die Vorlesungen Plancks, sie wird sogar in dessen Familie eingeführt. Die scheue Frau wird selbstsicherer, im privaten Kreis bei den Plancks kann sie mit den zu Besuch weilenden „Kollegen" – Nernst, Rutherford, Hertz, Franck oder auch Einstein, allesamt die Elite der Naturwissenschaften – ungezwungen diskutieren. Die demütigenden Erfahrungen gehören nun scheinbar der Vergangenheit an:

„Die Radioaktivität und die Atomphysik machten unglaublich schnelle Fortschritte; nahezu jeden Monat gab es eine wunderbare, überraschende neue Entdeckung in einem der Laboratorien, die auf diesem Gebiet arbeiteten. Wenn unsere eigene Arbeit gutging, sangen wir zweistimmig, meistens Brahmslieder, wobei ich nur summen konnte, während Hahn eine sehr gute Singstimme hatte. Mit den jungen Kollegen am nahe gelegenen physikalischen Institut hatten wir menschlich und wissenschaftlich ein gutes Verhältnis. Sie kamen uns öfters besuchen, und es konnte passieren, daß sie durch das Fenster der Holzwerkstatt hereinstiegen, statt den üblichen Weg zu gehen. Kurz, wir waren jung, vergnügt und sorglos..."[15]

Dreißig Jahre trennen Lise Meitner noch vor dem Zusammenbruch dieser „sorglosen" Welt.

12. Oktober 1912. In Anwesenheit des Kaisers höchstpersönlich wird die neue Forschungsstätte für Chemie, Physikalische Chemie und Bio-

chemie eröffnet. Im Berliner Randbezirk Dahlem, knapp fünfzehn Kilometer vom Stadtzentrum entfernt, findet die feierliche Einweihung des von Spenden führender Industrieller und Bankiers – darunter auch viele prominente Juden – unterstützten Kaiser-Wilhelm-Instituts statt. Eingerichtet nach dem neuesten Stand der Technik und entworfen unter besonderer Berücksichtigung der Gesundheit und Sicherheit für die dort Forschenden, soll das Institut auch Sektionen für „Radiophysik und radioaktive Verbindungen" beherbergen. Noch vor der offiziellen Eröffnung haben die zuständigen Stellen die gewünschten Mitarbeiter rekrutiert, Otto Hahn erhält das Angebot, die Leitung einer Abteilung für Radioaktivität zu übernehmen.

An Dr. Lise Meitner ist man auch herangetreten; die fast vierunddreißigjährige Wissenschaftlerin ist seit einem Jahr Assistentin von Professor Planck, nebenbei hat sie durch ihre Arbeit in der „Holzwerkstatt" für einiges Aufsehen gesorgt. Obwohl die Rolle der Österreicherin im Meitner-Hahn-Team unter den führenden Wissenschaftlern hinlänglich bekannt ist, bekommt sie – als Frau? – ein viel bescheideneres Angebot: Als „Gast" der Radioaktiven Abteilung und mit einem sehr niedrigen Stipendium als „Assistentin" des Direktors Ernst Beckmann soll sie „Laboranten heranziehen und in Radiologie ausbilden".

Natürlich ist ihr klar, daß sie, im Gegensatz zum Kollegen Hahn, der eine ganze Abteilung leitet, nicht mehr wie früher den intensiven Gedankenaustausch mit anderen Forschern wird pflegen können; dennoch sagt sie zu, die Aussicht, mit modernsten Geräten und Instrumenten arbeiten zu können, läßt sie diese Benachteiligung in Kauf nehmen. Zumal, wie sie später selbst sagt, die Umgebung des Kaiser-Wilhelm-Instituts auch ihre positiven Seiten hat:

„Das damals noch wenig bebaute Dahlem mit dem Blick nach Grunewald war ausgesprochen reizvoll. Besonders schön war das Gelände zwischen dem Institut für Chemie und dem gleichzeitig eröffneten Institut für Physikalische Chemie, nachdem Wilstätter [Anm.: der Leiter] es für seine Farbuntersuchungen mit Tulpen, Chrysanthemen, Dahlien und anderen bunt blühenden Blumen bepflanzt hatte."[16]

Aus einem weiteren Grund ist Lise Meitner sogar froh, aus der alten

Lise Meitner und Otto Hahn im Labor des Kaiser-Wilhelm-Instituts für Chemie, Berlin-Dahlem, 1913

„Holzwerkstatt" ausziehen zu können – nachdem sie und Hahn fünf Jahre lang in dem Souterrainzimmer an der Hessischen Straße ihre Experimente durchgeführt haben, ist das kleine Kabinett nun hoffnungslos radioaktiv verseucht.

Erst zwei Jahre später, mit Beginn des Ersten Weltkrieges und als das Kaiser-Wilhelm-Institut auf viele männliche Mitarbeiter verzichten muß – Otto Hahn zum Beispiel wird als Offizier einer deutschen Gaskampfeinheit einberufen –, besinnt man sich, wie auf vielen anderen Gebieten auch, der Frauen. Der Status Dr. Lise Meitners wird einer Revision unterzogen. Diesmal haben sich die Vorzeichen allerdings umgekehrt: Durch die seit neun Jahren regelmäßig erscheinenden Publikationen der aus Österreich stammenden Forscherin hellhörig geworden, hat die Karl-Franzens-Universität in Prag ein Angebot nach Dahlem geschickt – man würde sich freuen, wenn Frau Doktor eine Dauerstellung in ihrer k.u.k.-Heimat annehmen würde. Jetzt erst entschließt sich das Direktorium des Kaiser-Wilhelm-Instituts, auch seinerseits Lise Meitner zum Bleiben zu bewegen; man werde sie unverzüglich als voll bezahltes wissenschaftliches Mitglied am Institut für Chemie einstellen.

Zum Glück für das Institut hegt Lise Meitner, nun schon an Benachteiligungen gewohnt, keinerlei Ressentiments – sie bleibt. Hat sie nicht noch schlimmere, direktere Demütigungen überstanden? Lebhaft bleibt Lise Meitner jene Begebenheit mit der „Brockhaus-Enzyklopädie" in Erinnerung. Der Herausgeber der wohl auflagenstärksten Reihe dieser Art wurde auf einige Artikel – verfaßt unter dem Namen Meitner – in der „Naturwissenschaftlichen Rundschau" aufmerksam und wandte sich an das Magazin mit der Bitte um die Bekanntgabe der Anschrift des „Herrn" – man wünsche von diesem Experten einige Beiträge für den Brockhaus. Als man ihm antwortete, der Verfasser sei eine Frau, wollte er plötzlich nichts mehr davon wissen; er ging sogar einen Schritt weiter, indem er seinerseits in einem Schreiben voller Entrüstung mitteilte, er denke nicht daran, „einen Aufsatz zu publizieren, den eine Frau geschrieben hat!"

Ihren anerkannten Leistungen auf dem Gebiet der Radioaktivität zum Trotz werden solche Vorurteile Lise Meitner ihr ganzes Leben lang begleiten. Selbst nachdem sie 1918 gemeinsam mit Otto Hahn ein neues Element endeckt – Protactinium, es wird als Nr. 91 auf der Periodentafel eingetragen –, nachdem sie im selben Jahr die Leitung einer eigenen physikalisch-radioaktiven Abteilung im Kaiser-Wilhelm-Institut übernimmt und selbst nachdem sie sich vier Jahre später habilitiert – übrigens als erste Physikerin in Berlin –, und die „venia legendi", das Recht, Vorlesungen zu halten, zugesprochen bekommt, ist Dr. Lise Meitner vor männlichchauvinistischen Herabwürdigungen nicht gefeit: Als sie im Oktober 1922 ihre Antrittsvorlesung hält, schicken lokale Blätter angesichts der Sensation eines weiblichen Vortragenden Reporter aus. Ein Journalist freilich macht sich seine eigenen Gedanken über das Vorlesungsthema: Aus „Die Bedeutung der Radioaktivität für kosmische Prozesse" macht dieser daraus einen Beitrag für „kosmetische Prozesse".

Das Arbeitspensum der „Meitnerin", wie die zierliche Frau Professor ab nun liebevoll von den Mitarbeitern ihrer Abteilung genannt wird, ist gewaltig: Im Durchschnitt erscheint pro Jahr ein Dutzend Publikationen, nebenbei führt die fünfundvierzigjährige Wissenschaftlerin die physikalisch-radioaktive Sektion mit strenger, aber gerechter Hand, kümmert sich persönlich um die Sicherheit der Studenten – engere Mitarbeiter dürfen wegen der Gefahr einer Kontamination nur gelb markierte Stühle benützen, Türschnallen, Telefonhörer und andere „öffentliche" Gegenstände sind nur unter Verwendung von Toilettenpapier als Isolationsmaterial zu berühren, bei Begrüßungen müssen alle aufs Händeschütteln verzichten. Lise Meitner leitet zur vollsten Zufriedenheit ihrer Vorgesetzten die Abteilung fünfzehn Jahre lang, wird gemeinsam mit Otto Hahn für den Nobelpreis vorgeschlagen, in den drei Jahren zwischen 1930 und 1933 erscheinen von ihr 50 Arbeiten. Dann kommt der 30. Januar 1933. Acht Monate später verliert Professor Meitner die Lehrbefugnis, ab nun wird sie zurückgestellt als „freie Mitarbeiterin".

Mit Otto Hahn und einem weiteren Chemiker, Fritz Straßmann, forciert die im Institut nur mehr „geduldete" freie Mitarbeiterin ab 1935 nebenbei – natürlich außerhalb der normalen Arbeitszeit und nur, wenn alle anderen Pflichten erledigt sind – die letzten gemeinsamen Experimente zu Transuranen. Das Team will diese durch Neutronenbeschuß von Uran entstandenen „neuen“ Elemente analysieren und die Resultate ihrer Untersuchungen mit jenen anderer Teams – das Ehepaar Joliot-Curie in Paris und die Mannschaft um den italienischen Physiker Enrico Fermi arbeiten zur gleichen Zeit darüber – vergleichen.

Aber die Zeit für Lise Meitner wird knapp, sie wird den Abschluß der Experimentenreihe nur mehr aus der Ferne miterleben können: Ab dem 12. März 1938 gilt sie als deutsche Jüdin, die einunddreißig Jahre in Deutschland neigen sich dem Ende zu...

Kungälv in Westschweden, es ist der 31. Dezember 1938. Überall liegt Schnee, die im Sommer von Touristen häufig besuchte Ortschaft ist zur Zeit ruhig, Urlauber bevorzugen die Skigebiete im Norden des Landes, die bewaldeten Hügel außerhalb des Badeortes werden nur sporadisch von Skilangläufern besucht.

Etwa eine halbe Stunde Fußmarsch vom Hauptplatz entfernt, mitten in einer Lichtung des Waldes, sitzen zwei Personen auf einem gefällten Baumstamm: Lise Meitner, die hier an der Küste bei einer Freundin aus ihrer Berliner Zeit, der Physikerin Eva von Bahr-Bergius, Weihnachten verbracht hat, und ihr aus Kopenhagen angereister Neffe, Otto Robert Frisch. Beide sind in ein Gespräch vertieft, um sie herum liegen, auf dem Boden und über dem Baumstamm verteilt, Zettelchen mit physikalischen Formeln und komplizierten mathematischen Rechnungen. Zu besprechen haben beide, seitdem Frisch auf Umwegen Post aus Berlin-Dahlem mitgebracht hat, einiges.

Der Inhalt des von Otto Hahn am 21. Dezember verfaßten Schreibens – seit Lise Meitners Vertreibung aus Deutschland steht das ehemalige Meitner-Hahn-Straßmann Team auf postalischem Wege in ständigem Kontakt, sodaß die nun in Schweden weilende Wissenschaftlerin stets über den neuesten Stand der Experimente auf dem laufenden ist – birgt Brisantes: Ihm, Hahn, und Straßmann sei es gelungen, den Atomkern von Uran mittels Neutronenbeschuß zu spalten; dabei seien zwei „neue“ Spaltprodukte entstanden – Barium und Masurium. Und nun tappe sowohl er als auch Straßmann im dunkeln, vielleicht könne Lise als Physikerin daraus schlau werden: Bei dem Vorgang müsse Masse „irgendwie verlorengegangen“ sein –

die Summe der Endprodukte sei leichter als das Ausgangsprodukt, außerdem sei eine beträchtliche Menge an Energie frei geworden, genau 200 Millionen Elektronenvolt!

Nun haben Meitner und Frisch, der im Atomforschungsinstitut von Niels Bohr in Kopenhagen als Physiker tätig ist, tagelang über das Phänomen gerätselt – ohne Erfolg. An diesem Silvestertag hat man sich dazu entschlossen, etwas Luft zu schnappen, der vierundreißigjährige Frisch hat sich die Langlaufski umgeschnallt, seine einundsechzigjährige Tante ist ihm, nur damit er sieht, wie rüstig sie noch ist, zu Fuß gefolgt. Nun führen beide bei einer Rast auf dem Baumstamm ihre Überlegungen fort. Vielleicht ist Hahn ein Fehler unterlaufen, mutmaßt der skeptische Frisch. Dazu sei „Hähnchen" ein zu brillanter Experimentator, entgegnet Lise Meitner. Sie diskutieren über ein Atomkernmodell, für das sich Niels Bohr vehement einsetzt – das „Flüssigkeitsmodell" des Physikers Georg Gamov:

„... daß sich ein Kern wie ein Flüssigkeitstropfen verhält. Vielleicht konnte sich ein Tropfen auch stufenweise in zwei kleinere Tröpfchen teilen, indem er zuerst länglich wurde, sich dann einschnürte und schließlich eher zerrissen als zerbrochen wurde. Wir wußten, daß es starke Kräfte gab, die sich einem solchen Vorgang entgegenstellten, ganz wie die Oberflächenspannung eines gewöhnlichen Flüssigkeitströpfchens dessen Spaltung in zwei Teile verhindert. Doch die Kerne unterscheiden sich von gewöhnlichen Tropfen in einer wichtigen Hinsicht: Sie sind elektrisch geladen, und es war bekannt, daß dies der Oberflächenspannung entgegenwirkt."[17]

Lise Meitner rechnet fieberhaft nach; tatsächlich, die Ladung im Urankern ist groß genug, um die Oberflächenspannung zu überwinden. Also ist eine Spaltung theoretisch möglich! Aber das größte Problem bleibt die bei der Spaltung „verlorengegangene" Masse. Erst, wenn man nachweisen könnte, wie dies geschehen ist, wäre die bahnbrechende Entdeckung von Hahn und Straßmann theoretisch untermauert.

Da erinnert sich Lise Meitner an den 1. Internationalen Radiumkongreß von 1910: Neben Madame Curie war auch ein junger Physiker anwesend, der eine damals von vielen unverstandene Theorie samt einprägsamer Formel vorstellte – Albert Einstein. In dessen Vortrag fiel das Wort

„Relativitätstheorie“ und die Formel „$E = mc^2$“. Und mit einem Schlag wird alles klar:

„Wenn aber Masse verschwindet, entsteht Energie nach Einsteins Formel; nun entsprach $^1/_5$ Protonenmasse gerade 200 Millionen Elektronenvolt. Hier war also die Energiequelle: Alles stimmte!“[18]

Zwei Tage später reist Otto Robert Frisch in euphorischer Stimmung nach Kopenhagen zurück, er möchte die Berechnungen seiner Tante nochmals experimentell überprüfen. Als er seinem Chef Niels Bohr über die Kungälver Schlußfolgerungen Bericht erstattet, fährt sich dieser mit der Hand an die Stirn und ruft begeistert aus:

„Mein Gott, was für Idioten wir alle doch waren! Das ist ja wunderbar! Genauso muß es sein!“

Am 13. Jänner schließt Frisch seine Experimente mit einem fünf Seiten langen Protokoll ab, am Ende der Eintragungen setzt er ein triumphalgroßgeschriebenes „HURRAH!“ – alle Berechnungen und theoretischen Mutmaßungen seiner Tante sind nun mathematisch gesichert. In der Februarausgabe 1939 der Fachzeitschrift „Nature“ erscheint ein Artikel, unterzeichnet mit Dr. Lise Meitner und Dr. Otto Robert Frisch: „A New Type of Nuclear Reaction“. Ein neuer Begriff wird in die Physik des 20. Jahrhundert eingeführt: „nuclear fission“ – Kernspaltung.

Während dieser Artikel vor allem bei den Wissenschaftlern in den USA Furore macht, während Otto Hahn sich anschickt, weitere Experimente zum Thema zu publizieren und sich langsam als „Entdecker der Kernspaltung“ seinen Namen macht, arbeitet sich Lise Meitner, ohne deren theoretische Abhandlung jede breitere Auseinandersetzung in dieser Frage nicht möglich geworden wäre, langsam in ihren ersten Job im Exil ein – das großzügige Angebot von Niels Bohr in Kopenhagen hat sie ausgeschlagen, sie befürchtet, ihrem Neffen dort im Weg zu stehen. Dr. Lise Meitner wird Mitarbeiterin am Physikalischen Forschungsinstitut des schwedischen Wissenschaftlers und Nobelpreisträgers Manne Siegbahn – die führende Autorität auf dem Gebiet der Astrophysik – in Stockholm.

Als Gehalt stehen der ehemaligen Frau Professor weniger zu als das eines Assistenten, als politischer Flüchtling bekommt sie zwar einen sogenannten „Flyttningsbetyg (för ensam person)“ – allerdings nur, wenn sie regelmäßig den Behörden ihren Aufenthaltsort bekanntgibt. Trotzdem reicht alles zusammen gerade für Kost und Logis – Lise Meitner wohnt einige Monate in einem Hotelzimmer, dann erst findet sie eine winzige Untermiete –, um nicht zuviel für den Omnibus auszugeben, geht sie so oft wie möglich zu Fuß zur Arbeitsstätte. Einziger Luxus, den sie sich, zur extremen Sparsamkeit gezwungen, leistet, sind die Ausgaben für Briefmarken; auf dem Postweg versucht sie verzweifelt, Kontakt zur Außenwelt aufrechtzuerhalten. Alle ihre Besitztümer – Möbel, Bücher, Sparguthaben und Wertsachen – sind in Berlin zurückgeblieben; nicht einmal das Nötigste ist vorhanden, Otto Hahn bemüht sich gerade, ihr Eigentum nach Stockholm zu schicken. Lise Meitners Briefe an ihn sind voller Bitterkeit:

„Heute hat mir ein Rechtsanwalt, den ich vor 14 Tagen mit der Bitte aufgesucht habe, mir doch etwas behilflich zu sein, meine Sachen endlich zu bekommen, telefonisch angeboten, mir ein Bett und Bettzeug zu leihen. Ich habe es also nach mehr als dreißigjähriger Arbeit immerhin soweit gebracht, daß mir ein wildfremder Mensch ein Bett leiht...“[19]

Im hohen Norden friere es sie „innerlich und äußerlich“, das Erlernen einer neuen Sprache bereitet der nun einundsechzigjährigen Frau große Probleme. Am meisten aber macht ihr, die in Stockholm wissenschaftlich völlig isoliert ist, ihre Tätigkeit zu schaffen:

„Meine sogenannte Arbeit – wenn ich sie mir überlege –, ich kann nur denken und sagen: Oh, Gott! Ich habe allmählich ein Einfadenelektrometer, ein paar brauchbare Zähler, eine Verstärkeranordnung zusammengestellt, ein sehr schlechtes Zählwerk, keinerlei Hilfe. Meistens habe ich ja den Kopf so voll mit anderen Dingen, daß mir alles übrige egal ist...“[20]

Mit ihrem „Chef“ Manne Siegbahn gibt es zudem noch des öfteren Unstimmigkeiten. Lise Meitner spielt nicht den erwarteten dankbaren Gast, der froh darüber ist, daß er bleiben darf; sie möchte weiterhin intensiv experimentieren, ihre in Berlin begonnenen Untersuchungen zu Transuranen und die in Kungälv erschaffene theoretische Grundlage der Kernspaltung fortführen:

„Ich bin wissenschaftlich vollkommen isoliert, rede monatelang mit niemandem über Physik, sitze allein in meinem Zimmer und versuche, mich zu beschäftigen...“[21]

Erst fünf Jahre später, im August 1945, wird Lise Meitners Stockholmer „Isolation“ schlagartig beendet – mit einem der katastrophalsten Ereignisse der Menschheitsgeschichte.

Am 9. August 1945 weilt Dr. Lise Meitner gerade zur Sommerfrische im schwedischen Ferienort Leksands, seit einigen Tagen hat sie weder Zeitungen gelesen noch Radio gehört. Sie kann also nichts von den schrecklichen Neuigkeiten wissen, die die Welt seit drei Tagen in Atem halten: der Atombombenabwurf über Hiroshima vom 6. August. Lise Meitner hat auch keine Ahnung von den schrecklichen Folgen dieser neuen „Wunderwaffe“ – zwei Drittel der Stadt dem Boden gleichgemacht, 86 100 Tote, der wütende Feuersturm fordert noch einmal so viele Verletzte, die entstandene radioaktive Asche – „schwarzer Regen“ wird der vom Himmel niederprasselnde Tod von den Japanern genannt – verseucht alles an der Erdoberfläche, Tausenden Opfern stehen noch jahrzehntelanges Siechtum und Spätfolgen, unzähligen Ungeborenen Mißbildungen und Verkrüppelung bevor.

Als in Leksands, 11 000 Kilometer vom Ort des Geschehens entfernt, bei Dr. Meitner das Telefon läutet, wird die Physikerin völlig unvorbereitet mit der furchtbarsten Nachricht ihres Lebens konfrontiert: Einen Tag zuvor hat die New York Herald Tribune erstmals ihren Namen mit der Bombe in Verbindung gebracht, sie gilt im siegeseuphorischen Amerika als „Mutter der Atombombe“.

Plötzlich steht die bescheidene Wissenschaftlerin im Mittelpunkt der Medien, den ganzen Tag über wird sie um Interviews bedrängt, die mächtige Rundfunkgesellschaft NBC überträgt live um halb sieben ein Gespräch zwischen ihr und Eleanor Roosevelt. Lise Meitner ist wie betäubt, kann sich nur schwer mit der Präsidentenwitwe verständigen, ihre in einem „harten“ Englisch gehaltenen Aussagen wirken blauäugig:

„Ich hoffe, daß die Atombombe nicht nur diesen furchtbaren Krieg – die Kriege hier und in Japan – beendet, sondern ich wünsche mir auch, daß wir diese riesige Energiequelle für friedliche Zwecke nutzen werden.“[22]

Lise Meitner weiß zu diesem Zeitpunkt noch nicht, daß die Opferbilanz noch erschreckender wird – am selben Tag wird eine zweite, noch verheerendere Bombe abgeworfen, diesmal über Nagasaki.

Es interessiert auch niemanden, daß die pazifistisch eingestellte Gelehrte sich stets gegen eine Beteiligung an kriegerischer Forschung geäußert hat, ja sogar die Mitarbeit am Los Alamos Geheimprojekt, das als „Manhattan-Project“ berüchtigt sein wird, bereits 1943 mit den Worten: „Ich werde nicht an einer Bombe arbeiten!“ strikt zurückgewiesen hat. Die „Siegermacht“ USA braucht Helden, Lise Meitner wird dort mit Madame Curie verglichen, erhält die Einladung zu einer Welcometournee, einflußreiche Journalisten wählen sie zur „Woman of the Year“, vier Universitäten bieten ihr das Ehrendoktorat an, Präsident Truman empfängt die Österreicherin im Weißen Haus.

Doch die Freude über diese Art der Anerkennung bleibt getrübt, Lise Meitner, nun achtundsechzig Jahre alt, muß sich immer wieder gegen die ihr angedichtete Rolle als „Mutter der Atombombe“ zur Wehr setzen. Zutiefst getroffen wird die Physikerin auch kurz nach Beendigung ihrer Amerikareise: 1946 wird der Nobelpreis für die Entdeckung der Kernspaltung vergeben, nicht etwa an das Kollektiv Meitner-Hahn-Straßmann, sondern nur an Otto Hahn allein.

Besonders ihre Beziehung zum ehemaligen Kollegen Hahn ist von Trauer und Enttäuschung überschattet. Aber nicht deswegen, weil sich Lise Meitner um die Früchte ihrer Arbeit betrogen fühlt – Otto Hahn erwähnt bei den unzähligen Ehrungen und Empfängen im Anschluß an die Nobelpreisverleihung kein einziges Mal den Namen seiner Kollegin, geschweige denn ihren entscheidenden Beitrag in der theoretischen Fundierung der Kernspaltung –, vielmehr ist sie über dessen Rolle – und die vieler anderer Wissenschaftler – im nationalsozialistischen Deutschland bestürzt. Erhalten ist ein erschütternder Brief vom Jahr 1945 an Otto Hahn. Sie hat ihn nie abgeschickt:

„Lieber Otto,

diesen Brief wird ein Amerikaner mitnehmen, er wird ihn gleich holen, und ich schreibe also in großer Eile, und dabei habe ich so vieles zu sagen, was mir am Herzen liegt. Behalte das, bitte, im Auge und lies ihn bitte mit Zuversicht an meine unerschütterliche Freundschaft. Ich habe Dir in diesen Monaten in Gedanken sehr viele Briefe geschrieben, weil mir klar war, daß selbst Menschen wie Du und Laue die wirkliche Lage nicht begriffen hatten. Das ist ja das Unglück für Deutschland, daß Ihr alle den Maßstab für Recht und Fairness verloren hattet... Ihr habt auch alle für Nazi-Deutschland gearbeitet und habt nie nur einen passiven Widerstand zu machen versucht. Gewiß, um Euer Gewissen loszukaufen, habt Ihr hier und da einem bedrängten Menschen geholfen, aber Millionen unschuldiger Menschen hinmorden lassen, und keinerlei Protest wurde laut. Ich muß Dir das schreiben, denn es hängt so viel für Euch und Deutschland davon ab, daß Ihr einseht, was Ihr habt geschehen lassen... Das klingt erbarmungslos und doch glaube mir, es ist ehrlichste Freundschaft, warum ich Dir das alles schreibe. Was man in diesen Tagen von den unfaßbaren Greueln in den Konzentrationslagern gehört hat, übersteigt alles, wovor man sich gefürchtet hatte. Als ich im englischen Radio einen sehr sachlichen Bericht über Belsen und Buchenwald hörte, fing ich laut an zu heulen und konnte die ganze Nacht nicht schlafen. Und wenn Du die Menschen gesehen hättest, die aus den Lagern hierher kamen... Du wirst Dich vielleicht erinnern, daß ich, als ich noch in Deutschland war, Dir oft sagte: Solange nur wir die schlaflosen Nächte haben und nicht Ihr, solange wird es in Deutschland nicht besser werden. Aber Ihr hattet keine schlaflosen Nächte, Ihr habt nicht sehen wollen, es war zu unbequem. Ich bitte Dich, mir zu glauben, daß alles das, was ich hier schreibe, ein Versuch ist, Euch zu helfen.

Mit sehr herzlichen Grüßen an alle Deine Lise"[23]

Warum Lise Meitner diesen Brief nie abgeschickt hat, bleibt im dunkeln; vielleicht sind ihr, die anderen Menschen stets mit größter Rücksicht entgegengetreten ist, die Vorwürfe dann doch zu hart erschienen...

Nach der triumphalen Tournee in den USA kehrt Lise Meitner nach Stockholm zurück, Professuren an verschiedenen amerikanischen und deutschen Universitäten hat sie ausgeschlagen, sie ist müde geworden. 1948 nimmt die bald Siebzigjährige die schwedische Staatsbürgerschaft an. Auf ihre österreichische mag sie – der Heimat immer noch verbunden – dennoch nicht verzichten: Nachdem sie bereits in ihren Berliner

Prof. Dr. Lise Meitner und Dr. Sigvard Eklund in Wien-Schwechat

Jahren eine ansehnliche Summe an das österreichische Konsulat überwiesen hatte,

„um damals nicht mein Heimrecht, d.h. das Recht auf das Armenhaus in Lainz, zu verlieren. No ja, Narrheiten kosten Geld“[24], muß sie diesmal für ihre „Narrheit“ wieder zahlen: 500 Schwedische Kronen, dafür kann sie ihre Doppelstaatsbürgerschaft behalten.

In Stockholm hat Lise Meitner, nun endlich mit einem ordentlichen Gehalt – nach Fürsprache des Physikers Borelius beim schwedischen Erziehungsminister Erlander –, am Forschungsinstitut der Akademie der Ingenieurswissenschaften ein eigenes Labor, damit kann sie auch wieder „ernsthaften Tätigkeiten“ nachgehen. Mit dem Institutsleiter Dr. Sigvard Eklund – später wird dieser als Direktor der International Atomic Energy Agency, unter anderem mit Sitz in Wien, die führende Autorität auf dem Gebiet der Atomenergiekontrolle werden –, einem der wenigen engen Freunde, die sie hier hat, arbeitet sie unermüdlich am ersten Versuchsreaktor Schwedens. Jeden Tag geht sie von ihrer Wohnung im feinen Viertel der Stadt um die berühmte Engelbrechtskirche zu Fuß zur Arbeit, selbst Schnee oder Glatteis können sie nicht dazu bewegen, einen Dienstwagen anzufordern – die bescheidene Forscherin möchte um keinen Preis bevorzugt behandelt werden.

Im August 1958 nimmt Dr. Lise Meitner als Mitglied der schwedischen Delegation am „2. Internationalen Kongreß für die friedliche Nutzung der Atomkraft“ in Genf teil. Jetzt erst findet sie – mittlerweile achtzig geworden – die gebührende Anerkennung für ihre wissenschaftlichen Leistungen; ein Jahr zuvor ist ihr vom Präsidenten der Bundesrepublik Deutschland Theodor Heuss persönlich der Orden Pour le mérite überreicht worden, die Verleihung der Ehrenbürgerschaft ihrer Heimatstadt Wien steht bevor, akademische Auszeichnungen und Ehrendoktorate werden folgen.

Mit Nachkriegs-Deutschland hat sie sich einigermaßen wieder versöhnt – Vorbehalte, vor allem politischer Natur, bleiben allerdings. Schweren Herzens hat Lise Meitner die Leitung der Physikalischen Abteilung im neugegründeten Mainzer Max-Planck-Institut für Chemie abgelehnt:

„Ich glaube persönlich, daß ich nicht in Deutschland leben könnte. Nach allem, was ich aus den Briefen meiner deutschen Freunde sehe und von anderer Seite über Deutschland höre, haben die Deutschen noch immer nicht begriffen, was geschehen ist, und alle Greuel, die nicht ihnen persönlich widerfahren, völlig vergessen. Ich glaube, ich würde in dieser Atmosphäre nicht atmen können."[25]

Zu Kongressen und Tagungen reist Lise Meitner, trotz aller traumatischen Erinnerungen, doch noch gerne nach Deutschland, zumal sie dort ihre alten Freunde wiedersehen kann. Auch mit Otto Hahn hat sie sich versöhnt, beide treten nun wieder gemeinsam auf, selbst wenn sie seit fast zwei Jahrzehnten nicht mehr zusammengearbeitet haben: Der Nobelpreisträger Hahn, wie immer der extrovertierte, charmante Gelehrte, zieht wieder alle Aufmerksamkeit auf sich, die introvertierte Wissenschaftlerin Meitner, stets genauestens auf ihre Referate vorbereitet – ihre Taschen quillen dann über mit Notizen und kleinen Zettelchen, auf denen die betagte Dame alles von Bedeutung aufgeschrieben hat –, bleibt, wie früher auch, bescheiden im Hintergrund.

Mit zweiundachtzig Jahren übersiedelt Lise Meitner 1960 ein letztes Mal, ihren Lebensabend möchte sie bei Otto Robert Frisch und dessen Familie im englischen Cambridge verbringen. Sie bezieht an der Hill's Road ein kleines, modern eingerichtetes Appartement, für die geliebten Spaziergänge steht ihr der nahe liegende Botanische Garten zur Verfügung, man besorgt der rüstigen Dame sogar einen eigenen Schlüssel, damit sie jederzeit Zutritt zu den Anlagen hat.

Herbst 1968. Die „Grand Lady of Nuclear Physics" ist Patientin in einem südenglischen Pflegeheim. Eine Serie von Schlaganfällen und ein schwerer Sturz haben die fast neunzigjährige Frau ans Bett gefesselt. Ihr Gedächtnis ist lückenhaft, das Sprechen bereitet ihr größte Mühe. Die Verwandten sorgen sich um sie, so erfährt die Schwerkranke nichts vom Tod ihres ehemaligen Kollegen Hahn im Sommer. In der Nacht des 27. Oktober stirbt Lise Meitner, sie hat Otto Hahn um knapp drei Monate überlebt...

Der Name Lise Meitner verschwindet nach ihrem Tod, scheinbar den späten Auszeichnungen hartnäckig trotzend, aus fast allen Dokumenten der Physikgeschichte und aus den Lehrbüchern. Und wenn die Physikerin aus Österreich einmal Erwähnung findet, dann höchstens als „Mitarbeiterin“ Otto Hahns, dem die alleinige Entdeckung der Kernspaltung zugeschrieben wird. Das Deutsche Museum in München zeigt eine Replik des berühmten Arbeitstisches aus der „Holzwerkstätte“; bis 1989 steht auf der Tafel daneben nur der Name des Chemikers, erst als die amerikanische Forscherin Ruth Lewin Sime einen aufsehenerregenden Vortrag zur Person Lise Meitners hält, sieht sich die Museumsleitung veranlaßt, den Text zu korrigieren.

Am 2. Dezember 1988 enthüllt die Stadt Wien unter Anwesenheit des Bürgermeisters an ihrem Geburtshaus in der – nun umbenannten – Heinestraße eine Gedenktafel. Die „Feierlichkeiten“ dauern an diesem verregneten Tag keine zwanzig Minuten, anwesend ist ein halbes Dutzend Ehrengäste.

Im Herbst/Winter 1989 zeigen Berlin und München die größte Wanderausstellung zur Entstehung der Atomkraft, in ihr wird erstmals die Rolle der dreifachen Nobelpreiskandidatin zum Thema Kernspaltung gewürdigt. Das Technische Museum in Wien allerdings übernimmt im darauffolgenden Jahr diese wichtigste Dokumentation der Atomphysik nicht – aus „Kostengründen“.

Die höchsten Weihen der Physik werden Lise Meitner erst posthum, im Dezember 1992, fast ein Vierteljahrhundert nach ihrem Tod, zuteil: Einer Gruppe von Wissenschaftlern der Gesellschaft für Schwerionenforschung in Darmstadt gelingt es, die bisher drei schwersten künstlichen Elemente zu erzeugen. Zu Ehren der Kernphysikerin wird das Element mit der Ordnungszahl 109 – das mit der größten Atommasse der dreien – „Meitnerium“ getauft.

Auf der „Ehrentafel“ des Instituts für Radiumforschung und Kernphysik in der Boltzmanngasse 3 in Wien-Alsergrund sucht man allerdings vergeblich nach dem Namen der einstigen Institutsabsolventin und bedeutendsten Wissenschaftlerin Österreichs auf dem Gebiet, wohl aber finden sich illustre Größen wie Becquerel, Ramsey oder Curie. Dafür ist eine Straße ihrer Heimatstadt nach Lise Meitner benannt – ein anonymes Vorstadtgäßchen im 21. Gemeindebezirk mit einer einzigen Hausnummer und einer Parkanlage.

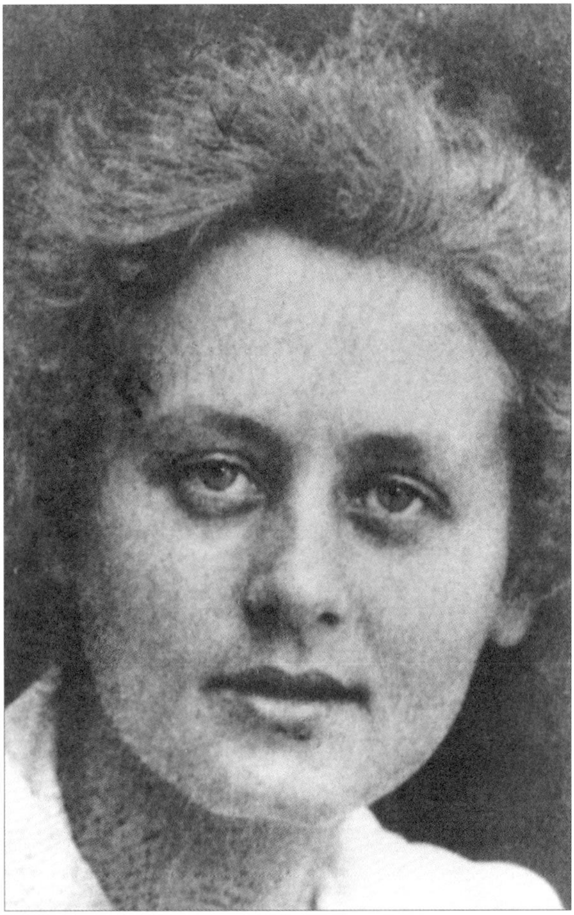

Milena Jesenská

„Gibt es Dunkel, wo sie ist?"

Prag, am 15. März 1939. Seit den frühen Morgenstunden sendet der tschechische Rundfunk in einem Intervall von fünf Minuten die gleichbleibende, nüchterne Aufforderung an die Bevölkerung: „Bewahren Sie Ruhe. Gehen Sie zur Arbeit. Schicken Sie Ihre Kinder zur Schule."

„Als am Dienstagmorgen das Telefon läutete, Freunde und Bekannte anriefen..., sah die Stadt unter unseren Fenstern so aus wie in jeder anderen Nacht. Die Lichter zeigten dasselbe Muster, die Kreuzungen bildeten dasselbe Kreuz. Nur, daß schon ab drei Uhr nach und nach die Lichter angingen: bei den Nachbarn, gegenüber, unten, oben, schließlich die ganze Straße entlang. Wir standen am Fenster und sagten uns: auch sie wissen es schon. Wir weckten andere durchs Telefon: wißt ihr schon? Ja, sie wußten. Fahle Dämmerung über den Dächern, hinter den Wolken ein blasser Mond, unausgeschlafene Gesichter, eine Tasse heißen Kaffees und regelmäßige Meldungen übers Radio. So kommen die großen Ereignisse zu uns: sachte und unerwartet..."[1]

Als der Tag anbricht, nimmt alles scheinbar seinen üblichen Lauf: Menschen auf dem Weg zur Arbeit, wie gewohnt, überfüllte Straßenbahnen, wie gewohnt, Kinder in Schuluniformen, der Gemischtwarenhandel am Eck geöffnet, Züge halten am Bahnhof-Mitte, Hybernská ulice, an – wie gewohnt. Nur der anfangs kaum zu vernehmende, dann intensiver werdende Geruch von verbranntem Papier, der sich langsam über die Gassen und gotischen Plätze ausbreitet, zeigt an, daß die tägliche Routine durchbrochen ist: In unzähligen Wohnungen werden Dokumente, Pamphlete, Mitgliedsausweise, verfängliche Korrespondenzen und Namenslisten vernichtet.

Um fünf nach halb neun Uhr morgens marschieren Soldaten, rattern Armeelastwägen und Schützenpanzer entlang der eleganten Narodní – berühmt geworden als Ferdinandstraße – ins Zentrum der Stadt: Vorhut des Deutschen Heeres – Besatzungstruppen. Das Dritte Reich hat die junge tschechoslowakische Republik unter Staatspräsident Emil Hácha annektiert und zum „Reichsprotektorat Böhmen und Mähren" erklärt, „Reichsprotektor" wird Konstantin Freiherr von Neurath.

Die deutschen Truppen stoßen auf keinerlei Widerstand, kein Schuß wird abgefeuert, die Militärführung braucht sich um Aufstände keine Sorgen zu machen. Prag verhält sich ruhig:

„Noch nie habe ich so viele Menschen schweigen gehört. Auf den Straßen gab es keine Ansammlungen. Es wurde nicht diskutiert. In den Büros hob keiner auch nur den Kopf vom Schreibtisch. Ich weiß nicht, worin dieses einheitliche Verhalten von Tausenden wurzelt und woher mit einem Mal der übereinstimmende Rhythmus so vieler Menschen entspringt die sich nicht kennen... Niemand sah hin, niemand drehte sich um..."[2]

In der Zimmer-Küche-Wohnung eines Neubaus an der Ecke Horní Stromky/Kouřimská im östlichen Stadtviertel Vinohrady herrscht Hektik: Die Untermieterin, eine zweiundvierzigjährige Frau, ist gerade dabei, Dokumente, Briefe und Fotografien, Adreßbücher und politische Schriften zusammenzutragen. Ihre kleine Tochter, Jana Honza, ist ihr dabei behilflich, die Sachen landen als großer Haufen auf dem Boden. Als letztes wird das sowjetische Pioniertuch des Mädchens dazugelegt, in einem Toilettenbecken und einem herbeigeschafften Eimer wird alles verbrannt.

Die Vorsicht ist mehr als begründet, denn die Person ist eine prominente Journalistin und wegen ihrer kritischen Berichte und scharfen Polemiken gegen die seit über fünf Jahren für einen Anschluß an Deutschland agitierende Sudetendeutsche Partei von Nazi-Anhängern im Land längst auf einer Liste politischer Feinde angeführt. Was die Gestapo noch nicht weiß, ist ihre Mitarbeit an der von den tschechischen Behörden verbotenen Zeitung „V Boy!" – „Auf zum Kampf!" – und ihre Zugehörigkeit zu einer Organisation, die verfolgten Menschen aus Deutschland, insbesondere Juden, sowie tschechischen Offizieren, die vom Ausland aus gegen das Dritte Reich Widerstand leisten wollen, zur illegalen Flucht über die grüne Grenze nach Polen verhilft.

An diesem Dienstagmorgen kann sie noch nicht wissen, daß das hilflose und eilig durchgeführte Verbrennen von Papierstücken vergebens sein wird – um sich selbst zu schützen, ist sie bereits zu exponiert, ist ihr Temperament zu impulsiv und direkt. Keine acht Monate später wird sie von der unerbittlich durchgreifenden Gestapo verhaftet werden, zu leben wird sie gerade noch fünf Jahre haben.

Milena Jesenská, die der Nachwelt durch Franz Kafkas Briefe an sie als Inbegriff der „Liebenden" in Erinnerung bleiben wird, stirbt am 17. Mai 1944, siebenundvierzig Jahre alt, an den Folgen einer eitrigen Nierenentzündung im Konzentrationslager zu Ravensbrück.

„Es ist Sonntag, kurz vor der Mittagszeit auf dem Graben. Prag ist eigentlich noch keine richtige Weltstadt, sondern eine Provinzstadt. Und die Provinzstädte pflegen ihre Korsos zu haben. In Prag war der Graben ein solcher Korso. Ich sehe elegant gekleidete Deutsche, sehe die Studenten promenieren, österreichische Offiziere, man grüßt, man lächelt, man gibt sich Rendezvous... Aus dem Menschengewoge ragt die Gestalt des Grafen Thun heraus, des zwei Meter langen Statthalters von Prag. Er ist dünn wie ein Storch und der eleganteste Mann, den es damals auf dem Kontinent gab. Er bleibt gelassen in himmelhoher Ruhe auf einem Bein stehen, mit dem anderen hat er sich in seine eigene Kniekehle eingehängt, und beobachtet in dieser Stellung das ganze Hin- und Hergeflute durch sein schwarzgerändertes Monokel. Eben gehen zwei Mädchen, die sich untergefaßt haben, an ihm vorbei. Beide sind geradezu sensationelle Erscheinungen! Es sind die ersten Prager Mädchen, die bewußt ephebisch, knabenhaft aufgemacht sind. Ihr Stil ist vollkommen. Sie tragen die Haare nach dem Vorbild der englischen Präraffaeliten, sie sind schlank wie Gerten, und ihre Gesichter und Gestalten haben überhaupt nichts Kleinbürgerliches an sich. Es sind vielleicht die ersten tschechischen Mädchen der Vorkriegsgeneration, die sozusagen ihre Welt von der tschechischen Promenade in der Ferdinandstraße bis auf den Korso am Graben verlängert und so den Verkehr mit der jungen Generation der deutschen Literaten angeknüpft haben. Beide sind wirkliche Europäerinnen! Sie sind ganz einfach eine Sensation! Und Graf Thun wendet sich auf dem einen Bein stehend nach ihnen um, blickt ihnen nach, und durch das Publikum geht eine Welle von Begeisterung und Neugierde. Dann erscheinen Willy Haas, Kornfeld und Fuchs und noch einige andere Literaten aus dem Kreis um Werfel und stellen uns die beiden Mädchen vor: ‚Milena und Fräulein Staša!' Es ist kein Zweifel: Milena ist die Tonangebende der beiden."[3]

Impressionen einer schattenhaften Gestalt: Die jugendliche, „präraffaelitische" Milena, die mit ihrem „ephebischen" Auftreten – gehüllt in wallende Gewänder à la Isadora Duncan, Blumen im Arm, selbstbewußt – im engen Prag um 1913 für Furore und Aufsehen sorgt, so daß der Schriftsteller Josef Kodicek, von dem diese Schilderung stammt, selbst vierzig Jahre nach der ersten Begegnung noch ins Schwärmen gerät:

„Man erzählt sich tolle Geschichten über sie: Milena verschwende das Geld wie eine Wilde; Milena habe, um rechtzeitig zu einer Verabredung zu kommen, in Kleidern die Moldau überschwommen; Milena wurde um fünf Uhr früh im Stadtpark verhaftet, weil sie ‚städtische' Magnolien gepflückt hatte, die ihr Freund so liebt. Milena kennt in ihren Ansprüchen und Geschenken keine Grenzen. In Milena fließt das Leben über, sie brennt wie eine Kerze, die man an beiden Enden anzündet..."[4]

Oder die unglücklich verheiratete Milena Pollak, Adressatin folgender Zeilen:

„... und ich liebe Dich also, Du Begriffsstutzige, so wie das Meer einen winzigen Kieselstein auf seinem Grunde lieb hat, genauso überschwemmt Dich mein Liebhaben...",[5] leidenschaftlich und unendlich geduldig in ihrem Verständnis der kafkaschen Angst, der Abgründe und Höllenqualen, eine Frau – nach eigener Beschreibung – „mit beiden Füßen unendlich fest mit dieser Erde hier zusammengewachsen... zu sehr Weib", um ein Leben lang an der Seite eines Mannes auszuharren, „von dem ich wußte, daß es strengste Askese bedeuten würde, auf Lebenszeit".

Die Journalistin Milena Jesenská, empfindsame Rezipientin historischer Ereignisse, brillante Kolumnistin der „Tribuna" oder „Přítomnost",

Milena Jesenská am Ufer der Moldau, 1909

deren politische Reportagen von Gegnern gefürchtet werden; schließlich die körperlich zerschundene Insassin in Ravensbrück – „Jedesmal wenn wir uns trafen, erschreckten mich von neuem Milenas Blässe und ihre geschwollenen Hände. Ich wußte, daß sie Schmerzen hatte, daß sie beim stundenlangen Zählappell auf der Lagerstraße fror und sich auch nachts unter den dünnen Decken nicht erwärmen konnte. Doch sobald ich das Gespräch auf ihre Leiden brachte, ging sie mit einem Lachen auf ein anderes Thema über; und immer gelang es ihr, meine Sorgen und Befürchtungen zu zerstreuen. 1940 wirkte sie noch völlig ungebrochen, mutig und voller Initiative. Noch triumphierte ihr starker Geist über den geschwächten Körper..."[6] –, die trotz grausamster Zustände im Lager nie die eigene Würde verliert, nie aufhört, Mensch zu sein.

Impressionen einer Gestalt, ins Dunkel verbannt, gedemütigt, ermordet – eine Silhouette in der Lebensgeschichte anderer.

Staré Město, die historische Altstadt von Prag, 1896. Unweit der Kreuzung zweier geschichtsträchtiger Adressen – dem Graben und dem Wenzelsplatz – befindet sich die winzige Obstgasse. Ringsum niedrige Bauten aus dem Spätbarock, die sonntägliche Flanierstrecke zwischen dem Korso und dem vor kurzem fertiggestellten Národní muzeum am unteren Ende des über siebenhundert Meter langen ehemaligen „Roßmarktes" aus der Zeit Karl IV. ist gesäumt von engen Gäßchen und Passagen, Durchhäusern und Zwischengängen. Eher das gepflegte und etwas provinzielle Zentrum eines Peripheriestädtchens als luxuriöser Verkehrsknotenpunkt und prunkvolles Aushängeschild eines der wichtigsten Industriestandorte der k.u.k. Monarchie.

Eines der wenigen mehrstöckigen „modernen" Häuser der Umgebung liegt direkt an der Ecke zur Obstgasse – bereits im imposanteren Gründerzeitstil samt hohen Fenstern und kunstvoll ornamentierten Stiegenaufgängen errichtet. Am 10. August des Jahres bringt Milena Hejzlarová, Gattin des stadtbekannten Kieferchirurgen Dr. Jan Jesenský, hier ihr erstes Kind auf die Welt – ein Mädchen. Es ist eine schwere Geburt, zumal Frau Jesenská seit Jahren an einer schlimmen perniziösen Anämie leidet, von den Strapazen der Entbindung wird sich die Mutter nie wieder ganz erholen. Auch sonst sind die Begleitumstände der Niederkunft Milenas – das Neugeborene erhält nach üblichem Brauch den Namen der Mutter – wenig erfreulich. Vater Jan Jesenský, ein konservativer und starrsinniger Patriarch, stolz auf seine Abstammung als direkter Nachkomme des legendären Jan Jesenius', erster Medizinprofessor an der Prager Karls-Universität, hätte lieber einen Sohn gehabt. Wozu hat er sich aus kleinsten Verhältnissen bis zum angesehenen Mitglied der tschechischen Gesellschaft Prags hochgearbeitet, wozu sein Medizinstudium mit diversen Handlangerdiensten als Kofferträger an den Prager Bahnhöfen oder als Caféhausgeiger finanziert? Wer sollte die prestigeträchtige Universitätsprofessur und seine gutbesuchte Zahnarztpraxis an der teuren Ferdinandstraße – von der Mitgift einer ökonomisch günstigen Heirat mit der Tochter des Landesschulinspektors Hejzlarový eingerichtet und mit modernsten medizinischen Geräten ausgestattet – weiterführen, wer die von Medizinern aus ganz Europa geachtete, nach ihm benannte Jesenský-Schule der Kieferchirurgie beerben?

Die Konsequenz, die der unerbittliche Professor daraus zieht: Milena wird wie ein Junge erzogen, Disziplin und spartanische Lebensführung sollen den „Makel", eine Tochter zu sein, ausradieren. Aufstehen bei Sonnenaufgang, karge Mahlzeiten, wenige Freundschaften mit anderen Kindern und – trotz Dienstboten – Mitarbeit im Haushalt charakterisieren die einsame Kindheit. Aus „pädagogischen Gründen" befiehlt Dr. Jesenský seiner Tochter, sobald sie als Heranwachsende genügend Physis besitzt, die schwerkranke Mutter mitzupflegen: die ans Bett gefesselte Patientin wird von der Zehnjährigen gewaschen, mehrmals täglich umgebettet, auf einem sperrigen Rollstuhl spazieren geführt. Milena muß zudem auch bis tief in die Nacht hinein an der Seite ihrer Mutter wachen – um ein Uhr früh, ein Zeitpunkt, den die Kleine niemals verschlafen darf, muß sie dafür sorgen, daß Frau Jesenská ihre Medizin bekommt. Selbst vier Jahrzehnte später wird Milena Jesenská nicht in der Lage sein, auch nur eine einzige Nacht durchzuschlafen – unwiderruflich ist diese Stunde in ihre „innere Uhr" eingemeißelt.

Die Erinnerungen an die ersten zwölf Jahre ihres Lebens werden eine einzige alptraumhafte Abfolge von Befehlen und Schlägen, der strengen

Gefühlskälte des tyrannischen Vaters, nicht endenwollenden Nächten am Krankenlager der Mutter, dem Geruch von Medikamenten und Erbrochenem. Die verdunkelte Wohnung in der Obstgasse, das ständige Flüstern, damit die Kranke ja nicht in ihrer Ruhe gestört wird, die kurzen Momente der Aufregung, wenn Dr. Jesenský, tadellos im Stil aristokratischer Etikette mit Halbzylinder, Monokel und „Kaiserrock" gekleidet, für kurze Zeit heimkehrt: zur Mittagsruhe von der Universität, dann meist spät in der Nacht – nach einem Abend im Klub, übelgelaunt, weil der wohlhabende Chirurg wieder einmal Hunderte von Kronen beim Kartenspiel verloren hat, oder erschöpft von den zahlreichen Liebesaffären mit seinen Patientinnen aus der feinen Gesellschaft. Allerdings ist Jan Jesenský – trotz aller Vergnügungssucht – selber diszipliniert genug, um bei Tagesanbruch wieder auf den Beinen zu sein; kaltes Bad mit anschließendem kargem Frühstück, spätestens um halb sechs Uhr stehen die morgendlichen Spaziergänge im Kinskygarten an – manchmal darf die Tochter mitgehen, einige Schritte hinter dem von zwei mächtigen Hunden flankierten Vater. Gesprochen wird nie sehr viel, ab und zu Fragen über den Zustand der Mutter, immer Anweisungen zum weiteren Tagesverlauf.

Ein Thema ist im Hause Jesenský strengstens tabu: der Tod des zweiten Kindes, Milenas Bruder Jan, einige Jahre zuvor. Als Milena vier Jahre alt ist, bringt Frau Jesenská einen Sohn auf die Welt. Doch der Stolz des patriarchalischen Vaters währt nicht lange, das Neugeborene – von allen nur Jenícek gerufen – ist von schwacher Konstitution, zudem kann die blutkranke Mutter, deren Zustand sich dramatisch verschlechtert, ihr Kind nicht mehr stillen. Jan Jesenský, gegen alles Schwächliche – bei sich selbst wie bei anderen – unnachgiebig und von körperlichem Ekel erfaßt, lehnt vehement die Dienste einer Amme ab und weigert sich, dem Säugling medizinische Hilfe zu gewähren. Wenige Wochen nach dessen Geburt, nur von den Dienstboten heimlich mit Grießbrei und Zuckerwasser gefüttert, stirbt Jenícek nach tagelangen Durchfallsanfällen. Zwar stimmt Dr. Jesenský der Beisetzung seines einzigen Sohnes in der Familiengruft zu – samt Namensgravur auf dem Grabstein und den üblichen Bestattungsfeierlichkeiten –, ansonsten aber darf niemand den Namen in seiner Gegenwart mehr erwähnen. Und als die von diesem Trauma zutiefst geschockte Milena selbst nach Jahren Fragen über ihren Bruder zu stellen wagt, sind cholerische Anfälle des Vaters und schließlich tagelanges Schweigen die Folge.

Andere bleibende Schreckensbilder: Milena, weil unartig, von ihrem Vater stundenlang in einer Truhe voll schmutziger Wäsche eingesperrt; der nach einem Duell – dem letzten in Prag wegen einer verhängnisvollen Liebesaffäre – blutend heimkehrende Jan Jesenský; eitrige Hautpartien am Körper der wundgelegenen Mutter; die Blicke der Dienstboten untereinander, als Brüderchen Jan im Sterben liegt; die morgendliche Begrüßung des Vaters nach dem Aufstehen – Milena muß seine Hand küssen.

Dafür kaum Eindrücke von den Mitschülerinnen der Volksschule. Wenige glückliche Erinnerungen: der Anblick der bunten Glaskügelchen, die sich Milena heimlich kauft, mit denen sie mit der Mutter am Krankenlager spielt, unzählige, scheinbar mit leichter Hand durchgeführte Holzschnitzereien im volkstümlichen Bauernstil – sie stammen aus der Zeit, als die Hausherrin noch genügend Kräfte besaß, diesem traditionsreichen Hobby nachzugehen; sporadische heimliche Spaziergänge in einem Friedhof oder an den Ufern der Moldau, alleine, mit wundersam aufgerissenen Augen. Und einmal, selbst nach Jahrzehnten unvergessen:

„... ich saß auf einem Baumstamm am Letná-Park und baute Burgen aus rotbraunen Kastanien. Als ich über die Brücke heimging, hielt ich jemanden an und fragte nach dem Weg, nur damit einer von den eiligen, fremden Menschen mit mir, der Kleinen, sprach...“[7]

Die seelischen Narben sitzen tief, dem übermächtigen Vater gelingt es, mit seinen „Erziehungsmaßnahmen“ der Tochter sein eigenes Urteil über ihre „Unzulänglichkeiten“ einzutrichtern. Die später so prominente Journalistin – von Männern wie Frauen nicht nur auf Grund ihrer Arbeit und ihrer Fähigkeiten, sondern auch ihrer Erscheinung und Ausstrahlung wegen bewundert und geschätzt, bezichtigt sich selbst früher kindlicher „Mängel“:

“Sehr blaß und zart, mit altklugen, trotzigen Augen im kleinen runden Gesicht... Ich war weder ein schönes noch ein gutes Kind, sondern ein ungezogenes. Nur meine Mutter verstand mich ganz...“[8]

Dabei bleiben selbst wildfremden Menschen die verblüffenden Ähnlichkeiten zwischen Vater und Tochter nicht verborgen: Sowohl Dr. Jesenský wie Milena besitzen die familientypische Einkerbung am Kinn, die gleiche Mundpartie, die gleiche knochige Statur. Und manch einem Besucher der Familie fallen sofort der Gleichklang einiger Gesten, die scheinbar synchronen Blicke der beiden, die nahezu identische steife Körperhaltung beim Sitzen auf. Und was die Charakterstärke anbelangt, so wird Milena Jesenská im Laufe der Jahre zur Genüge beweisen, daß sie auch darin ihrem unbeugsamen Vater in nichts nachsteht.

1908, das „Minerva", eines der ersten Gymnasien mit „Öffentlichkeitsrecht" in der gesamten k.u.k. Monarchie, an dem auch Mädchen Zutritt haben. Vor knapp achtzehn Jahren, im März 1890, von einer kleinen Gruppe tschechischer Intellektueller nach Einreichung einer Petition – samt 4810 Unterstützungserklärungen – beim Wiener Reichsrat und nach Erhalt einer Sondergenehmigung gegründet, unter strengster Aufsicht der Schulbehörden und mit großen wirtschaftlichen Opfern seitens der privaten Finanziers mühsam in Betrieb gehalten; hier können auch die Töchter wohlhabender Bürger an einem offiziellen Gymnasium unterrichtet werden und mit der Matura abschließen. Die eingeschriebene Zahl der Hörerinnen ist klein, noch gilt im Gebiet Österreich-Ungarns für Mädchen der Besuch einer höherbildenden Schule als unstatthaft – erst im Winter 1912/1913 wird der „Sonderstatus" solcher Einrichtungen gesetzlich ausgedehnt, werden und Hörerinnen per Dekret allgemein das Gymnasium besuchen und wie Burschen die Maturität ablegen dürfen; außerhalb der Stadtgrenzen Prags ist das „Minerva" sogar gänzlich unbekannt. Zudem haftet dem Gymnasium ob seiner liberalen Gründungsstatuten und dem humanistisch-toleranten Curriculum – nicht nur Latein und Altgriechisch sind Pflichtgegenstände, beim Literaturunterricht stehen auch „progressive" Autoren wie Dostojewski, Hamsun oder gar Thomas Mann auf dem Programm – beim überwiegenden Teil des Prager Bürgertums der Ruf einer „Brutstätte moralischen Verfalls" an.

Seit einem Jahr ist Milena Jesenská, ironischerweise die Tochter eines als äußerst konservativ geltenden tschechischen Nationalisten, als ordentliche Hörerin eingeschrieben. Was Jan Jesenský dazu bewogen hat, scheinbar entgegen allen seinen bisherigen erzieherischen Bemühungen seinem Kind ein gänzlich konträres pädagogisches Ambiente zu ermöglichen, bleibt unklar. Ob wohl der – trotz allen Anfeindungen – eindeutig elitäre Charakter der Schule bei seiner Entscheidung eine Rolle gespielt hat? Oder seine unerschütterliche Überzeugung, daß eine der Jesenský s, selbst wenn sie eine Frau ist, dennoch etwas Besonderes darstellt? In jedem Fall weiß der Professor seine Tochter in prominenter Gesellschaft, ist doch eine der Absolventinnen des ersten Jahrgangs Alice Masaryk, Tochter des Gründers der tschechoslowakischen Republik; später wird sie als eine der ersten Frauen des Landes den Arztberuf ergreifen.

Der Kontrast zwischen dem liberalen Geist im „Minerva-Gymnasium" und der erdrückenden Strenge zu Hause könnte nicht deutlicher ausfallen. Hier der alles dominierende Vater, der selbst niemals irgendeinen Anflug von Sentimentalität zeigt, geschweige denn Zärtlichkeiten gegenüber seiner Frau oder seiner Tochter zuläßt – nur eine einzige Ausnahme wird Milena in Erinnerung bleiben, und selbst diese Begebenheit endet für Mutter wie Tochter demütigend:

An einem Frühlingstag überrascht der heimkehrende Jan Jesenský seine bettlägrige Frau mit einem Veilchenbukett. Die Kranke ist von der unerwarteten Aufmerksamkeit überglücklich, stundenlang betrachtet sie die Blumen von ihrem Bett aus, Milena muß die Vase an verschiedenen Plätzen aufstellen, damit keine Nuance der Blüten unentdeckt bleibt. Noch am selben Abend betritt der Vater plötzlich das Schlafzimmer und nimmt die Veilchen wieder mit – sein lapidarer Kommentar: Er erwarte noch Besuch von einer Patientin und müsse dieser etwas Nettes schenken...

Dagegen die zwanglos-fröhliche Atmosphäre im Gymnasium: verständnisvolle Lehrer, der ausgelassene Tratsch mit den Klassenkameraden, „richtige" Streiche voller Übermut – vor allem die „Minervistinnen" sorgen bisweilen für Skandalgeschichten, so sehr, daß zu ihren „Ehren" sogar Lieder und Reime in Umlauf gebracht werden: „Nerv' mich nicht, Du Mädchen von Minerva!..." wird gleichzeitig Sittenbild und Hymne der Gymnasiastinnen. Erstmals erlebt Milena mädchenhafte Schwärmereien für die romantischen Idole der Zeit – Operettendiven und Theaterschauspieler.

Zu Hause die trocken-akademische Bibliothek des pedantischen Chirurgen: wissenschaftliche Abhandlungen und Lehrbücher, viele aus eigener Hand, dafür kaum Literarisches, kein einziger Lyrikband; im Klassenzimmer dafür umso mehr Oscar Wilde und Lord Byron, Jacobsen und Meredith.

Mit ihren besten Freundinnen Jarmila und Staša bricht die Dreizehnjährige zum ersten Mal aus dem bisher gewohnten asketischen Erziehungstrott aus: kulinarische Freßtouren durch die Konditoreien am Graben werden unternommen – Schokolade, Oberstorten und vor allem die exotischen Bananen werden auf dem Heimweg von der Schule gekauft und verschlungen –, Milena beginnt, sich mit tuchartigen Umhängen zu kleiden, an schulfreien Tagen flaniert man zu dritt, bewußt kokett und provokant, den Korso entlang.

Die bisher als wohlbehütet geltende Arzttochter sorgt für Gesprächsstoff bei der Prager Gesellschaft: Man erwischt Fräulein Jesenská beim Stehlen in einem Geschäft am Wenzelsplatz, sie wird von der Obrigkeit wegen der „Magnolien-G'schicht'" verhaftet, Dr. Jesenský muß für Wechsel geradestehen, die zwar seine Unterschrift tragen, aber nicht von ihm stammen. Eines Abends schleicht sich Milena sogar von zu Hause fort, um in einer übel beleumundeten Absteige zu übernachten –, um das Gefühl der romantischen Anrüchigkeit auszukosten...

Erleichtert werden solche Exaltiertheiten durch die ständige Abwesenheit des Vaters, der trotz aller pubertären Eskapaden seiner Tochter nicht auf Klubabende oder Patientinnen-„Besuche" verzichtet. Bis es zum Eklat zwischen Tochter und Vater kommt: Der auf seinen Ruf als Prager „Original" und prominentester Arzt der Stadt größten Wert legende Professor findet heraus, daß Milena mit den Drogen aus seiner Ordination herumexperimentiert hat – Beruhigungstabletten, Magentropfen, sogar Morphium und Kokain. Nicht genug damit, die Fünfzehnjährige hat sogar ihre Freundinnen damit versorgt. Jan Jesenský sieht sich mit schwersten Vorwürfen der erbosten Väter dieser Mädchen konfrontiert: Noch drakonischere Strafen, noch schmerzhaftere Züchtigungen sind die Folge.

So etwas Ähnliches wie einen „Waffenstillstand" beschließen Vater und Tochter erst, als die seit Milenas Kindheit schwerkranke Mutter von

Milena Jesenská und ihre Freundin Staša Jilovská, um 1925

ihren Leiden erlöst wird. Die letzten Stunden im Leben Frau Jesenskás sind so qualvoll, daß die beiden, wie nach einer stummen Verabredung, einander für die nächste Zeit aus dem Weg gehen, Milena unterläßt ihre Extratouren, Jan Jesenský seine Vorwürfe. Weder Tochter noch Vater werden je über die Ereignisse um den Tod von Milenas Mutter sprechen: Nach einer letzten Ohnmachtsattacke will Jesenský mit einer Spritze seine Frau aus dem Koma holen, die Sechzehnjährige fährt dazwischen und schleudert die Injektion auf den Boden – Jan Jesenský läßt sie stumm gewähren...

Im Frühsommer 1915 schließt Milena Jesenská das Gymnasium mit der Maturitätsprüfung erfolgreich ab. Das einzige schriftliche Relikt aus ihrer Hand über die Schulzeit ist ein Brief voller Zutrauen und Dankbarkeit an ihre einstige Lehrerin Albina Honzáková:

„Ich will mich bei Ihnen bedanken. Nicht nur für die Matura. Für all die acht Jahre. Dafür, daß Sie mich niemals verurteilt haben für Dinge, die ich liebe, daß Sie mich als einzige nicht ausgelacht haben für das, was ich lese, und für das, was mir gefällt. Und dafür, daß Sie mir niemals gesagt haben, ich sei überspannt, nur weil ich Musik, Bilder und Bücher gern habe. Das werde ich Ihnen nie vergessen...“[9]

Auf Wunsch Prof. Jesenskýs inskribiert die Neunzehnjährige an „seiner“ Prager Karls-Universität Medizin. Der Kieferchirurg glaubt, seine „abtrünnige“ Tochter allmählich wieder in den Griff bekommen zu haben. Keine drei Jahre werden vergehen, bis er sie völlig aus den Augen verliert und erst 1925 wiedersehen wird – als geschiedene Pollak und unter ihrem Namen Milena Jesenská als Journalistin sowohl in Wien wie auch in Prag bereits etabliert.

April/Mai 1939, eine ganze Stadt liegt in Agonie. Der Deutschen Wehrmacht und der mitziehenden Gestapo ist es gelungen, innerhalb der ersten zwei Monate nach der Okkupation Prags ein umfangreiches Bespitzelungsnetzwerk aufzubauen, fast alle Zeitungen, der tschechische Rundfunk und alle behördlichen Institutionen sind „gleichgeschaltet“. Jegliche Art von öffentlicher politischer Kundgebung wurde bereits im Keim erstickt. Jetzt wird fieberhaft daran gearbeitet, die restlichen antifaschistischen „Zellen“ ausfindig zu machen und zu liquidieren. Es sind weniger die schlecht organisierten Widerstandsgruppen, die ihre Mitglieder hauptsächlich aus der Arbeiterschaft und dem Stadtproletariat rekrutrieren, die den deutschen Besatzern Sorgen bereiten, eher befürchten sie „staatszersetzende“ Aktivitäten seitens der tschechischen Intelligenz, zumal diese als Wissenschaftler, Juristen oder Journalisten sowohl Zugang zu besseren Informationsquellen als auch die Möglichkeiten besitzen, gezielte Agit-Propaganda zu betreiben.

Eine der eifrigsten antifaschistischen Gruppen sitzt in den Redaktionsräumen der von Ferdinand Peroutka vor fünfzehn Jahren gegründeten Wochenzeitschrift „Přítomnost“. Ihren Ruf als die politisch bedeutendste Publikation des Landes verdankt sie unter anderem prominenten Schriftstellern, Wissenschaftlern und Poltikern, die immer wieder Beiträge zur Veröffentlichung zugeschickt haben: Jaromír Nečas, Josef Pekař, Arne Novák, Heinrich Mann, Karel und Josef Čapek. Seit dem verhängnisvollen 15. März müssen sich die Redakteure mit der allgegenwärtigen Zensur herumschlagen, dennoch gelingt es ihnen, so manche Spottartikel – als Lobgesang an die deutsche „Führung“ getarnt – zu drucken. Die allgemein anerkannt „spitzeste Feder“ und „der einzige richtige Mann“ unter den Journalisten ist – eine Frau: Milena Jesenská.

Mit zweideutigen Anspielungen und feiner Ironie versteht es die glänzende Feuilletonistin immer wieder, an den nationalsozialistischen Zensoren vorbei sich über die Okkupationsmacht lustig zu machen:

„Marschierte früher ein ganzes Regiment tschechischer Soldätlein unterm Fenster vorbei, so klang das fröhliche Klipp-Klapp ihrer Schritte durch die Gassen; geht aber heute nur ein einziger Soldat durchs Kaffeehaus, so klirren bei seinem festen Tritt alle Gläser und der Stuck fällt vom Plafond... Die Deutschen verstehen es ebensogut zu befehlen wie Befehlen zu gehorchen. Zittern tun ihre Soldaten vor den Vorgesetzten und beugen sich widerspruchslos den Kommandos. Wie ganz anders und so vollkommen unsoldatisch benahmen sich dagegen die tschechischen Vorgesetzten, die ihre Untergebenen nicht nur nicht anschrien, sondern ihnen freundlich zuredeten, bis die Soldaten einsahen, daß man Sinnvolles von ihnen verlangte...“[10]

Überhaupt würden die tschechischen Truppen sich viel lieber mit „Maiglöckchen und Mädchen" beschäftigen als mit „Heldentum", ja, selbst die Soldatenlieder der Deutschen seien viel „hübscher und soldatischer"...

Gipfel des kaustischen Sarkasmus: der Artikel trägt die Überschrift „Soldaten wohnen auf den Kanonen..." – ein Zitat aus der „Dreigroschenoper" des Kommunisten Bertolt Brecht.

Dabei weiß die zweiundvierzigjährige Journalistin nur zu gut, wie genau sie von der Gestapo observiert wird. Jede Woche muß sie sich bei einem gewissen Herrn von Wolmar, dem inoffiziellen deutschen Beobachter und Aufpasser beim Presseamt des Ministerratspräsidiums, zum Rapport melden. Noch besitzen die Nazis keine konkreten Beweismittel für „staatsfeindliche Tätigkeiten", keinerlei Information darüber, daß die Journalistin neben ihrer offiziellen Arbeit auch noch die Herausgeberin von vier Untergrundschriften ist – ihre Wohnung in der Kouřimská ist noch nicht durchsucht worden, sonst wären die überall in Stapeln aufliegenden Exemplare sofort entdeckt worden. Den Gestapoagenten ist auch nichts darüber zu Ohren gekommen, daß Milena Jesenská bereits seit Anfang des Jahres eine der regsten Fluchtrouten für gefährdete Personen aus der Tschechoslowakei unterhält: gemeinsam mit dem Deutschen Graf Joachim von Zedtwitz, einem in Prag lebenden anarchistisch gesinnten Medizinstudenten aus Neuschloß bei Asch, der einzige aus ihrem Bekanntenkreis, der ein Fahrzeug, einen klapprigen, zweisitzigen Aero mit offenem Verdeck, besitzt.

Ihre „illegalen" Operationen weiß Milena Jesenská zwar irgendwie vor den Nachforschungen der Spitzel geheimzuhalten, ansonsten aber macht die stets äußerst geradlinig agierende Frau keinerlei Anstalten, ihre wahren Sympathien zu verbergen. In den „Sitzungen" mit Herrn von Wolmar verhöhnt sie offen nationalsozialistisches Gedankengut, ergreift Partei für ein tschechisches Nationalbewußtsein, auf der Straße und bei gesellschaftlichen Anlässen zeigt sie sich mit jüdischen Freunden und Bekannten. Als die Journalistin von der öffentlichen Kennzeichnungspflicht aller Juden in Deutschland erfährt, heftet sie sich demonstrativ den gelben Davidstern an den Mantel und spaziert damit durch die Prager Altstadt.

Die zwei Zimmer in der Kouřimská werden immer häufiger zur Anlaufstelle hilfesuchender Flüchtlinge. Selbst die elfjährige Tochter Milenas wird in die illegalen Aktivitäten einbezogen; Jana Honza hilft mit, verbotene Kampfaufrufe unters Volk zu bringen und übermittelt geheime Botschaften ihrer Mutter an andere Widerstandskämpfer. Trotz aller Hektik und den vielen konspirativen Zusammenkünften daheim – Milena Jesenská schmiedet in ihrer Wohnung Fluchtpläne, beruhigt die verängstigten Menschen, meist Juden, auf dem mühseligen und gefahrvollen Weg ins Exil und versorgt sie mit Lebensmitteln – und trotz des intensiven Kontakts mit Mitgliedern verschiedener Widerstandsgruppen, sind Mutter und Tochter auf sich selbst gestellt. Der idyllische Schein einer „normalen" Familie ist spätestens vor einem Monat zerbrochen: Milenas Lebensgefährte, ein Redakteur namens Evžen Klinger, den die Journalistin zur Zeit ihrer Parteimitgliedschaft bei den tschechischen Kommunisten kennengelernt hat und mit dem sie viele gemeinsame Beiträge verfaßt hat, mußte selbst Hals über Kopf das Land in Richtung Polen verlassen – man hat seinen Namen auf einer „Todesliste" entdeckt. Jahrzehnte danach schildert Jana Jesenská die schlimmen Wochen, damals, nach Evžens Flucht:

„... Und plötzlich, sobald sie [Anm.: Klinger und von Zedtwitz] unseren Blicken entschwunden waren, drang das ganze Grauen der letzten Tage bis in unser Inneres. Wir fühlten uns wie nach einem Brand, flohen auf die Straße, fort aus der Wohnung, die auf einmal leer war, wo die Wände auf uns einstürzten... Abends saßen wir lange da, wir konnten uns nicht entschließen, die Betten aufzudecken – zum ersten Male nur für uns beide. Schließlich legten wir uns nebeneinander und bemühten uns, nicht an das leere Zimmer auf der anderen Seite des Flurs zu denken... Milena (redete) mit mir noch offener und vertraulicher als vorher – doch was versteht schon ein Kind von elf Jahren! Völlig begreifen, was sie sagte, vermochte ich erst viel später. Also versuchte ich nur, sie irgendwie aufzuheitern, was mir meist nicht gelang..."[11]

Im Juni 1939 wird Milena Jesenská Schreibverbot erteilt, im darauffolgenden Monat die „Přítomnost" von der Gestapo eingestellt, am 1. September schließlich ihr Herausgeber Peroutka verhaftet und ins berüchtigte Petschek Palais überstellt – die Pečkarná, vor der Okkupation imposanter Sitz einer großen Bankfiliale, wegen der schalldichten, drei ganze Stockwerke umfassenden unterirdischen Räumlichkeiten für Gestapoverhöre ideal geeignet und seitdem die gefürchtete erste Station aller politischen Untersuchungshäftlinge. Die endgültige Order aus Berlin trifft bald ein, die nächste Station lautet: Buchenwald. Bis zum Ende des Krieges wird der Publizist im Konzentrationslager gefangengehalten werden.

Noch am selben Tag marschieren Hitlers Truppen in Polen ein – Milena Jesenskás einzige Fluchtmöglichkeit ist ab nun versperrt. Vor knapp drei Wochen, noch im August, war sie zum ersten Mal zu einem „offiziellen Verhör" gebracht worden. Neben ihrer Tätigkeit als „Přítomnost"-Redakteurin waren die offen zur Schau getragenen freundschaftlichen Beziehungen zu Juden Gegenstand der Vernehmung. Die aggressiven Befragungen – „Warum verkehren Sie mit Juden?", „Wo befindet sich der Jude Evžen Klinger?", „Ihr Kind ist doch nicht etwa auch von einem Juden?" –, die ganze anmaßende Inquisitionspalette der Gestapomänner hinterlassen Spuren. Erstmals seit dem Einmarsch der Deutschen fühlt sich die sonst so selbstbewußte Frau persönlich bedroht, verfällt in Depressionen, wird von unvermittelt einsetzenden Weinkrämpfen geschüttelt.

In dieser Situation höchster Nervenanspannung und Gefahr greift Milena Jesenská wieder nach jenem Trostmittel, von dem sie sich erst vor einem Jahr mühsam befreit hat – Morphium. Damals ist es der schon seit der Geburt ihrer Tochter Drogenabhängigen gelungen, einen radikalen Schlußstrich zu ziehen; Evžen und Jana hatten ihr Halt gegeben, die brisante politische Lage in Europa hatte ihr Verantwortungsgefühl als neutrale Journalistin wiedererweckt. Nun ist Evžen Klinger fort, viele Freunde wurden verhaftet und deportiert, das Schicksal ihrer Heimat erfüllt Milena Jesenská mit Resignation, zudem macht sie sich schwere Vorwürfe, Klein-Honza zur Mitwisserin, wenn nicht gar zur „Komplizin" ihrer Untergrundarbeit gemacht zu haben.

„Dicodit" heißt der vergessenmachende morphiumhältige Hustensaft, zu dem sie Zuflucht nimmt. Das gelbe Milchkännchen – Milenas wichtigstes Drogenrequisit – im obersten Winkel des Küchenschrankes wird abermals hervorgekramt, Jana muß wieder einmal die für sie demütigenden

Fußmärsche durch die Pharmazien der Stadt unternehmen, um das rezeptpflichtige Medikament bei einem mitfühlenden Apotheker zu erbetteln. Der schon fast überwunden geglaubte Alptraum, dieses schon damals kaum zu verbergende Geheimnis der großen Journalistin Jesenská, wird wieder Realität, der Schrecken von Janas Kindheit kehrt zurück. Die Ereignisse, jetzt und die vor einem Jahr, gleichen einander aufs Haar – Rausch und versuchte Entwöhnung, leere Versprechungen und Drohungen, wieder versuchte Entwöhnung:

„... Ich stand an der Tür und verhandelte durch das Schlüsselloch mit Milena, wie ich sie mit Dicodit versorgen könne. Wir waren beide verzweifelt, Milena versicherte mir, sie könne ohne Dicodit nicht leben, ... und wenn sie es nicht bekomme, springe sie aus dem Fenster... Es war schon Abend, und die einzige Apotheke, auf die ich Hoffnungen setzen konnte, befand sich am Strossmayerovo náměstí [Anm.: vier Kilometer entfernt, am anderen Ufer der Moldau]. Ich nahm Geld, und so wie ich war, in Trainingshosen und Trikot, rannte ich los... Die Laternen brannten, Menschen strömten in Kinos und Theater oder schlenderten durch die Straßen – schon als kleines Mädchen hatte ich die abendliche Stadt gern. Jetzt nahm ich nur die Zeit wahr, ich befürchtete schrecklich, daß ich zu spät kommen und Milena inzwischen wirklich aus dem Fenster springen würde...“[12]

Sonntag, der 12. November 1939. Milena Jesenská schickt, wie so oft zuvor, Jana in eine als Privatwohnung getarnte Druckerei, um „illegale“ Schriften für die weitere Verteilung abzuholen. Als die Elfjährige ankommt, wird sie von der Gestapo aufgegriffen. Man fährt mit der total eingeschüchterten Kleinen in die Kouřimská zur Wohnungsdurchsuchung; belastendes Material in Form eines Briefes von Joachim von Zedtwitz und einiger handgeschriebener Kassiber werden gefunden. Zwar bleiben die unter einer Waschtruhe im Parkettboden versteckten Stapel „V Boy!“ unentdeckt – das „sichergestellte“ Material reicht jedoch zu einer Verhaftung. Noch am selben Tag wird die „Staatsfeindin“ Milena Jesenská ins Petschek-Palais zum Verhör gebracht, danach ins Prager Pankrác-Gefängnis.

Sechs Tage später wird über ganz Prag das Kriegsrecht verhängt, die

Universität und alle Lehranstalten werden ab sofort geschlossen, am Abend herrscht fortan Ausgangssperre.

Nach zwei Wochen darf Jana endlich ihre Mutter im Gefängnis besuchen, beim zweiten Besuch, ein Jahr darauf, sehen sich die beiden ein letztes Mal. Man hat das Verfahren gegen Frau Milena Jesenská zwar „mangels Beweisen" eingestellt, doch ein „Schutzhaftschein" der Gestapo zwecks „Umerziehung" versperrt den Weg in die Freiheit. Der Ort dieser „Schutzhaft": Ravensbrück, die Dauer: unbestimmt.

„Ich sah Milena zum letzten Male bei dem Besuch, den man ihr vor dem Abtransport nach Ravensbrück gestattete. Mit Großvater wartete ich auf einem Flur des Petschek-Palais, der alte Herr schaute finster drein, und ich wagte nicht, ihn anzusprechen. Wir blickten beide in eine Richtung – zu der Ecke des Flurs, woher Milena kommen sollte. Und als sie uns endlich in Begleitung eines Kommissars entgegenkam – erkannte ich sie nicht wieder..."[13]

Die Haft im Pankrác-Gefängnis, dann in Beneschau – als „Jüdisch-Versippte" – und schließlich im Untersuchungsgefängnis Dresden, insgesamt über ein Jahr lang, hat die mittlerweile vierundvierzigjährige Frau schwer gezeichnet: Neben den Folgen chronischen Nahrungsmangels leidet Milena Jesenská zu dieser Zeit an Gelenksrheumatismus, eine schlimme, akute Parodontose erschwert ihr das Sprechen, ihre Haut ist von Krätze verunstaltet.

Während Jana über ihren Alltag in der Schule berichtet, spricht Jan Jesenský kaum ein Wort. Dann ein Augenblick des Schweigens:

„... Milena wollte nie, daß ich ‚Küß' die Hand' grüßte..., nannte das Affenpossen... Als ich jedoch neben ihr am Tisch saß und ihre abgemagerte, weiße Hand mit den geschwollenen Gelenken sah, überkam es mich und ich küßte ihr den Handrücken. Sie blickte mich sehr fragend an, vielleicht befürchtete sie im ersten Moment, daß das nur Affenpossen waren, die man mir während ihrer Haft beigebracht hatte, und als sie sah, daß alles ganz anders war und daß Großvater mich mit dem gleichen Erstaunen wie sie anblickte, lachte sie sehr leise und sehr lieb, und über ihr Gesicht kullerten zwei große Tränen... Seitdem habe ich sie nicht wiedergesehen..."[14]

März 1918. Ein anderes Gefängnis, aus einem anderen Leben; doch die Vorzeichen stehen auf Hoffnung, dieses eine Mal darf die Gefangene an eine Zukunft glauben.

Veleslavín an der westlichen Stadtperipherie von Prag. In einem Villenkomplex mit angeschlossener Grünanlage, umzäunt von hohen Mauern, befindet sich eine geschlossene Nervenheilanstalt, die den Namen des Viertels trägt. Seit zehn Monaten ist eine einundzwanzigjährige Frau hier gegen ihren Willen gefangen. Ihr Name: Milena Jesenská – eingeliefert auf ausdrücklichen Wunsch des bekannten Kieferchirurgen Jan Jesenský, Vater der Insassin; die Diagnose: „psychisch krankhaftes Fehlen sittlicher Begriffe und Gefühle".

Zwei Jahre zuvor, im Winter 1916, mitten im Ersten Weltkrieg, waren die mühsam auf Eis gelegten Konflikte zwischen Vater und Tochter wieder voll ausgebrochen, mit der ganzen Heftigkeit und Leidenschaftlichkeit einer klassischen Haß-Liebe. Nach nur drei Semestern Medizin hatte Milena ihr Studium aufgegeben. Der Geruch des Blutes der Leichen und die Gefühlskälte, mit der ihr Vater, der Professor, Leid und Krankheit entgegentrat, erfüllten die Zwanzigjährige mit fast körperlichem Ekel. So mußte die Studentin beim Sezierunterricht fast andauernd gegen Ohnmachtsanfälle ankämpfen, die zwecks Anschauungsstudien entnommenen menschlichen Organe verfolgten sie in ihren Träumen.

Ein Erlebnis im Prager Žižkov-Reservelazarett ist letzter Anstoß für Milena Jesenskás Entschluß. Als Leiter der dortigen Abteilung für Kieferchirurgie und Gesichtsplastik ist Jan Jesenský zuständig für „schwere" Verstümmelungen – für Soldaten mit Schußverletzungen im Gesicht. Seine Tochter muß ihm bei vielen Operationen assistieren, zumal der Professor überzeugt ist, daß die behandelten „Fälle" wichtige Experimente zur Verfeinerung chirurgischer Methoden sind – und aus diesem Grund als praktischer Unterricht für Milena absolut notwendig. Eines Tages wird ein grauenhaft zugerichteter Frontsoldat eingeliefert – ganze Teile seines Unterkiefers sind weggeschossen, die Speicheldrüsen zerfetzt. Prof. Jesenský macht sich, Milena wie immer an seiner Seite, sogleich an die Arbeit; es gelingt ihm, den Verletzten so weit wiederherzustellen, daß dieser kurz vor Weihnachten entlassen werden kann – mit einer Einschränkung: der

Soldat muß ständig einen Gummibeutel am Hals tragen, um den eigenen Speichel aufzufangen. Milena ist entsetzt über den Zustand des armen Mannes, kann den Stolz ihres Vaters über die „gelungene" Operation nicht verstehen. Am zweiten Weihnachtsfeiertag erreicht Prof. Jesenský ein Telegramm der Eltern des Patienten: ihr Sohn hat sich am Heiligabend das Leben genommen.

Fast dreißig Jahre danach wird sich Milena Jesenská noch an die einzigen, schwer artikulierten Worte jenes Soldaten erinnern können: „Es tut so weh!"

Jan Jesenský ist zutiefst enttäuscht über seine „verweichlichte" Tochter, hinzu kommen für ihn höchst peinliche Vorfälle, die einen Kommilitonen Milenas betreffen: Mitten in einem mündlichen Kolloqium entdeckt der Professor, daß ein Student sehr auffällig gemusterte Socken trägt – seine eigenen, gestickt mit seinen Initialen! Nicht genug damit, der bis dahin wenigstens von der „Unschuld" seiner Tochter überzeugte Vater findet heraus, daß andere Kleidungsgegenstände aus seinem penibel ausgesuchten Sortiment fehlen: Hemden, Taschentücher, sogar Unterwäsche.

Jetzt erst wird der bisher ahnungslose Professor auf etwas aufmerksam, das bei der Prager Boheme längst eifrig kolportiert wird – die diversen Liebschaften seiner Tochter. Mit Jiři Foustka, dem Sohn des tschechischen Sprachforschers Břetislav Foustka, soll sie bereits vor Jahren ein kurzes Verhältnis unterhalten haben; unter ihren Affären soll auch eine mit dem Operettensänger Hilbert Vávra, einem um etliche Jahre älteren, berüchtigten Herzensbrecher, gewesen sein. Jan Jesenský sieht seine Tochter erstmals mit anderen Augen, muß sich widerwillig damit abfinden, daß sie erwachsen geworden ist – eine auf ihre Art selbstbewußte junge Frau mit beeindruckender Ausstrahlung. Ein Verehrer erinnert sich fast vier Jahrzehnte danach:

„Milena war sehr schön, schlank, nicht delikat, sondern von knabenhafter Herbheit. Besonders bemerkenswert war ihr Gang, ganz ohne vulgäres Wiegen der Hüften. Man hatte den Eindruck, als koste sie der schöne Rhythmus des Ganges nicht die geringste Anstrengung, als sei er völlig unbeabsichtigt. Es war nicht wie ein Gehen, sondern wie ein Sichnähern und wieder Entfernen... Dabei waren ihre Bewegungen nicht ausgesprochen ,graziös', sondern fließend, ganz unmateriell. Ebenso vielsagend waren die Bewegungen ihrer Hände, ziemlich großer Hände, mit fast knochigen Fingern. Diese Hände spiegelten beinahe jeden ihrer Seelenzustände klarer noch wider als Worte..."[15]

Was den konservativen Professor aber bis zur Weißglut bringt, ist der momentane Liebhaber Milenas: ein gewisser Ernst Pollak, Fremdsprachenkorrespondent an einer Prager Bank. Dabei sorgt nicht der Ruf eines Taugenichts und Weiberhelden, der Pollak anhaftet, für cholerische Wutanfälle Jan Jesenskýs, sondern ein anderer Umstand: seine Tochter ist mit einem „deutschen" Juden liiert.

Der national-chauvinistisch gesinnte Vater, stolz auf die rein tschechische Familientradition, auf seinen berühmten Vorfahren Jan Jesenius, Leibarzt des damaligen sächsischen Kurfürsten, vor allem aber stolz darauf, daß jener 1618 als einer der 27 Anführer des zweiten „Prager Fenstersturzes" hingerichtet worden war, kann diese „Schande" nicht fassen. Für ihn sind Juden „die natürlichen Feinde des tschechischen Volkes", „Abschaum, der nur an die eigene Bereicherung denkt", ohne „nationale Verantwortung". Gilt nicht allein das Wort „Jude" in Prag schon als Schimpfwort? Wie ist seine Tochter Milena überhaupt in diese „Kreise" geraten?

Was Jan Jesenský noch nicht weiß, ist, wie intensiv sich die Beziehung zwischen Milena und dem um zehn Jahre älteren Ernst bereits entwickelt hat, welch großen Einfluß der hochgebildete und belesene „Schöngeist" bereits auf die zwanzigjährige Frau ausübt.

Kennengelernt haben sich beide bei einem Konzert im Tyl-Theater, dem ersten, bereits 1783 als „Nostitzsches Theater" mit Lessings „Emilia Galotti" eingeweihten Schauspielhaus Prags. Milena Jesenská, wie fast immer, auf den Stufen des ersten Ranges sitzend, die Partitur zur Aufführung in der Hand. Der elegant gekleidete Mann hinter ihr beugt sich vor, fragt, ob er mitlesen dürfe. Man vereinbart ein erstes Rendezvous, die Musik-Fanatikerin ist überwältigt von ihrem Glück: Mit dem gebildeten Ernst Pollak – Spitzname: „Kenner Pollak" – kann sie nicht nur stundenlange Gespräche über Tschaikowski, Chopin oder Debussy führen. Endlich findet sie jemanden, der ihre Literaturvorlieben teilt, der nicht nur fehlerfrei Dostojewski, Jacobsen oder Hauptmann zitieren kann, sondern noch etliche ihr unbekannte Dichter mehr – vor allem von der Lyrik eines gewissen Franz Werfel ist Ernst äußerst angetan.

Bald darauf lernt Milena auch diesen kennen – im legendären „Café Arco". Der „notorische Kaffeehaussitzer" Pollak, von der Schönheit seiner neuesten „Eroberung" hingerissen und voll eitlem Besitzerstolz, führt die Zwanzigjährige dort seinem Freundeskreis vor. Es sind fast alle deutschsprachige Prager Intellektuelle, einige von ihnen werden weltbekannt: Egon Erwin Kisch, der einmal als „rasender Reporter" unterwegs sein wird, Rudolf Fuchs, Max Brod und eben Franz Werfel, auch Jaroslav Hašek, Verfasser der „Abenteuer des braven Soldaten Schwejk", zählt zu diesem Kreis. Und manchmal, mit dabei in der „Arconautenrunde", wie sich die Freunde nennen, von Milena nicht allzu beachtet im Hintergrund sitzend, ein Jurist und Angestellter bei der „Arbeiter-Unfallversicherungsanstalt" namens Franz Kafka. Die Stimmung im verrauchten „Arco" ist ausgelassen, man redet über Romantik und Metaphysik, analysiert Lyrik und Dramenkunde, kommentiert das politische Geschehen, empört sich über soziale Mißstände. Die Kaffeehausrunde gibt sich betont progressiv, man vertritt den neuen Subjektbegriff des „unrettbaren Ichs", lockere Querverbindungen zum Zirkel „Jung Wien" in der Donauhauptstadt – mit den zentralen Figuren Hofmannsthal, Bahr und Schnitzler – werden unterhalten, man versteht sich als Prager Antipode zur Wiener Szene. Daß die Österreicher ihre Kollegen im „Arco" nicht unbedingt allzu hochschätzen – der intime Kenner sämtlicher Literaturströmungen zwischen Monarchie und Erster Republik, Karl Kraus, wird sogar über die „Arconauten" in seiner gefürchteten „Fackel" spotten: „Es werfelt und brodet / Und kafkat und kischt..." -, beeindruckt die Prager nicht sonderlich, man ist sich der eigenen Bedeutung sicher.

Milena Jesenská hinterläßt einen fulminanten Eindruck auf die „Arconauten", innerhalb kurzer Zeit wird die Jüngste der Runde voll akzeptiert, man stilisiert sie zur „modernen Frau schlechthin" hoch – anmutig-selbstbewußt, offenherzig, gebildet und äußerst belesen, mit eigener Meinung und analytischem Verstand.

Die derart umschwärmte junge Frau ist ihrerseits erstaunt, wie geachtet „ihr" Ernst bei den anderen ist. Obwohl selber völlig unschöpferisch, wird seine Urteilskraft in Sachen Kunst und Literatur geschätzt, „Kenner Pollak“ gilt als Mentor und „Alter ego“ vieler aufstrebender junger Prager Schriftsteller. Der Unzulänglichkeit seiner unproduktiven Existenz hingegen samt angemessener Beurteilung seines vorgeblichen Einflusses auf die Literaturelite, wird wieder einmal Karl Kraus als einer der wenigen Scharfsichtigen voll gerecht werden: Er verewigt den „Schöngeist“ in dem Stück „Literatur – oder man wird da sehen / eine magische Operette“, verschlüsselt zwar, aber unverkennbar als tragikomische Figur.

Milena steht in seinem Bann, Ernst nimmt all ihre Gedanken in Beschlag, jede Äußerung des Geliebten über Kunst oder Literatur ist für sie Gesetz. Ernst verspottet sie nicht wegen ihrer „romantischen Anwandlungen“, fügt sich sogar ihren „meschuggenen Launen“: ausgedehnte Spaziergänge in der hügeligen Umgebung Prags im Morgengrauen, Friedhofsbesuche mitten in der Nacht, das Spiel „Entführung der Braut“ samt Nächten in einer heruntergekommenen Absteige. Ernst ist zuvorkommend, überhäuft seine Geliebte mit Blumen, hört ihr stets aufmerksam zu...

Milena „gibt und nimmt in vollen Zügen“. Da bricht die Katastrophe über sie herein – im Frühjahr 1917 wird sie schwanger. Von Pollak augenblicklich fallengelassen – er will von Familiengründung überhaupt nichts wissen –, wendet sie sich in ihrer Verzweiflung an ihren Vater, ungeachtet der nächtelangen Auseinandersetzungen, die sie ihres Geliebten wegen zu Hause zur Genüge hatte ausfechten müssen. Nun sieht Prof. Jesenský seine Chance kommen: Er greift rigoros durch, über „Beziehungen“ sorgt er dafür, daß die „Familienschande“ ausradiert wird. Einige Monate vor ihrem einundzwanzigsten Geburtstag muß Milena Jesenská eine Abtreibung vornehmen lassen. Im Juni 1917 läßt Jan Jesenský ein weiteres Mal seine „guten Verbindungen“ spielen, diesmal zu einem befreundeten Psychiater – Milena wird nach dessen Gutachten in die geschlossene Nervenheilanstalt Veleslavín eingeliefert. Für den selben Tag hat sich die Ahnungslose noch mit ihren Freundinnen zum Baden auf der Moldauinsel verabredet...

Natürlich sind Freunde und Bekannte über Jesenskýs radikale Maßnahme schockiert – niemand will an eine Geisteskrankheit seiner Tochter glauben; nach und nach kommen allerdings die wahren Einzelheiten von Milenas „moralischen Verfehlungen“ zutage: die Schwangerschaft, ihr nach der Abtreibung erfolgter Selbstmordversuch mit aus der väterlichen Ordination entwendetem Morphium – und man erfährt von der unrühmlichen Rolle des psychiatrischen Gutachters, des stadtbekannten Dr. Prochaska, der zu aller Entsetzen noch dazu Vater von Milenas bester Schulkollegin Staša ist. Milenas Freunde erfahren von der viele Wochen dauernden „Einzelhaft“ im Sanatorium wegen „unerlaubten Redens mit anderen Patienten“, von den Schlägen und „Kaltwassertherapien“.

Doch weit entfernt davon, sich der schlimmen Umgebung zu fügen, gibt sich die einundzwanzigjährige Milena Jesenská umso kämpferischer, je drakonischer die von der Anstaltsleitung verfügten Strafen für ihr Benehmen ausfallen. Sie solidarisiert sich mit den anderen „Insassen“, hilft den oft von Verwandten und Freunden völlig Verlassenen gegen die Willkür der Pfleger und Ärzte. In einem Jahre danach aufgesetzten Brief, verfaßt noch in der zu jener Zeit unvollkommenen Kenntnis der deutschen Orthographie, an ihren Bekannten Max Brod gibt sie Einblick in die damalige Situation; die Zeilen sind Antwort auf eine Anfrage Brods über einen anderen Veleslavín-Patienten:

„Sie wollen von mir irgendeinen Beweis, daß dem Herrn N.N. in Weleslawin Unrecht geschieht. Ich kann Ihnen leider sehr wenig bestimmtes für Behörden reifes sagen, obgleich ich es ungemein gern täte. Ich war in Weleslawin seit Juni 1917 bis März 1918, ich wohnte in derselben Villa und alles, was ich für ihn tun konnte war, daß ich einigesmal Bücher borgte und mich einigesmal einsperren ließ; er darf nämlich mit keinem Menschen reden, wenn es gesehen ist, daß er, auch ganz belanklos und in Anwesenheit des Pflegers, mit jemanden redet, sind dann alle eingesperrt und Pfleger entlassen... Nur ist Psychiatrie eine entsetzliche Sache, wenn sie mißbraucht ist, anormal kann alles sein und jedes Wort ist eine neue Waffe für den Quäler...“[16]

Einzig auf die Hilfe der ehemaligen „Minervistinnen“ kann die vor allem unter der Trennung von ihrem geliebten Ernst leidende Milena bauen: Die jungen Frauen kommen zu jeder erlaubten Besuchszeit, überbringen Nachrichten und werden zum einzigen Kontakt zur Außenwelt. Sogar um die „Treue“ Pollaks wird rührend gesorgt – abwechselnd logieren Milenas Freundinnen bei ihm und erreichen, daß dieser, zeit seines Lebens, in Prag den Ruf eines „Wüstlings“ nie mehr los wird.

Erst im Frühjahr 1918 gelingt es Milena Jesenská, ihren Geliebten für eine Nacht wiederzusehen. Ihre offen zur Schau getragene Liebe zu Ernst Pollak rührt eine Pflegerin derart, daß diese für sie den Schlüssel zum hinteren Gartentor der Anstalt entwendet. Im März hält der Bankangestellte Pollak – offenbar hat er sich's anders überlegt – offiziell bei Jan Jesenský um die Hand Milenas an; zermürbt durch die Anfragen Bekannter und Kollegen über den Geisteszustand seiner Tochter, stimmt der Vater dieser Verbindung endlich zu – allerdings unter bestimmten Bedingungen: Keine Aussteuer, keine einzige Krone Mitgift, nach der Heirat hat Milena keinerlei Aussicht mehr auf das Jesenský -Vermögen, das junge Paar muß Prag sofort verlassen und darf erst zurückkehren, wenn ihrer beider Ruf wiederhergestellt ist. Zu allerletzt: Bis zur eigentlichen Hochzeit dürfen sich Milena und Ernst höchstens bei einer Verwandten sehen – Jesenskýs Schwester Mařena Foerstrová. Und dieser trägt der gestrenge Professor auf, immer im selben Zimmer wie die Verlobten zu bleiben.

Wann und wo genau die Trauung stattfindet, ist selbst guten Freunden unbekannt, sie muß sehr unspektakulär vollzogen worden sein. Kurze Zeit darauf verläßt Milena Jesenká schweren Herzens das Prag ihrer Kindheit und übersiedelt gemeinsam mit Ernst Pollak, der sich fortan als Theater- und Musikkritiker betätigen möchte, nach Wien. Irgendwann im Frühsommer 1918 treffen die Eheleute am Franz-Josefs-Bahnhof in der Donauhauptstadt ein: Für ihn ist es der Versuch, sich aus einem Angestelltenverhältnis zu lösen und erstmals freischaffend zu werden, für sie bedeutet es die endgültige Abkehr von dem ihr bisheriges Leben dominierenden Vater. Die bald zweiundzwanzigjährige Frau ist voller Hoffnung, sie ahnt nicht, daß die Liebe, für die sie aufopfernd gekämpft und so vieles erdulden hat müssen, nicht einmal ganze zehn Monate halten wird. Und daß keine zwei Jahre danach ihre Gefühle zu einem Mann erneut auf die härteste Probe gestellt sein werden, nur diesmal wird sie von Anfang an auf der Verliererseite stehen...

„... Ich nehme keinen Abschied. Es ist kein Abschied, es wäre denn daß die Schwerkraft, die lauert, mich ganz hinabzieht. Aber wie könnte sie es, da Du lebst...“[17]

Wien, September 1920. Die vierundzwanzigjährige Milena Pollak holt diese Zeilen, in einem mit dem 14. des Monats datierten Brief, am Postamt 65 in der Bennogasse im achten Wiener Bezirk ab. Ihre unheilvollen Vorahnungen haben sich endgültig bewahrheitet: Die bisher heftigste Leidenschaft ihres Lebens ist, kaum ein Jahr nachdem sie begonnen hat, gescheitert.

Sicher, sie war vorgewarnt gewesen, wußte genau, auf was sie sich diesmal eingelassen hat, wußte, daß ihre Liebe zu diesem Mann, alle ihre Opfer, von vornherein vergebens sein würden. Und er hat nie ein Hehl aus seinen Seelenabgründen gemacht:

„... kommst Du aber zu mir, so springst Du in die Tiefe. Weißt Du das?...“[18]

Wie klar Milena die eigene Ausweglosigkeit stets gesehen hat, wird in einem Schreiben aus ihrer Hand, etwas später aufgesetzt, deutlich:

„... Aber ich war mit beiden Füßen unendlich fest mit dieser Erde hier zusammengewachsen, ich war nicht imstande meinen Mann zu verlassen, und vielleicht war ich zu sehr Weib, um die Kraft zu haben, mich diesem Leben zu unterwerfen, von dem ich wußte, daß es strengste Askese bedeuten würde, auf Lebenszeit. In mir ist aber eine unbezwingbare Sehnsucht, ja eine rasende Sehnsucht nach einem ganz anderen Leben, als ich es führe und als ich es wohl je führen werde, nach einem Leben mit einem Kinde, nach einem Leben, das der Erde sehr nahe wäre. Und das hat also wohl in mir über alles andere gesiegt, über die Liebe, über die Liebe zum Flug, über die Bewunderung und nochmals die Liebe... “[19]

Milena steht vor den Trümmern ihres bisherigen Lebens: die Ehe mit Ernst Pollak ist bereits total zerrüttet, ihr Geliebter hat sich von ihr abgewandt, mit ihrem Vater hat sie seit dem Umzug nach Wien längst gebrochen, ihr gesamtes Hab und Gut beschränkt sich auf einen Koffer Kleidung und einige gebrauchte Möbel.

Ende 1918, zwei Jahre davor. Das Leben in der Hauptstadt der gerade im November konstituierten österreichischen Republik läßt sich für die Frischvermählten zunächst gut an. Kurz nach der Übersiedlung von Prag finden Ernst und Milena Pollak eine kleine Wohnung in der Nußdorfer Straße im neunten Bezirk. Da das Paar keinerlei finanzielle Reserven besitzt, verfügt das Zimmer mit angeschlossenem Kabinett nur über kärgliches Mobiliar, man ist schon froh darüber, daß es einen Kohleofen gibt. Ernst besucht ein Privatseminar des umstrittenen Philosophie-Professors Moritz Schlick, findet sehr schnell Anschluß an den von diesem gegründeten „Wiener Kreis" und wird fanatischer Anhänger des „Neopositivismus". Zu Milena ist der frischgebackene Ehemann stets aufmerksam, führt sie überall bei seinen neugefundenen Freunden ein, in der Öffentlichkeit gibt sich der ehemalige Weiberheld gegenüber seiner Frau immer äußerst rücksichtsvoll und zärtlich.

Doch bald entstehen in der Ehe von Milena und Ernst erste Risse. Während dieser seine Lebensweise auch in Wien kaum ändert – der „Kaffeehaussitzer" unterhält im „Herrenhof" einen Stammtisch, wo Freunde und Mitglieder des „Kreises" wie Otto Neurath, Franz Blei, Otto Groß und Hermann Broch bis zur Sperrstunde lebhafte Debatten führen –, während sich also ihr Mann im Wiener Ambiente sichtlich wohl fühlt und auch für seine Begriffe genug „Arbeit" findet – der Kulturkenner erledigt hie und da einige Feuilletons für diverse Zeitungen, führt „Untersuchungen" im Rahmen seiner Dissertation durch und ist einer der eifrigsten Partizipanten der „Wiener Kreis"-Sitzungen –, hat Milena mit großen Anpassungsschwierigkeiten zu kämpfen. Fast alle ihre Freunde hat die Zweiundzwanzigjährige in Prag zurückgelassen, der oft zynische „Schmäh" ihrer neuen Wiener Bekannten behagt ihr, die an geradlinige Aussagen gewohnt ist, überhaupt nicht.

Zudem scheint Ernst ganz andere Vorstellungen von einer Ehe zu hegen als sie: Zu Hause sieht sie ihren Mann kaum – selbst nach den langen „Seminar"-Stunden hat Pollak kein Bedürfnis nach trauter Zweisamkeit, es zieht ihn sofort ins Kaffeehaus, wo er hof halten kann, sich der gründlichen Zeitungslektüre widmet oder mehrere Partien Karambol spielt –, der Ehemann fühlt sich zudem auch nicht im geringsten dazu verpflichtet, zumindest auf finanziellem Gebiet Rücklagen für den Haushalt einzubringen. Jeder verdiente Groschen wird fast sogleich wieder für seinen aufwendigen Lebensstil ausgegeben – schließlich muß der angehende Doktor der Philosophie bei Kollegen eine gute Figur machen, da kann er sich eine „spartanische“ Erscheinung nicht leisten, Hemden und Gehrock müssen also vom Feinsten sein. Daß Milena oft kein Geld für die nötigen Einkäufe, für warme Mahlzeiten oder gar für Holzkohle hat, berührt ihn kaum. Ernst ist zu sehr mit sich selbst beschäftigt.

Die junge Frau Pollak verdingt sich als Tschechisch-Lehrerin in „besseren“ Familien, bewirbt sich als Aufpasserin in Privatschulen. Nur für kurze Zeit gelingt es Milena, ihr Haushaltsgeld damit zu decken – bis ein „Skandal“ ihr diesen Broterwerb unmöglich macht: Eine ihrer Schülerinnen, voll Mitgefühl für die prekäre Finanzlage, mit der sich Frau Pollak herumschlagen muß, entwendet bei sich zu Hause wertvollen Familienschmuck, veräußert alles gegen Bares und schenkt „Frau Milena“ das Geld, damit sie sich etwas Ordentliches zum Anziehen leisten kann. Der Diebstahl fliegt auf, Frau Pollak wird zwar nicht verhaftet, da der Schaden wiedergutgemacht werden kann; ihr ist aber fortan jegliche Anstellung in einem Privathaushalt verwehrt, Milenas Ruf in der Wiener Gesellschaft unwiderruflich geschädigt.

Zu allem Überfluß wendet sich auch Ernst Pollak mehr und mehr von seiner Frau ab. „Kenner Pollak“ hat Affären, verlangt – als Anhänger des ein „freizügiges, polygames Sexualleben ohne die Fesseln überkommener Moral“ propagierenden Psychoanalytikers Otto Groß – von seiner Frau, daß sie seine Seitensprünge toleriert. Eines Tages quartiert er sogar seine neueste Flamme, eine junge Wienerin halbseidener Mondänität namens Mitzi Beer, in dem gemeinsamen Haushalt mit Milena ein. Die für das Leben zu dritt „geeignete“, etwas geräumigere Wohnung hat der Ehegatte auch schon parat: zwei Zimmer in der Lerchenfelder Straße in Wien-Josefstadt.

Um das Haushaltsgeld muß sich Milena allerdings noch immer selber kümmern – Frau Pollak versucht sich als Kofferträgerin an den diversen Wiener Bahnhöfen. Oft bedarf es tagelanger „Touren“ auf den Bahnsteigen, bis die finanziell allein auf sich selbst gestellte Frau wenigstens genug beisammmen hat, damit sie sich – während Ernst und Mitzi im Kaffeehaus sitzen – wieder einmal eine warme Mahlzeit leisten kann. Die physische Erschöpfung, der ständige Hunger und die Demütigungen zu Hause bringen Milena an den Rand eines Nervenzusammenbruchs, den einzigen Trost in den „dunklen Monaten in Wien" muß sie sich bei einem befreundeten Arzt erbetteln: kleine Dosen von Kokain, die ihr dieser aus Mitleid aus seiner Praxis besorgt.

Im Sommer des Jahres 1919 schickt die zweiundzwanzigjährige Milena Pollak, ständig auf der Suche nach einer zusätzlichen Geldquelle, einige kleine Feuilletons an ihre Freundin Staša nach Prag. Ob sie nicht bei der Zeitung „Tribuna" bezüglich Veröffentlichung nachfragen könne? Die Antwort erfolgt erst Monate später – zur Erleichterung Milenas: Man wäre an einer Zusammenarbeit sehr interessiert. Am 30. Dezember 1919 erscheint der erste Artikel – ganz im Zeichen ihrer momentanen, trostlosen Situation – in der kleinen, liberalgesinnten Zeitung; die Überschrift: „Wien", unterzeichnet ist das Feuilleton über die Weihnachtsfeiertage an der Donau mit einem schlichten „M.P.":

„... Es gibt kein Brennmaterial, keine Kohle, kein Holz, keinen Koks. Die Züge fahren im ganzen Land nicht, die Fabriken stehen jeden Augenblick still, die Geschäfte schließen um fünf Uhr, in den Restaurants und Kaffeehäusern brennt ab acht Uhr ein flackerndes Karbidlämpchen..."[20]

Die Autorin berichtet von der Alltagsnot, von den Strapazen, etwas Holz oder Brot zu bekommen, aber auch, wie Hunderte aus der „Arbeiterschaft" an der „Brotbörse" in einer Weinstube am Wiener Gürtel mit Schwarzmarktware handeln:

"... einen Laib übelriechendes, schimmliges Brot für 50 K.! Ein kg Mehl kostet 50 K., ein kg Reis 80 K., ein Ei 8 K., eine Kerze 8 K., ein kg Butter 200 K., ein kg Fleisch 150-250 K., eine Gans 1000 K.!..."[21].

Und sie beschreibt den Widerspruch zwischen Armut und Vergnügungssucht:

„... Dann die vielen, die keine Arbeiter sind, die vielen Witwen, Krüppel, Straßenkehrer, Briefträger, kleinen Handwerker – diese Familien vegetieren wirklich in Favoriten und Ottakring in muffigen Zimmern mit

Wäscheleinen voller Lumpen. Dort herrscht angstvolle, nackte Not! Dabei spielen in Wien fünfzehn Theater, die trotz der enormen Preise täglich ausverkauft sind. Eine Loge zur Strauß-Premiere ‚Die Frau ohne Schatten' kostet 1000 K., für einen Parkettplatz in der Oper zahlt man bei der einfachsten Vorstellung 60 K. Zwanzig Kabaretts, zwanzig Bars, viele Restaurants, in denen man nicht unter 200 K. zu Abend speisen kann, alles voll. Auf der Straße schreiend bunte Reklame für Vergnügungsstätten aller Art. Kinos und Kaffeehäuser, die es in jeder Straße gibt, überfüllt. Die Modegeschäfte in der Kärntnerstraße voller Menschen. Pelze, Kleider, Stoffe, Hüte, Schuhe... Wien praßt, Wien tanzt, Wien amüsiert sich, Wien singt und spielt Walzer und unsinnigere Operetten als je zuvor. Und dasselbe Wien siecht dahin..."[22]

Milena Pollaks Einstand als Journalistin erweist sich als Erfolg, die Leser der „Tribuna" schicken begeisterte Briefe an die Redaktion, man ist begierig auf die neuesten Feuilletons aus Wien. Fast wöchentlich wandern Artikel von der Lerchenfelder Straße nach Prag, bald darauf ist deren Autorin auch noch zuständig für die Modekolumne der Frauenseite. Neben Beiträgen zu Themen wie „Vorstadt", „Briefe bedeutender Leute" oder „Lob des Kitsches" finden sich auch scharfsinnige Texte über Kulturphänomene wie „Kino", „Reklame" oder „Das Kaffehaus" – letzterer mit kaum unterdrücktem Abscheu:

„Ein schöpferischer Mensch ist allein. Ein unschöpferischer sucht Zerstreuung. Er sucht Unterhaltung, die seinem Niveau entspricht: Gespräche, Literatur, wenigstens den Beigeschmack von Schöpferischem. Und wie eine infektiöse Krankheit ist auch jede geistige Atmosphäre ansteckend. Wer einmal dem faulen, schleichenden Lebenstempo dieser Kaffeehäuser verfällt, dringt selten zur Spitze vor. Freilich, freilich, das ist nicht ganz so, denn wer imstande ist, zur Spitze vorzudringen, verfällt dem Kaffeehaus nicht."[23]

Daß die ruinöse und egomanische Lebensweise Pollaks dafür Pate gestanden ist, ist kaum zu übersehen...

Mit jenem „schöpferischen", ihre Ansprüche mehr als erfüllenden Menschen wird Milena Pollak endlich im Juni des darauffolgenden Jahres zusammentreffen; acht Monate, nachdem eine sie aufzehrende, von

Anfang an zum Scheitern verurteilte Liebe auf postalischem Weg ihren Lauf genommen hat...

Oktober 1919. Milena versucht sich seit geraumer Zeit auch als Übersetzerin deutscher Schriften – jeder noch so geringe Verdienst ist ihr höchst willkommen. Ein kleinerer Text hat die Literaturliebhaberin bei der Suche nach geeignetem Stoff sofort gefesselt, sie erkennt auf der Stelle das darin ausgedrückte Genie: die Geschichte heißt „Der Heizer", der Verfasser ist Dr. jur. Franz Kafka aus Prag. Der Name kommt ihr bekannt vor – nur vage erinnert sie sich an jenen ruhigen, stets etwas außerhalb der Diskussionsrunden im „Café Arco" sitzenden Freund Max Brods. Frau Pollak schreibt dem Versicherungsangestellten nach Prag: Wäre Dr. Kafka damit einverstanden, wenn sie seinen Text ins Tschechische übertrüge? Die Antwort erfolgt prompt: Mit Freuden stünde man einer Übersetzung gegenüber, man werde dafür sorgen, daß Frau Pollak umgehend alle Arbeiten zugeschickt bekommt. Auch sie wäre keine Unbekannte für ihn, allerdings könne er sich an ihr Gesicht „in keiner bestimmten Einzelheit" erinnern. Dafür an die eigentümlichen, fließenden Bewegungen Milenas:

„... Nur wie Sie dann zwischen den Kaffeehaustischen weggingen, Ihre Gestalt, Ihr Kleid, das sehe ich noch..."[24]

Anfang 1920. Franz Kafka hat sich von der Versicherungsanstalt Krankenurlaub genommen, im südtirolerischen Meran erhofft er sich Besserung für seine angeschlagenen Lungen, der Sanatoriumsaufenthalt und Spaziergänge auf dem berühmten „Tappeiner"-Aussichtsweg sollen seinen Zustand stabilisieren. Seit der Konstatierung einer Tuberkulose vor etwas über zwei Jahren geht es mit ihm äußerlich wie innerlich bergab – Kafka leidet unter starkem Fieber, magert ab, Gespräche mit ihm werden immer öfter durch krampfartige Hustenanfälle unterbrochen –, die Verlobung mit der Berlinerin Felice Bauer hat der Jurist zum zweiten und endgültigen Mal gelöst. Eine Tagebucheintragung aus der Zeit:

„... F. war hier, fährt, um mich zu sehen, dreißig Stunden, ich hätte es verhindern müssen. So wie ich es mir vorstelle, trägt sie, wesentlich durch meine Schuld, ein Äußerstes an Unglück. Ich selbst weiß mich nicht zu fassen, bin gänzlich gefühllos, ebenso hilflos, denke an die Störung einiger meiner Bequemlichkeiten und spiele als einziges Zugeständnis etwas Komödie... im Ganzen aber ist sie eine unschuldig zu schwerer Folter Verurteilte; ich habe das Unrecht getan, wegen dessen sie gefoltert wird, und bediene außerdem die Foltermaschine..."[25]

Sein Zustand frißt ihn körperlich wie seelisch auf, Kafka ist nicht mehr in der Lage, Zutrauen zu sich selbst und zu anderen zu finden, seine Angst vor jeglicher festen Bindung überwältigt den nunmehr Sechsunddreißigjährigen. Von einer anderen, wiederauflebenden Beziehung fühlt er sich zudem total überfordert – diesmal heißt die in Frage kommende Person Julie Wohryzek, ein „im Herzen tapferes, ehrliches, selbstvergessendes" Mädchen, das er bei einem Urlaub in Schelesen beim nordböhmischen Liboch kennengelernt hat; wie bei Felice Bauer sind Verlobung und Entlobung innerhalb kürzester Zeit aufeinandergefolgt, dafür fällt es Kafka wieder einmal schwer, sich engültig von einer Frau zu lösen. Selbst Max Brod, der einzige Freund, dem Kafka bisher seine innersten Qualen gebeichtet hat, kann ihm nicht helfen, muß zusehen, wie sein gebrochener „Schützling" allein die „Flucht" nach Meran antritt.

Ein zweiter Brief von Franz Kafka trifft im Postamt Bennogasse Anfang des Jahres ein: Aus Meran erkundigt sich der Kurpatient, wie fortgeschritten Frau Pollak mit der Übersetzung seines Textes sei. Milena ist zu beschäftigt, um darauf zu antworten, ihre Tage vergehen mit Koffertragen am Franz-Josefs-Bahnhof, dazu kommen wüste Streitereien mit ihrem Mann. Mitzi Beer ist zwar wieder aus der gemeinsamen Wohnung ausgezogen, dafür macht Ernst kein Hehl mehr daraus, wie wenig er für Milena empfindet, seine Frauenaffären wechseln sich nun in immer kürzerem Rhythmus ab, der vierunddreißigjährige „Literat" läßt keine Gelegenheit aus, Milena mit bissigen Bemerkungen über ihr „heruntergekommenes" Äußeres zu demütigen.

Kurz darauf ein weiterer Brief aus Meran – Kafkas Tonfall wird persönlicher, auch fordernder:

„... Ich erwarte also zweierlei. Entweder weiteres Stillschweigen, das bedeutet: ‚Keine Sorge, mir geht es recht gut.' Oder aber paar Zeilen..."[26]

Es werden mehr als ein paar Zeilen. Ohne auf Mitleid zu spekulieren, direkt und mit fast kalter Nüchternheit schreibt ihm Milena zurück, offenbart dem, wie sie ihn aus seinen Schriften einschätzt, Menschen von „kompromißloser geistiger Subtilität" ihre Lage: den sie demütigenden Zustand ihrer Ehe, graue, freud- und freundlose Tage in Wien, ihre angeschlagene Gesundheit – den ersten Nachkriegswinter hat die dreiundzwanzigjährige Frau fast gänzlich ohne Heizung überstehen müssen, ihre Lungen sind schwer angegriffen.

Franz Kafka ist erschüttert – und selig: Auf Papier, aus sicherer Entfernung und ohne den Druck einer physischen Auseinandersetzung hat er einen gleichgesinnten Menschen gefunden, ebenso in den „tiefsten Tiefen" lebend wie er, ebenso von der Grausamkeit und Ausweglosigkeit menschlichen Daseins überzeugt wie er. Vor allem ist dieser Mensch eine Frau, trotz tiefer seelischer Narben ein „lebendiges Feuer, wie ich es noch nie gesehen habe" (so wird er sie später charakterisieren). Ein intensiver postalischer Dialog, voller zärtlicher Fürsorge für den anderen, entspinnt sich zwischen Wien und Meran, bereits drei Wochen darauf ist die Leidenschaft in beider Briefe nicht mehr zu verbergen. Mindestens einmal am Tag schreibt Franz Kafka an das Postamt in der Bennogasse, der Inhalt seiner seitenlangen „Beichten" wird immer intimer, er bekennt Milena gegenüber seine unauslöschliche Schuld, sein Versagen vor dem übermächtigen Vater, vor seiner ehemaligen Verlobten Felice:

„... Fast fünf Jahre habe ich auf sie eingehauen (oder, wenn Sie wollen, auf mich) nun, glücklicherweise, sie war unzerbrechlich, preussisch-jüdische Mischung, eine starke sieghafte Mischung. Ich war nicht so kräftig, allerdings hatte sie nur zu leiden, während ich schlug und litt..."[27]

Das Vertrauen geht so weit, daß er ihr von seinen ersten sexuellen Erlebnissen – mit einer Prostituierten – berichtet, voller Selbstvorwürfe, voller Ekel – danach:

„... Und als wir dann gegen Morgen, es war immer noch heiß und schön, über die Karlsbrücke nachhause giengen, war ich allerdings glücklich, aber dieses Glück bestand nur darin, daß ich endlich Ruhe hatte vor dem ewig jammernden Körper, vor allem aber bestand das Glück darin, daß das Ganze nicht noch abscheulicher, nicht noch schmutziger gewesen war... sie war (von mir aus gesehn) meine böse Feindin und war doch ein gutmütiges freundliches Mädchen, immerfort verfolgte sie mich mit ihren nichts verstehenden Augen... ich wußte... , daß ich das nie vergessen werde und gleichzeitig wußte ich oder glaubte es zu wissen, daß dieses Abscheuliche und Schmutzige, äußerlich gewiß nicht notwendig, innerlich aber sehr notwendig mit dem Ganzen zusammenhänge und daß mich gerade dieses Abscheuliche und Schmutzige (dessen kleines Zeichen mir ihre kleine Handlung, ihr kleines Wort gewesen war) mit so wahnsinniger Gewalt in dieses Hotel gezogen hatte, dem ich sonst ausgewichen wäre mit meiner letzten Kraft..."[28]

Zwischen allen Zeilen, in jedem Satz: Kafkas Angst – Angst vor dem Leben, Angst vor Menschen, vor dem Vater, vor Frauen, Angst vor jeder Entscheidung, Angst, am Schweigen und noch mehr am Sprechen zu scheitern:

„Ich suche... immerfort etwas Nicht-Mitteilbares mitzuteilen, etwas Unerklärbares zu erklären, von etwas zu erzählen, was ich in den Knochen habe und was nur in diesen Knochen erlebt werden kann. Es ist ja vielleicht im Grunde nichts anderes als jene Angst von der schon so oft die Rede war, aber Angst ausgedehnt auf alles, Angst vor dem Größten wie Kleinsten, Angst, krampfhafte Angst vor dem Aussprechen eines Wortes. Allerdings ist diese Angst vielleicht nicht nur Angst, sondern Sehnsucht nach etwas mehr ist als alles Angsterregende."[29]

Milena begreift diesen Abgrund, diese eigentümlich-geniale Gefühlsmischung, intuitiv erfaßt sie seine ums nackte Überleben zwanghaft aufgesetzte Maske – seine „Exterritorialität". In einem späteren, nach dem Scheitern ihrer Liebe zu Franz – oder „Frank", wie sie ihn nur mehr nennt – an Max Brod gerichteten Brief heißt es:

„Was seine Angst ist, das weiß ich bis in den letzten Nerv. Sie existierte auch schon immer vor mir, solange er mich nicht kannte. Ich habe seine Angst eher gekannt, als ich ihn gekannt habe. Ich habe mich gegen sie gepanzert, indem ich sie begriffen habe..."[30]

Eine Liebe aus der Ferne, basierend auf Qualen: Die Briefe ersetzen jeglichen persönlichen, physischen Kontakt, zumindest für Kafka. Er berührt sie mit seinen geschriebenen Worten, mit Tinte tastet er sich bis in ihr Innerstes, in ihren Briefen sieht er die Geliebte vor Augen, er zittert mit ihren Zeilen, die Sucht nach ihnen raubt ihm den Schlaf:

„... ich sehe Sie deutlicher, die Bewegungen des Körpers, der Hände, so schnell, so entschlossen, es ist fast eine Begegnung, allerdings wenn ich dann die Augen bis zu Ihrem Gesicht heben will, bricht dann im Verlauf des Briefes... Feuer aus und ich sehe nichts als Feuer."[31]

Am 22. April 1920 erscheint in der Literaturwochenschrift „Kmen" – der Stamm – die erste fremdsprachige Übersetzung eines Kafka-Textes: „Der Heizer", übertragen ins Tschechische von Milena Pollak. Nach und nach werden aus ihrer Hand die Bearbeitungen von Kafkas „Urteil", „Verwandlung" und „Betrachtung" erscheinen. Nicht nur diese Arbeiten überzeugen den Schriftsteller von ihren Fähigkeiten, es sind auch Milenas eigene Texte, Artikel und Feuilletons – nur widerstrebend schickt sie ihm einige davon nach Meran –, die den sonst so strengen Kritiker zu wahren Lobeshymnen hinreißen:

„... das ist keine gewöhnliche Schreiberin, die das geschrieben hat. Ich habe danach zu Ihrem Schreiben fast so viel Vertrauen wie zu Ihnen selbst. Ich kenne (bei meiner geringen Kenntnis) im Tschechischen nur eine Sprachmusik, die der Božena Němcová, hier ist eine andere Musik, aber jener verwandt an Entschlossenheit, Leidenschaft, Lieblichkeit und vor allem einer hellsichtigen Klugheit."[32]

Der Vergleich muß Kafkas Übersetzerin sehr geschmeichelt haben, gilt doch „die Němcová", Autorin eines der wichtigsten tschechischen Romanwerke, des Buches „Die Großmutter", als Idol der dortigen jungen Frauenbewegung.

Ob Ernst Pollak von der Korrespondenz seiner Frau mit Franz Kafka etwas gewußt hat, ist nicht bekannt – Milena holt die Briefe direkt vom Postfach in der Bennogasse ab, das unter dem Namen „Kramer" gemeldet ist –, sehr wohl gehen jedoch sie wie auch Frank auf den tristen Zustand ihrer Ehe ein. Frank scheut sich zwar vor einer direkten Konfrontation mit Pollak, er fühle sich dem Mann nur allzu unterlegen, der der „verläßlichste, verständigste, ruhigste" der ehemaligen „Arconauten"-Runde gewesen sei; dieser Minderwertigkeitskomplex hält Kafka allerdings nicht davon ab, Milena zu drängen: „Sie gehen für einige Zeit von Ihrem Manne fort, das ist nichts neues, es ist ja schon einmal so gewesen." Sogar die Ausreden hat er für sie parat: ihre Krankheit, Pollaks Nervosität (!) – „Sie schaffen auch ihm Erleichterung" –, die schwierigen „Wiener Verhältnisse". Für das Finanzielle würde er schon sorgen – im Hintergrund natürlich:

„Es wird auch dabei das beste sein, wenn ich mich persönlich weder einmische noch zeige. Das dafür nötige Geld nehmen Sie vorläufig (über die Rückzahlungsbedingungen einigen wir uns) von mir."[33]

Ist es dem kontaktscheuen Kafka vielleicht sogar lieber, diese Art von Liebesverhältnis aufrechtzuerhalten? Einer direkten Begegnung vorzuziehen? Was könnte da nicht alles schiefgehen, er oder sie oder beide könnten enttäuscht werden. Gefühle ausschließlich aus der Distanz, über das Schreiben, das er sowieso besser zu beherrschen scheint, auszukosten, ist das geringere Risiko. Wie anders könnte Milena folgende, einen Tag danach am 11. Juni des Jahres eintreffende, niederschmetternde Zeile deuten:

„... Ich werde Sie gar nicht sehn, nicht jetzt, nicht dann"?[34]

Frank drückt sich vor einer Auseinandersetzung mit Pollak, Frank hat wieder einmal Angst. Zwei Tage später – die Angst und seine Liebe überwinden endlich seine Distanzsucht, das erste Mal verwendet er das „Du" in seinen Briefen – schreibt er:

„... Aber ich fürchte mich vor ihm, er ist mir sehr überlegen. Weißt Du Milena als Du zu ihm giengst, bist Du einen großen Schritt von Deiner Ebene hinabgegangen, kommst Du aber zu mir, so springst Du in die Tiefe. Weißt Du das?"[35]

Alle Briefe Milenas an Frank werden verlorengehen, so weiß man nichts über ihre Reaktion auf diesen Aufschrei. Wahrscheinlich ist ihr bekannt, daß sein Krankenurlaub, der bereits zweimal verlängert wurde, am 5. Juli zu Ende gehen wird; aus Kafkas Briefen ersieht man ihren Gegenvorschlag: auf seiner Heimfahrt nach Prag soll Frank Station in Wien machen. Was diesen wiederum in Hysterie versetzt: Entsetzt lehnt er ab, sagt widerwillig zu, weigert sich endgültig, sagt im letzten Moment doch noch zu.

Am 27. Juni 1920 trifft ein völlig aufgelöster Franz Kafka am Wiener Südbahnhof ein und quartiert sich im nahe gelegenen Hotel Riva, eigentlich kaum mehr als eine anonyme, desolate Pension, ein. Bis die Liebenden einander sehen, vergehen noch ganze drei Tage, so lange quält sich

Frank mit seiner Angst vor einer Begegnung. Am Mittwoch, dem 30., ist es endlich soweit – nachdem er ihr per Boten eine Karte mit der Forderung hat übergeben lassen: „Bitte Milena überrasche mich nicht durch Von-der-Seite oder Von-Rückwärts-Herankommen, ich will es auch nicht tun!“[36]

Franz Kafka verbringt mit Milena Pollak vier Tage in Wien. Glückliche Tage, seine Furcht stellt sich als unbegründet heraus, Milena ist alles, was er sich ausgemalt hat – und noch mehr. Bei ihr verliert er seine Angst, zum ersten Mal in seinem Leben; als er am 4. Juli nach Prag zurückkehrt, ist Freund Max Brod zutiefst erstaunt:

„... so beglückt und stürmisch erzählte er, der sonst so Stille, von den Wiener Tagen mit Milena...“[37]

Wie ist es Milena gelungen, ihrem Frank die Abgründe zu nehmen? Monate später wird sie an Brod schreiben, diese vier kurzen Tage Revue passieren lassen:

„Wir haben über sie gelacht... Wenn er diese Angst spürte, hat er mir in die Augen gesehen, wir haben eine Weile gewartet, so als ob wir keinen Atem bekommen könnten oder als ob uns die Füße wehtäten, und nach einer Weile ist es vergangen. Es war nicht die geringste Anstrengung nötig, alles war einfach und klar, ich habe ihn über die Hügel hinter Wien geschleppt, ich bin vorausgelaufen, da er langsam gegangen ist, er ist hinter mir hergestampft, und wenn ich die Augen schließe, sehe ich noch sein weißes Hemd und den abgebrannten Hals und wie er sich anstrengt. Er ist den ganzen Tag gelaufen, hinauf, hinunter, er ist in der Sonne gegangen, nicht ein einziges Mal hat er gehustet, er hat schrecklich viel gegessen und wie ein Dudelsack geschlafen, er war einfach gesund...“[38]

Aber im selben Brief, neben der Schilderung der idyllischen Wiener Szenerie, mühsam unterdrückt, bitter, voller Selbstvorwürfe, wird auch ihre persönliche Tragödie dieser Tage spürbar: ihre Liebe findet keinen körperlichen Vollzug – für Milena besonders schmerzlich, aber in einem Akt grenzloser Selbverleugnung sieht sie darüber hinweg, gibt ihrem Verlangen und Begehren sogar die Schuld am Scheitern dieser Liebe:

„... Damals war ich ein gewöhnliches Weib wie alle Weiber auf der Welt, ein kleines, triebhaftes Weibchen. Und daraus ist seine Angst entstanden. Sie war richtig.“[39]

Franz Kafka weiß, wie voller Hingabe seine Geliebte ist, wie sie „brennt"; kann sein, daß ihm diese Facette Milenas nur recht gewesen ist, kann sein, daß sie ihn abschreckte. Seine Worte über sie besitzen jedenfalls, so wie viele seiner Visionen menschlichen Grauens, prophetischen Charakter:

„... alles wirft sie in das Opfer hinein oder hat es... durch das Opfer erworben..."[40]

Wie weit Milena sich ihrem Geliebten zu „opfern" bereit ist, kann man schwarz auf weiß lesen: „Ganz zerquält" bittet sie nach Franks Rückkehr Max Brod, „... wenn Sie spüren, daß er leidet, daß er meinetwegen körperlich leidet", ihr sofort zu schreiben, sie werde alles dafür tun, sogar nach Prag kommen – „bitte, seien Sie überzeugt, daß ich Frank nicht leiden lasse, bitte, glauben Sie es mir, daß es mir wichtiger ist als alles andere auf der Welt."[41]

Und als „treuer Sekundant meines Freundes" läßt sich's Brod nicht nehmen, in schillerndsten Beschreibungen über Kafkas Zustand Milena Pollak um „schonungsvollere Behandlung des Kranken" zu bitten.

Kaum von ihr getrennt, währt Franz Kafkas „gesunder" Zustand nicht lange. Jeden Tag mehrere Briefe, Telegramme nach Wien; Frank dürstet nach allem, was mit Milena zusammenhängt: „... Ich sehe noch, mit welchem Eifer Kafka zu einem Zeitungsstand läuft, um nachzuschauen, ob die neue Nummer etwas von Milena enthält..."[42] Er drängt sie, ihren Mann zu verlassen, ist sich seinerseits aber nicht sicher, ob er dies auch verkraften könne.

Sie wiederum macht sich Sorgen um seine Gesundheit, darum, ob er abgenommen hat, ob er beim Arzt war. Er fordert ihr Kommen nach Prag, sie hingegen braucht ihn in Wien, da Pollak erkrankt ist und sie für diesen sorgen muß. Sie schicken einander Blumen. Der Ton in den Briefen wird immer gespannter. Am 26. Juli, gerade drei Wochen wieder in Prag, schreibt Kafka:

„... Und eigentlich schreiben wir immerfort das Gleiche. Einmal frage ich ob Du krank bist und dann schreibst Du davon, einmal will ich sterben und dann Du... einmal will ich vor Dir weinen wie ein kleiner Junge und dann Du vor mir wie ein kleines Mädchen. Und einmal und zehnmal und tausendmal und immerfort will ich bei Dir sein und Du sagst es auch. Genug, genug."[43]

Sie antwortet eine Woche später, sie könne ihren Mann nicht verlassen, Frank müsse nach Wien kommen. Er wiederum prompt, das sei ganz ausgeschlossen, da er seine Arbeit nicht durch eine „Lüge"(!) gegenüber dem Direktor verlassen könne; macht ihr den Vorschlag, sie solle ihn am 14. August im niederösterreichischen Gmünd treffen, genau in der Mitte zwischen Wien und Prag, an der österreichisch-tschechischen Grenze. Milena gibt schließlich nach.

Gmünd endet für beide in einer Katastrophe – Milena und Frank, auf der Terrasse eines Gasthauses sitzend, einander zuhörend, „oft und lange, wie fremde Menschen". Die Liebe, die sich in den Briefen vollkommen ausgedrückt hat, die durch die gemeinsamen Tage in Wien Auftrieb bekommen hatte, schlägt plötzlich in Entfremdung um. Die zweite, von beiden heftigst ersehnte Begegnung endet in Gefühlskälte. Frank ist verstört, und total geschockt kehrt Milena nach Wien zurück.

Herbst 1920. Franz Kafka erholt sich im Tatra-Sanatorium bei Matliary von seinen körperlichen Strapazen. Er hat Milena Pollak nicht mehr wiedergesehen, ist vor einer Begegnung geradezu geflüchtet. Einen letzten Brief schickt er an sie, unmißverständlich:

„Nicht schreiben und verhindern, daß wir zusammenkommen, nur diese Bitte erfülle mir im stillen, sie allein kann mir irgendein Weiterleben ermöglichen, alles andere zerstört weiter."[44]

Milena, fassungslos, wendet sich an Max Brod, den einzigen Menschen außer Kafkas Familie, der noch Zutritt zu ihm hat; ihr Brief ist ein einziger, verzweifelter Schrei:

„... ich halte nur Franks Brief aus Tatra in der Hand, eine ganz tödliche Bitte und zugleich einen Befehl... Jesus Christus, ich möchte meine Schläfen ins Gehirn hineindrücken. Nur eines sagen Sie mir, Sie sind mit ihm während der langen Zeit beisammen gewesen, Sie wissen es: bin ich schuldig oder bin ich nicht schuldig?... ich weiß, was geschehen ist, und ich weiß nicht, was geschehen ist, ich bin an den Grenzen des Wahnsinns; ich habe mich bemüht, richtig zu handeln, zu leben, zu denken, zu fühlen dem Gewissen gemäß, aber irgendwo ist Schuld... Ich muß es wissen..."[45]

Es ist bereits zu spät, kurz darauf muß Milena Pollak einsehen, daß sie nie den Funken einer Chance gehabt hat:

„... Daß ich Frank nicht schreiben werde – ist doch absolut selbstverständlich. Wie könnte ich denn!... Wie könnte ich so unbescheiden sein und ihm schaden, wenn ich ihm nicht zu helfen vermocht habe?...“[46]

Danach sieht Milena Frank noch viermal, da ist Kafka bereits todkrank und ans Bett gefesselt, von seinen Qualen ausgelaugt, wortkarg. „Krankenbesuche“, notiert er in seinem Tagebuch. Der Sterbende übergibt ihr sämtliche Tagebuchaufzeichnungen mit der Bitte, sie nach seinem Tod Max Brod zur Aufbewahrung auszuhändigen. Am 8. Mai 1921 sehen sich beide ein letztes Mal, Kafka überläßt ihr das Manuskript zu seinem unvollendeten „Amerika“-Roman.

Am 3. Juni 1924 stirbt Franz Kafka im Sanatorium Kierling bei Wien. Sein Leichnam wird in einem „verlöteten Sarg“ nach Prag überführt; acht Tage später, um vier Uhr nachmittags, wird er auf dem Zidovské hřbitov, seit 1890 der einzige noch bestehende Friedhof der jüdischen Gemeinde Prags, „an bevorzugter Stelle, am Außenrand des Friedhofs nahe einem der großen Tore“ beigesetzt.

Milena Pollak schreibt einen Nachruf auf den „Menschen von geradezu wunderbarer Zartheit“, dessen Literatur „so wahrhaft, nackt und schmerzlich“ gewesen ist. Wenige Wochen nach Kafkas Tod läßt sie sich von Ernst Pollak scheiden; ihren Lebensunterhalt verdient sie sich weiterhin mit Artikeln für Prager Zeitschriften, mit Koffertragen an den Bahnhöfen. Sie versucht, sich mit ihrem Vater wieder auszusöhnen, Dr. Jesenský spendiert seiner körperlich dem Zusammmenbruch nahen Tochter einen mehrwöchigen Kuraufenthalt in St. Gilgen am Wolfgangsee.

Zwölf Jahre später zieht Milena Jesenská, zum zweiten Mal geschieden, mit ihrer Tochter Jana in eine Zimmer-Küche Wohnung an der Ecke zur Kouřimská ein. Sie befindet sich schräg gegenüber auf Sichtweite zum Zidovské hřbitov. Fast jeden Sonntag besucht sie dort Franks Ruhestätte mit dem sechseckigen, kristallförmigen Grabmal in der Parzelle 22. Bis zum 12. November 1939 – dann wird Milena Jesenská in ihrer Wohnung verhaftet und tritt von dort aus, keine 200 Meter von Franz Kafkas Grab entfernt, selber dem eigenen Tod entgegen...

„Wenn ich daran zurückdenke, so ist mir, als hätte ich nur getanzt!“[47]

Sommer 1926. Seit einiger Zeit weilt Milena Jesenská wieder in Prag. Fünf Jahre rege journalistische Tätigkeit liegen hinter ihr – anfangs waren ihre Artikel für die „Tribuna“ oder die „Národní Listy“ noch mit „M.P.“, dann mit „M.J.“ gezeichnet, jetzt steht über ihren Texten nur mehr selbstbewußt „Milena“. Neben Modeberichten und Feuilletons zu sozialen Erscheinungen hat sie sich mit großem Erfolg auch an „programmatische“ Themen herangewagt. „Der Weg zur Einfachheit“ – unter diesem Titel ist soeben auch ein Buch mit einer Auswahl ihrer Texte erschienen – und die Schrift „Zur Psychologie der neuen Gesellschaft“ haben die dreißigjährige Journalistin zu einer der gewichtigsten Stimmen in der tschechischen Medienlandschaft gemacht. Nebenbei sind Übersetzungen aus ihrer Hand zu Heinrich Mann, Franz Werfel, Gustav Meyrink, zu Apollinaire, Claudel, Rolland oder Maxim Gorki, Jonathan Swift und R. L. Stevenson in Prager Buchhandlungen zu finden. „Ihre“ Kolumne in der „Národní Listy“ füllt bereits eine ganze Seite, „die Jesenská“, wie sie respektvoll genannt wird, steht als Redakteurin einem ganzen Stab von Mitarbeiterinnen vor.

Kulturpolitisch engagiert sie sich im „Devětsil“-Zirkel, einer Gruppe avantgardistisch-orientierter Intellektueller: Von Dichtern, Musikern, Malern, Architekten, Filmregisseuren und Wissenschaftlern 1920 gegründet, ist das unter dem Eindruck der Kriegsgreuel gesetzte programmatische Ziel, „Kunst und Lebenspraxis“, „Poetisches und Proletarisches“ zu einer Einheit zu verbinden und als „Baumeister der neuen Welt“ zukunftsorientierte Lebensgrundlagen zu schaffen.

Die bitteren Ehejahre in Wien sind vergessen, Makulatur, von den Gefühlsabgründen ihrer Liebe zu Franz Kafka hat sich Milena Jesenská etwas distanzieren können, nur sonntags sind ihr die Besuche der Grabstätte des vor zwei Jahren Verstorbenen noch immer ein Anliegen, zu Kafkas Freund Max Brod besteht nur sporadischer brieflicher Kontakt.

An einem Augusttag veranstaltet der „Verein Bildender Künstler“ – „Manes“ – einen Ausflug auf einem Vergnügungsdampfer ins zehn Kilometer südlich von Prag gelegene Zbraslav, samt Besichtigung des Barockschlosses und der aus dem 17. Jahrhundert stammenden Kirche. Fast alle

Teilnehmer der Schiffahrt auf der „Primator Dittrich" sind Mitglieder der „Devětsil". Milena Jesenská ist der Mittelpunkt: nach neuester Wiener Mode gekleidet, charmant, witzig und voller Leben. Freunde machen sie auf einen Mann aufmerksam, der die berühmte Journalistin mit seinen Blicken verfolgt. Der Bewunderer wird ihr vorgestellt: Es ist der Architekt Jaromír Krejcar. Elf Jahre später wird er für den Entwurf des tschechischen Pavillons an der Pariser Weltausstellung 1937 internationalen Ruf erlangen.

Spätestens bei der Rückfahrt am Abend, über den Nebenfluß Berounka wieder auf der Moldau, vorbei an dem Kirchlein Zlíchov und dem Felsen mit der Vyšehrad-Burg, dem legendären Sitz der ersten Herzogin Böhmens, Libuše, sind beide unzertrennlich. Der um ein Jahr ältere Jaromír, glühender Anhänger eines Le Corbusier, eines Gropius oder Loos – sein erstes Bauprojekt ist das drei Jahre zuvor errichtete Bürohaus „Olympic", ein achtstöckiges Eisenbetongebäude in bester „Bauhaus"-Tradition –, ist von der Frau hingerissen, die in Zeitungsartikeln vehement für einen „einfachen und nüchternen" Architekturstil eintritt; die Intellektualität und Bildung Milenas, ihre mondäne Erscheinung faszinieren ihn, den Sohn eines Försters aus dem niederösterreichischen Hundsheim, zutiefst. Und sie, die prototypische Städterin, ist überwältigt von seiner Naturverbundenheit, von seinem – im Gegensatz zu den Horrorvisionen Kafkas – fast naiv anmutenden Blick auf das menschliche Dasein:

„Wenn wir gemeinsam durch den Wald gingen, verwandelte sich Jaromír in ein neues Wesen... Wir liefen querfeldein, ohne Weg und Steg, er vor mir her, und seine leichten, schmiegsamen Bewegungen glichen denen eines schönen Tieres. Im Wald befand er sich in seinem ureigensten Element, entdeckte in ihm mir ganz unbekannte und immer neue Wunder..."[48]

Zwar sträubt sich Milena noch, nach den alptraumhaften Erfahrungen seinerzeit sowohl mit Pollak als auch mit Kafka, gegen eine neue Bindung, doch es gelingt ihr nicht, Jaromír als bloße Affäre abzutun. Jaromír ist verläßlich, wie sie „mit beiden Beinen in der Erde verwurzelt", seine Arbeit ist schöpferisch und pragmatisch zugleich, bei ihm weiß sie, woran sie ist. Zudem: ihr Vater ist erstmals mit einer Verbindung, die sie eingeht, voll einverstanden.

„Professor Jesenský war ganz fassungslos, daß ihm seine Tochter doch jemanden ins Haus brachte, der keine Sammlung all dessen war, was er für die schlimmsten Untugenden hielt. Er protestierte nicht einmal..."[49]

Ein knappes Jahr darauf wird geheiratet, das Ehepaar richtet sich eine kleine, gemütliche Wohnung in der Spálená, unweit vom Wenzelsplatz, ein, im selben Haus, wo Jaromírs Mutter einen Zuckerladen betreibt. Milena, nun verheiratete Krejcar, ist selig, arbeitet wie besessen, neben unzähligen eigenen Texten, die sie am laufenden Band verfaßt, und der Verantwortung für den Redaktionsstab bei der „Národní Listy" übernimmt sie zudem noch die Herausgeberin-Funktion bei der neugegründeten, mit höchsten journalistischen Ansprüchen konzipierten Illustrierten „Pestrý Týden" – dem Musterbeispiel einer modernen Zeitschrift in der tschechoslowakischen Republik: großflächige Abbildungen, prägnante Texte, breitgefächerter Themenbereich, hochkarätige Kommentatoren.

Und als Milena schwanger wird, wähnt sie sich vollkommen im Glück.

Juli 1928. Milena Krejcar liegt mit einer schweren Sepsis im Krankenhaus. Schon zu Anfang ihrer Schwangerschaft hat sie unter Beschwerden gelitten, doch von unbeugsamer Natur, hat sie eigenwillig alle Warnungen ihres Körpers ignoriert. Gearbeitet hat sie wie eh und je, nur gelegentliche Schwächeanfälle haben sie zu kurzen Ruhepausen gezwungen. Um ihrem Mann zu beweisen, daß sie nach wie vor die „starke" Milena ist, hat sie sich sogar mit ihm gemeinsam zu einem Skiurlaub in die Berge begeben; sämtliche Touren hat sie mitgemacht, im kalten Wasser des Bergsees gebadet, stundenlange Wanderungen in den Wäldern unternommen.

Milena bricht zusammen: hohes Fieber, Schüttelfrost, Ohnmachtsanfälle. Jaromír bringt sie sofort zurück nach Prag und benachrichtigt Jan Jesenský; seit Tagen wacht der Vater am Krankenlager der Tochter, die Ärzte fürchten um das ungeborene Kind.

Milena verspürt heftige Schmerzen. Durch die Blutvergiftung bilden sich Abszesse an ihren Knochengelenken, sie erleidet einen bakteriellen Schock. Prof. Jesenský ist der Verzweiflung nahe. Um die Schmerzen zu lindern, verabreicht er seiner Tochter wiederholt Dosen von Morphium.

Am 14. August bringt die halb betäubte Milena Krejcar eine Tochter zur Welt – Jana Honza. Die schwere Geburt dauert volle zweiunddreißig Stunden, der Zustand der Mutter verschlechtert sich dramatisch. Wochenlang pflegt Jan Jesenský die Kranke, nur langsam erholt sich Milena, am Ende ist sie in mehrfacher Hinsicht „verkrüppelt“: Multiple septische Metastasen haben sich an ihrem linken Knie festgesetzt, das Bein ist von Thrombosen durchzogen, nur mit knapper Not kann es gerettet werden. Die Patientin muß froh sein, daß sie überhaupt noch gehen kann. Zudem hat sie sich an das Morphium gewöhnt – Frau Krejcar ist drogensüchtig.

Jesenský schickt seine Tochter auf Kur in den Ferienort Piešťany. Als Jaromír auf Besuch kommt, bringt er Milena per Flugzeug Morphiumampullen mit:

„... Ich liege weiterhin im Bett, und das Bein tut immerfort weh. Die Besserung schleppt sich im Schneckentempo dahin, und meine ganze Geduld schöpfe ich aus den Morphiumphiolen. Manchmal kommt es mir vor, als läge ich ganz unten auf dem Grunde, auf dem Grunde von etwas, das ich gar nicht mehr überblicken kann. Ich weiß nicht einmal mehr, wie die Welt aus vertikaler Position aussieht. Unglücklich ist nicht das richtige Wort, vernichtet komme ich mir vor und bin es auch...“[50]

Erst im Sommer 1929, ein ganzes Jahr später, kehrt Milena Krejcar mit ihrem Kind nach Prag zurück – aus einer lebensfrohen, aktiven Frau ist ein körperliches Wrack geworden: das linke Bein vollkommen versteift, schwerfällig hinkend, das einst ausdrucksstarke Gesicht mit den ihr eigenen zart-herben Zügen aufgedunsen, die Augen von unförmigen Tränensäcken verunstaltet. Die Drogensucht wird Milena bis 1938 nicht mehr loswerden.

Auf die gesundheitliche Katastrophe folgt eine berufliche: Der Mitarbeiterinnenstab bei der „Národní Listy“ hat sich während ihrer Abwesenheit aufgelöst, die „Pestrý Týden“ ist längst eingestellt; die zweiunddreißigjährige Journalistin findet zwar eine neue Anstellung als Kolumnistin, doch die Zeitung, in der sie publizieren kann, bedeutet für „die Jesenská“ einen Abstieg: in der „Lidové Noviny“, deren Leserschaft sich vornehmlich aus ländlichen Kreisen rekrutiert, übernimmt sie, die einst auf

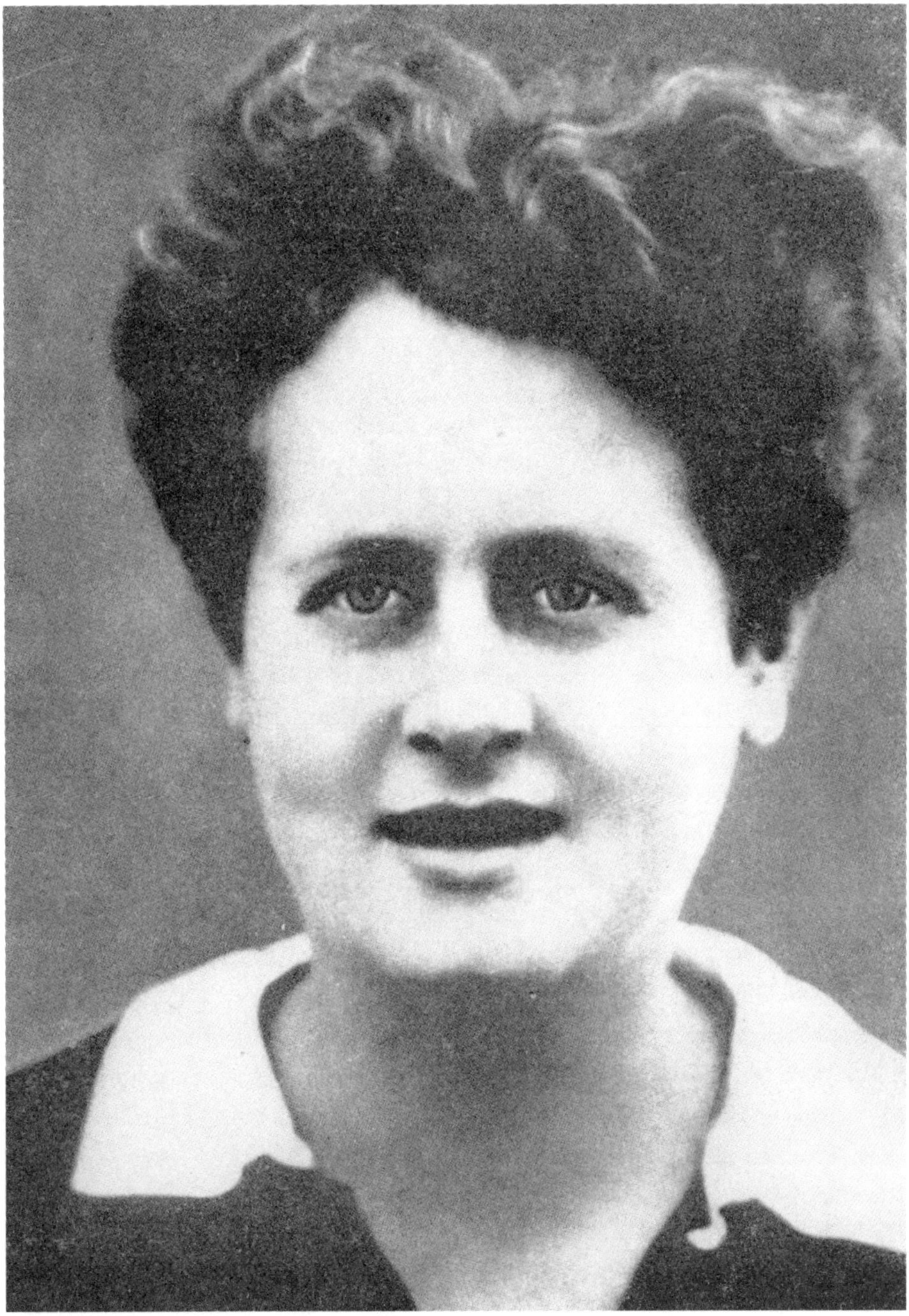

Milena Jesenská Anfang der dreißiger Jahre

Grund ihrer sozialkritischen Essays bei der Prager Gesellschaft einen Ausnahmestatus genossen hat, eine – Babyrubrik.

Jaromír Krejcar versucht sein Bestes, der Familie Rückhalt zu bieten; als der Architekt ein Haus für die Genossenschaft „Jednota" an der Francouzská ulice im „modernen" Stadtviertel Vinohrady fertigstellt, richtet er im obersten Stockwerk ein geräumiges Atelier für Milena und das Kind ein. Große, lichtdurchflutete Fenster, viel Platz für die dreiköpfige Familie samt Kindermädchen, eine Terrasse – sogar ein Sandkasten für die kleine Jana ist vorhanden – mit herrlichem Blick auf den benachbarten Havlíćkovy-Park.

Aber die Beziehung der Eheleute kann der Morphiumsucht Milenas nicht mehr standhalten. Eigentlich eine Ehe zu dritt, die Droge ist im Hintergrund immer allgegenwärtig; Milena verfällt in Depressionen, läßt sich in ihrem Zimmer einsperren, um den Entzug zu versuchen, droht wieder mit Selbstmord, wenn man ihr das gewohnte „Dicodit" nicht auf der Stelle verschafft. Jaromírs Nerven sind aufs höchste angespannt, der fünfunddreißigjährige Ehemann, zermürbt von den peinlichen „Bittgängen" durch die Apotheken der Stadt, hat nicht die Kraft, Milena wirklich zu helfen, flüchtet von zu Hause, betäubt sich seinerseits mit nächtelangen Zechtouren, mit diversen Affären. Milena ist zu sehr mit sich, mit der Droge beschäftigt, um gegen den Zerfall ihrer Ehe zu kämpfen.

Frühjahr 1934. Der Architekt Jaromír Krejcar erhält, gemeinsam mit den Fortschrittlichsten seiner Zunft, eine Einladung der Sowjetunion. Unter den Geladenen befinden sich klingende Namen: Le Corbusier, Gropius, Ernst May. Und, als einzige Frau, jene Architektin, die vor acht Jahren mit der Erfindung der „Frankfurter Küche" Schlagzeilen gemacht hat – Margarete Schütte-Lihotzky. Krejcar soll an dem Aufbau einer „modernen und lebenswerten" Republik mitwirken: Sein Projekt betrifft die kaukasische Industriestadt Kislowodsk, dort soll er großangelegte Wohnheime für Arbeiter und Funktionäre gestalten.

Als Krejcar Prag in Richtung Moskau verläßt, ist er mehr als erleichtert; auch tut er dies nicht allein – allerdings ist seine Reisebegleiterin nicht seine Frau, sondern seine Geliebte Riva. Milena Krejcar, die nichts gegen diesen Entschluß einzuwenden hat – über ihre Beziehung zu Jaromír macht sie sich keine Illusionen mehr – hat beschlossen, gemeinsam mit ihrer fünfjährigen Tochter Jana in der Francouzská ulice zu bleiben. Sie hat sich zwar, so wie ihr Mann auch, der Kommunistischen Partei angeschlossen, ihre Arbeit – mittlerweile schreibt sie Artikel für diverse Parteiorgane wie „Rudé Právo", „Svét Práce" oder „Tvorba" –, möge sie von noch so bescheidenem journalistischem Anspruch sein, ist ihr wichtiger, ist ein kleiner Hoffnungsschimmer, den Teufelskreis von Sucht und Entzug zu durchbrechen. Zwei Jahre später wird ein völlig desillusionierter Jaromír aus der Sowjetunion zurückkehren, seine Darstellungen von Geheimdienstverfolgungen und stalinistischen Schauprozessen werden auch Milena erschüttern; im Sommer 1936 läßt sie sich, angesichts des Prozesses gegen Sinowjew, der Kultfigur aller Prager Intellektuellen, aus der Partei ausschließen.

1937, im darauffolgenden Jahr, bereits von Krejcar geschieden und wieder unter ihrem Namen arbeitend, bekommt Milena Jesenská ein Angebot von Ferdinand Peroutka, für die von ihm gegründete Wochenzeitschrift „Přítomnost" zu schreiben. Jetzt findet sie endlich ihre wahre Bestimmung, läuft zur Höchstform auf, ihre brillanten Reportagen zu politischen Ereignissen werden zum Vorbild eines engagierten, gewissenhaften Journalismus: Berichte über das Schicksal „Deutschsprachiger" im nationalistischen Prag, über Feindschaften zwischen Tschechen und Sudetendeutschen in den Grenzregionen – nach persönlichen Erlebnissen vor Ort „... das Traurigste überhaupt, was ich im Norden gesehen habe" –, scharfe Kritik an den rassistisch motivierten Aktionen der SdP (Sudetendeutsche Partei) – Überschrift: „Die Trutzburgen der SdP" oder „Quellen des Terrors..." –, Entsetzen über die Pogromstimmung gegen Juden – „Lynchjustiz" an „den Negern Europas" – in ihrer Heimatstadt, Analysen der politischen Isolation ihres Landes angesichts der Annektionstendenzen des Dritten Reichs.

Privat hat sich Milena Jesenská stabilisiert, in dem Journalistenkollegen Evžen Klinger einen geduldigen und verständnisvollen Lebensgefährten gefunden. Sogar von ihrer Drogensucht hat sie sich in einer selbstauferlegten „tour de force" befreien können – vierzehn Tage lang läßt sie sich in ihrem Zimmer einsperren, nur mit einer kleinen Ration Wasser und etwas Gebäck: Milena weiß, daß ihre Arbeit unter Morphiumeinfluß nicht jene Qualität erreicht, die den schicksalhaften Ereignissen gerecht wird.

Es bleiben noch etwas mehr als achtzehn Monate, bis sie im Juni 1939 Schreibverbot erteilt bekommt.

„Milenas bloße Erscheinung war ein ständiger Protest gegen das Lagerregime. Sie marschierte nie richtig in Fünferreihen, sie stand nicht vorschriftsmäßig beim Zählappell, sie eilte nicht, wenn man befahl, sie hofierte nicht die Vorgesetzten. Jedes Wort, das aus Milenas Mund kam, war nicht ‚lagergemäß'...“[51]

Ravensbrück bei Fürstenberg, achtzig Kilometer nordöstlich von der Reichshauptstadt Berlin, Sommer 1943. Knapp zwanzig einstöckige Holzbaracken, durch einen breiten Weg säuberlich in zwei Gruppen getrennt, fünf Meter hohe Betonmauern ringsum. Der Höllenort „beherbergt“ fast 30 000 Frauen; Wachtürme, elektrischer Draht, SS-Quartiere, Gärtnerei, primitiv ausgestattetes „Lazarett“. „Zwangsproduktionsstätte“ für Siemens, für SS-Uniformen. Diptherie, Thyphus, Scharlach und akute Diarrhöe sind an der Tagesordnung; Hunger, Kälte, Mord allgegenwärtig. Einmal im Monat ist es den Insassinnen gestattet, einen Brief an die Familie oder an Verwandte zu schreiben – maximal 16 Zeilen, natürlich nach Durchsicht durch die Lagerleitung. Die „Krankentransporte“, seit eineinhalb Jahren eingeführt, fürchtet man am meisten: Kranke Gefangene werden mit Güterwägen „zur ärztlichen Behandlung“ abtransportiert, tags darauf kehren nur die LKWs zurück, randvoll mit Kleidern, Bruchgold, Brillen und Zahnprothesen beladen. Im nächsten Winter wird Ravensbrück – ursprünglich ein „Aussonderungs- und Umerziehungslager“ – dann offiziell zu einem „Vernichtungslager“ umfunktioniert werden.

„Ich stand in einer Gruppe tschechischer Zugänge draußen vor dem Krankenrevier. Wir waren zur Aufnahmeuntersuchung dorthin dirigiert worden. Niedergedrückt und verstört durch die ersten schrecklichen Eindrücke bei der Ankunft im Lager erwarteten wir nun voller Angst die nächste Tortur. Da tritt Milena aus der Tür, bleibt auf der Treppe stehen, lächelt uns zu und ruft mit einladender Handbewegung: ‚Seid mir willkommen, Mädels!' Das kam so ganz von Herzen, als ob sie jeden einzelnen von uns in ihr Haus einlud, als sei sie eine Gastgeberin, die ihre Freunde empfängt. Ich konnte es gar nicht fassen, blickte zu ihr hinauf und bemerkte die rötlich schimmernden Haare... Es war das erste wirklich Menschliche inmitten all der Unmenschlichkeit..."[52]

Auf „die Jesenská", die „Willensstarke", ist Verlaß; Milena beschafft Brotstücke, versorgt die Kranken und Hungernden in den Baracken, Milena ist überall, sitzt in der Schreibstube des „Lazaretts", fälscht die Karteien der Lueskranken, damit sie nicht deportiert werden. Milena singt auf ihrer Strohpritsche tschechische Weisen, Milena schmuggelt Briefchen an andere Gefangene, riskiert ständig „Bunkerhaft".

Am 10. August findet in einer eigens dafür umfunktionierten Baracke – die Fenster sind von innen verdeckt, Aufpasserinnen stehen vor und hinter der Tür, man bemüht sich, so leise wie nur möglich zu sein – zu Ehren der prominentesten Tschechin im Lager eine „Geburtstagsfeier" statt. Alle sind erschienen: Tomy Kleinerová vom Christlichen Verein Junger Frauen, die ehemalige Autorin, Schauspielerin und Radiosprecherin Milena Balcerová, Nina Jirsíková, berühmte Tänzerin und Choreographin des aufgelösten Prager Balletts, Anička Kvapilová, einst die Leiterin der Musikabteilung der Prager Staatsbibliothek, die Ärztin Zdenka Nejedlá-Nedvědová, die Freundinnen Manja Opočenská, Hana Feierabendová, die Marie, die Bertel. Und als einzige Nicht-Tschechin die Deutsche Margarete Buber-Neumann, Kommunistin, Widerstandskämpferin und Frau des hohen Parteifunktionärs Heinz Neumann, nach einer zweijährigen Gefangenschaft in Sibirien von den Sowjets 1940 nach Ravensbrück ausgeliefert.

Milena Jesenská wird in die Baracke geführt, ein kleiner Tisch mit Geburtstagsgeschenken steht mitten im Raum: kleine Herzchen aus Stoffresten, handgestickte Taschentücher mit ihrer Häftlingsnummer, aus Zahnbürstenstielen geschnitzte Figuren, Blumen, geschmuggelt aus der SS-Gärtnerei. Gemeinsam singen die Frauen mit unterdrückter Stimme Lieder aus der Heimat, die Siebenundvierzigjährige erzählt aus ihrer Vergangenheit. Erinnerungen an Badenachmittage auf der Moldau, Spaziergänge in den Wäldern rings um Prag, die Rosen im Kinskygarten, an jene kurze, nicht ganz zwei Jahre währende Zeit, in der sie scheinbar alles zu ihrem Glück besessen hatte – Anerkennung als Journalistin, soziales Engagement, ein erfülltes Privatleben, sogar Versöhnung mit ihrem Vater.

Es ist der letzte Geburtstag, den Milena Jesenská noch feiern kann, ihren achtundvierzigsten wird sie nicht mehr erleben...

Winter 1943/44, eisig kalt, in Europa liegt ein „Jahrhundertschnee". Die Deutsche Wehrmacht an der Ostfront befindet sich seit den Kämpfen in Stalingrad und der totalen Kapitulation der Armee des General Paulus im vorangegangenen Februar auf dem Rückzug. Der Dnjeprbogen zwischen Krementschug-Nikopol befindet sich wieder in sowjetischer Hand, im November fallen nacheinander Kiew und Gomel, Tausende deutscher Soldaten und ihrer rumänischen Verbündeten sind auf der Halbinsel Krim von den restlichen Truppen abgeschnitten. Im darauffolgenden Frühjahr wird es in Sewastopol zum Gemetzel kommen.

Ravensbrück. Die Nachrichten von den deutschen Serienniederlagen in Rußland, vom Zusammenbruch der Achsenmächte in Nordafrika, von Mussolinis Sturz im Juli samt anschließendem „Verrat" Italiens sind die geflüsterten Neuigkeiten, die den Gefangenen im Lager Hoffnung geben.

Milena Jesenská ist physisch dem Zusammenbruch nahe. Die Gelenke sind von Rheuma zerfressen, die siebenundvierzigjährige Frau besteht nur mehr aus Haut und Knochen, Haare und Zähne fallen ihr aus, der ganze Körper ist mit Ausschlag und Frostbeulen übersät. Dennoch ist sie jeden Tag auf ihrem „Posten" im Büro des Krankenreviers, wo sie die Karteien der Luesinfizierten führt; sie fürchtet den „Krankentransport", die „medizinischen Experimente" mit verseuchten Injektionen, die der Lagerarzt mit seinen „Patientinnen" durchführt.

In der Mitgefangenen Margarete Buber-Neumann, ihrer besten Freundin im Lager, hat sie wenigstens eine Vertraute; ihr erzählt sie von der Resignation, der Verzweiflung, der Angst. Sooft wie möglich sind beide Frauen zusammen, Milena spricht über ihre Kindheit, ihren Vater, über Prag im Frühling, über Kafkas Prosa; Grete erinnert sich an ihren Mann, über dessen Schicksal seit der Verhaftung durch den NKWD in Moskau vor Jahren nichts mehr bekannt ist. Milena bringt Margarete die populärsten Prager Schlager bei, sie singen die Lieder gemeinsam, nachts auf ihren Strohpritschen.

Im Januar 1944 wird Milena Jesenská doch ins Krankenrevier überstellt. Der neue Lagerarzt – ein gewisser Dr. Treite, der in seiner Studienzeit Lesungen bei Jan Jesenský gehört hatte und dessen Tochter nun besonders zuvorkommend behandelt – hat bei der Kranken eine schwere Niereneiterung diagnostiziert: Nur eine sofortige Notoperation kann sie retten. Die chirurgischen Bedingungen sind mehr als primitiv, aber Dr. Treite gelingt es sogar, an der Patientin eine Bluttransfusion durchzuführen. Ihre Freundin Margarete wird sich später erinnern:

„... Während der Operation erwachte sie aus der Narkose, wandte sich an Treite und verlangte, er solle ihr die Niere zeigen. Der Arzt gehorchte, und man betäubte sie von neuem. In der Mittagspause eilte ich mit zerrissenem Herzen zum Krankenrevier, betrat das Zimmer, in dem sie lag, stumm und bleich wie eine Tote. Noch nicht aus der Narkose erwacht erhob Milena plötzlich die Stimme in feierlichem Pathos und sprach das Vaterunser auf tschechisch...“[53]

Milena Jesenská überlebt den Eingriff. Doch ihre Kräfte sind versiegt, bis zu ihrem Tod bleibt sie ans Krankenbett gefesselt. Trotz ihres Zustandes glaubt sie fest an ihre Heilung, von ihrem Lager aus tröstet sie die Zimmergenossinnen, allesamt Todkranke, mit Anekdoten aus ihrem Leben. Im April, vier Monate nach der Operation, versagt ihre zweite Niere, Dr. Treite gesteht Margarete Buber-Neumann, daß die Patientin bald sterben wird.

„Hintereinander schickte der Vater drei Ansichten von Prag, romantische Bilder des Malers Morstadt aus der Biedermeierzeit. Milena blickt auf die alten Stiche und... führt mich durch ihr Prag, sorgfältig auf die Postkarten weisend...“[54] Die Karten zeigen die Karlsbrücke, die Teynkirche mit ihren beiden, die Altstadt überragenden Türmen, „einen alten Brunnen, auf dessen Umfassung vier Engel mit dräuenden Schwertern stehen“.

„... Ich schaue auf, sehe das abwesende Gesicht und weiß plötzlich, daß ihre Phantasie die Ketten der Gefangenschaft gesprengt hat. Sie ist zu Hause... Sie richtet sich auf, greift nach dem letzten Brief des Vaters, in dem er ‚vom schönsten Frühling und den täglichen Morgenspaziergängen im Kinskygarten‘ schreibt. Sich wieder zurücklehnend sagt sie milde: ‚Warum ist táta nur so wortkarg...‘“[55]

Ein einziges Mal in diesen Monaten ist Milena Jesenská vom Krankenbett aufgestanden; Margarete findet ihre Freundin am Schreibtisch bei den Karteien stumm sitzend, den Blick auf die Gitterstäbe des Lagertores gerichtet...

17. Mai 1944. Krankenrevier des Vernichtungslagers zu Ravensbrück. Es regnet leicht, Frühlingsregen. Milena Jesenská stirbt nach zwei Tage dauerndem Koma an den Folgen totalen Nierenversagens. Im Vorraum des Krematoriums wird ihr Leichnam in einem handgezimmerten Holzsarg aufbewahrt, der zuständige Lagerarzt Dr. Treite wehrt sich gegen eine „Feuerbestattung“ an Ort und Stelle, möchte noch ein Telegramm nach Prag schicken. Prof. Jesenský soll ein anständiges Begräbnis seiner Tochter ermöglicht werden.

Epilog

Als Treites Telegramm eintrifft, bricht Jan Jesenský zusammen.

„... Erst wollte er sich das Leben nehmen, man mußte ihn bewachen, um ihn daran zu hindern... In dem Zustand, in dem er sich befand, nach Deutschland zu fahren, um den Sarg mit Milenas Leichnam zu holen, hätte seinen Tod bedeutet...“[56]

Er erholt sich nicht mehr, ein Jahr darauf stirbt auch er.

Jana Jesenská, Milenas Tochter, siebzehn Jahre alt, erbt ein Vermögen von einer Million Kronen. Innerhalb kürzester Zeit ist das Geld für Vergnügungen aufgebraucht; mittellos geworden ergreift sie im Laufe der Jahre verschiedene Handlangerberufe – Küchengehilfin, Straßenbahnschaffnerin, Putzfrau. Schließlich gelingt es ihr, einige Erzählungen in Zeitschriften zu veröffentlichen, zwei Bücher – „Es waren nicht meine Kinder“ und „Heldenmut ist Pflicht“ – erscheinen. Ihre zwei Ehen scheitern, die vier Kinder kommen zur Fürsorge, Jana Jesenská wird Anfang der sechziger Jahre von den kommunistischen Behörden wegen „grober Vernachlässigung ihrer Aufsichtspflicht“ zu einem Jahr Freiheitsentzug verurteilt. Danach noch eine Ehe, ein weiteres Kind.

Das einzige Andenken an ihre Mutter, einen infolge haftbedingter Parodontose verlorenen Zahn, von einer Mitgefangenen aus Ravensbrück mitgebracht, hat Jana Jesenská bewußt verlegt; sie hat „nicht den Mut“ besessen, „diese unersetzbare Reliquie wegzuwerfen...“

1969 erscheint ihr letztes Buch unter dem Titel „Adresát Milena Jesenská“, ein sehr persönliches Portrait ihrer Mutter und unprätentiöse Schilderung ihres eigenen Lebens an deren Seite. Am 5. Januar 1981 stirbt sie, zweiundfünfzig Jahre alt, bei einem Autounfall.

Margarete Buber-Neumann bringt einige Jahre nach ihrer Befreiung aus Ravensbrück die Erinnerungen an Milena Jesenská unter dem Titel „Milena – Kafkas Freundin“ heraus. Minutiös hat sie sich alle Gespräche und Äußerungen Milenas in der Gefangenschaft gemerkt, es wird ein Buch voller Liebe, voller Bewunderung für ihre ehemalige Leidensgenossin.

Der Verweis auf Kafka im Buchtitel ist zu diesem Zeitpunkt nicht verwunderlich, gerade sind die „Briefe an Milena“ erschienen, sie sind bereits zum Synonym einer tiefen Seelenverwandtschaft geworden. Daß die „wahre“ Person Milena Jesenskás nur schemenhaft hinter den Projektionen und Wunschbildern ihres Geliebten durchscheint, daß der geniale Dichter zwar eine prägende und einschneidende, aber dennoch temporäre Rolle im Leben dieser Frau gespielt hat, ist für Literaturwissenschaftler der Zeit nicht von Belang. Milena mutiert zur „Liebenden“ schlechthin. Man billigt ihr höchstens die Funktion eines „literarischen Vorbilds“ zu: In Franz Kafkas 1926 erstmals erschienenem, umfassendstem Roman „Das Schloß“, fertiggestellt unmittelbar nach der Entfremdung mit Milena Jesenská und noch ganz im Zeichen des Schmerzes und der eigenen Schuld, „kann man die Liebesbeziehung Kafkas zu Milena mit seltsamer Skepsis und in pejorativer Weise widergespiegelt finden, eine eigenartig heftige Deformation der Geschehnisse, die vielleicht allein ihn aus der Krise retten konnte...“ (Max Brod)[57]. Milena tritt verschlüsselt und stark stilisiert als „Frieda“ auf: zentrale Figur in „K.“s Leben im Dorf und bei dessen verzweifeltem Versuch, sich dem allmächtigen Einfluß des „Schlosses“ zu entziehen – am Ende bleibt die Flucht vergebens, das „Schloß“, düster, allgegenwärtig, und vor allem „der geheimnisvolle Herr Klamm, in dem man ein übersteigertes und dämonisiertes Schreckbild des legalen Gatten zu sehen hat“, obsiegen: Frieda „wendet sich zur Sphäre des Schlosses zurück, aus der sie kam“, „K.“ wird – bezeichnenderweise – von ihr „verraten“ und verlassen.

Daß die „Geliebte“ sehr wohl über Eigenleben verfügt, sehr wohl eigene – und da vermögen nicht einmal Kafkas auf Papier gebrachte Lobeshymnen ihrer Arbeit gegenüber die Aufmerksamkeit jener Hermeneutik-Koryphäen zu erwecken – Texte und Essays produziert hat, die in ihren Stilmitteln und inhaltlichem Anspruch ihrer Zeit weit voraus waren, all dies erfährt man erst ein ganzes Vierteljahrhundert nach den „Briefen“: 1984 wird ein Sammelband ihrer Feuilletons und Essays herausgegeben.

Vierzig Jahre nach ihrem Tod erfährt Milena Jesenská auch als Autorin eine kurze Zeit der „Entdeckung“. Zeitungsartikel über die „geheimnisvolle Frau an Kafkas Seite“ zeugen von allenfalls oberflächlichem Interesse; ein Fernsehfilm, entstanden mit französisch-deutscher Beteiligung, karikiert sie zu einem verwöhnten, exaltierten Kult-Junkie mit wechselnden Liebhabern. Dann kehrt Ruhe ein, Milena Jesenskás Name verschwindet erneut...

Margarete Schütte-Lihotzky

„Ich bin nicht verhungert"

Nur fünfundzwanzig Tage nach Beginn ihrer illegalen Arbeit im antifaschistischen Untergrund wird sie verraten und von der Gestapo verhaftet.

Wien, 22. Jänner 1941. Das bei den Studenten der benachbarten Universität und den Anrainern des Bezirks gleichermaßen beliebte Café Viktoria an der Ecke Maria-Theresien-Straße/Währinger Straße wird jetzt, um halb zwölf Uhr mittags, nur spärlich frequentiert, erst gegen Abend finden sich die meisten Gäste zu Kaffee, einer Partie Tarock oder zum Stammtisch ein. Im großen Hinterzimmer links vom Eingang sitzt eine gemischte Runde geselliger Männer und Frauen, am anderen Ende ist ein Paar in ein leises Gespräch vertieft. Ab und zu blicken die schmächtige Frau und ihr Gegenüber, ein Mann um die dreißig, besorgt um sich; wenn der Ober an ihnen vorbeigeht, unterbrechen sie ihre Unterhaltung.

Eine scheinbar alltägliche Kaffeehausszene an einem kalten Jänner-Mittwoch – doch das unauffällige Paar hat alles andere als harmlosen Kaffeetratsch im Sinn: Der kräftig gebaute Mann wird in ganz Österreich unter dem Decknamen „Gerber" von der Gestapo gesucht, die dreiundvierzigjährige Frau ist eine der wenigen Kontaktpersonen zwischen dem lokalen antifaschistischen Untergrund und den Verbindungsstellen im Ausland. In Istanbul an der „Académie des Beaux Arts" fürs türkische Unterrichtsministerium tätig, hat sie sich vor zwei Jahren der dortigen österreichischen Widerstandsgruppe angeschlossen und sich freiwillig für diesen gefährlichen Einsatz in der Heimat gemeldet.

Mit geheimem Informationsmaterial im Reisekoffer – unter anderem besitzt sie die gesamte Korrespondenz zwischen Johann Koplenig, dem Vorsitzenden der KPÖ, und Josef Dobretsberger, einem ehemaligen Mitglied der Regierung Schuschnigg und Professor für Nationalökonomie in Graz (nach dem „Anschluß" Österreichs für einige Zeit in Haft, befindet sich dieser gerade in der Türkei) – hat die überzeugte Kommunistin die beschwerliche Reise mitten im Winter mit dem Orient-Expreß über Griechenland und Jugoslawien angetreten. Vor knapp einem Monat in Wien angekommen, soll die Genossin mithelfen, ein Verbindungsnetz zwischen „Gerbers" Gruppe und anderen in der Türkei, Tschechoslowakei, Frankreich und der Sowjetunion aufzubauen.

Ein letzter „Treff" mit „Gerber" – eben im Café Viktoria – sollte es noch sein, eine letzte Übergabe von geheimen Informationen – Namens- und Adressenlisten eines gewissen „Bobby", des wichtigsten Widerstandsmitglieds der Zagreber-Gruppe –, dann hat sie ihre Aufgabe erfüllt. Die im Wiener Verkehrsbüro gelöste Fahrkarte nach Istanbul samt Paß und allen erforderlichen Visa liegen schon in ihrer Handtasche bereit, am nächsten Tag – ihrem vierundvierzigsten Geburtstag – ist Reiseantritt. Der auf ihr lastende Druck wurde zusehends schwerer, die ansonsten nervenstarke Frau wähnt sich von der Gestapo beobachtet, befürchtet, daß ihre „Deckung" bereits aufgeflogen ist.

Zu Recht. Die unverfängliche Kaffeehausstimmung im Viktoria wird jäh von Geschrei und Tumult gestört: Gerade als „Gerber" sich anschickt, seiner Tischpartnerin den geheimen Kassiber zu überreichen, stürzen sich zwei Männer aus der scheinbar „geselligen" Kaffeehausrunde auf sie. „Gerber" wird von hinten gepackt und im Würgegriff umklammert, die Frau versucht zwar noch, das belastende Material unter ihrer Bank zu verstecken – doch es ist bereits zu spät.

Beide sind der Gestapo ins Netz gegangen: Sie werden durchsucht und abgeführt. Um kein größeres Aufsehen zu erregen, werden die Gefangenen durch den Hintereingang des Cafés direkt in einen bereitgestellten anonymen Personenwagen gebracht, dann fährt man ins berüchtigte Hotel Metropol, der Zentrale am Morzinplatz.

Ein Bild während der stillen Fahrt zum gefürchteten Verhör wird die schwer geschockte Frau noch Jahrzehnte danach verfolgen: der Kontrast ihrer weißen Handschuhe im dunklen Inneren des Autos. Sie wird sich an ihre unwillkürliche Handbewegung und das sofort darauffolgende Gebrüll eines Gestapo-Mannes erinnern und an den mutig vorgebrachten Protest von „Gerber" – drei ruhig ausgesprochene Silben: „Na, na, na!"

Die Bewacher sind in sichtlicher Erregung, ist ihnen doch ein großer Schlag gegen die „Hochverräter" und „Illegalen" gelungen: Sie haben „Gerber" erwischt – alias Erwin Puschmann, den bis dato höchsten KPÖ-Funktionär und Leiter der österreichischen kommunistischen Widerstandsbewegung.

Über die Rolle und die Identität der mit Puschmann verhafteten Frau sind sie sich noch nicht im klaren – nur eines können die Gestapo-Leute ihr vergewissern: das sichere Todesurteil wegen Hochverrats. Ansonsten sind sie nicht weiter an der Begleiterin „Gerbers" interessiert; erst in der Zentrale am Morzinplatz wird man ihren Namen ausforschen: Margarete Schütte-Lihotzky. Die international renommierteste österreichische Architektin, die als Erfinderin der „Frankfurter Küche" den modernen Wohnbau revolutioniert hat, bleibt als eine der Hauptbeteiligten in der Affäre „Gerber" vorerst im Hintergrund der Ereignisse...

Wien-Margareten, 1897. Der größte Teil des fünften Bezirks gehört noch zur Vorstadt, Wiesen und weitläufige Areale mit Gärten und Höfen prägen das ländliche Bild, erst Jahrzehnte später werden die Gemeindebauten entstehen und ihn zu einem „Arbeiterbezirk" umgestalten. Die Blechturmgasse ist eine der Verbindungsadern des Wientals mit dem höher angesiedelten Hügel des zehnten Bezirks, die Trennlinie dazwischen wird später „Margaretengürtel" heißen. Das Haus Nummer 27 – direkt gegenüber einem Bauernhof, wo Hühner und anderes Kleinvieh frei herumlaufen – stammt aus den Anfängen der Gründerzeit, der Garten mit über vierhundert Rosenstöcken, einer großen Linde und Akaziengewächsen vervollständigt das großbürgerliche Ambiente, eine eigens angelegte Kegelbahn deutet auf Wohlstand und bourgeoises Selbstverständnis.

Am 23. Jänner kommt Margarete als zweites Kind des Staatsbeamten Erwin Lihotzky und der Hausfrau Julie, geborene Bode, zur Welt. Die Familie ist Produkt einer typisch altösterreichischen Verbindung: Die Lihotzkys stammen aus der Bukowina, die Bodes von ursprünglich aus Hannover in die k.u.k. Monarchie eingewanderten Schwaben.

Schon von Kind an erfährt Margarete den unprätentiösen Stolz ihrer Familientradition, dazu gehören natürlich lebhafte Schilderungen über ihre Vorfahren und deren Leistungen: Wie Großvater Lihotzky seinerzeit nach Studium der Rechtswissenschaft in Wien und als junger Richter in die Heimatstadt Czernowitz versetzt, voller Empörung war

„über die Korruption dort, daß die Leute den Richtern vom Geld bis zu Hühnern und Eiern alles gebracht haben, damit sie so Recht sprachen, wie sie es wollten; und da hat er meine Großmutter am Traualtar schwören lassen, daß sie keine Geschenke annimmt“[1]; wie dieser Gustav Lihotzky später Bürgermeister von Czernowitz wurde und es schließlich am Ende seiner Karriere bis zum Hofrat im Justizministerium in Wien brachte. Oder wie der eigensinnig-liberale Richter für den Entwurf eines Witwen- und Waisen-Gesetzes den Leopolds-Orden verliehen bekam – samt obligatorischem Adelsprädikat mit dem allgemein begehrten Kürzel „von“ vor dem Familiennamen – und daraufhin zwar den Orden annahm, aber nicht den dazugehörigen Adelstitel.

Auch die mütterliche Linie kann auf Prominenz verweisen – ist doch Rudolf Bode, Julies Vater, als Direktor der 1. Wiener Baugesellschaft Träger des Franz-Josefs-Ordens. Und der in Berlin berühmt gewordene Kunsthistoriker Bode – das Kunstgeschichtliche Museum der Reichshauptstadt an der Spree wird später nach ihm benannt werden – ist renommiertester Repräsentant des in Deutschland ansässigen Zweiges.

So ist es nicht verwunderlich, daß Interessen und Begabung der Eltern die Familienatmosphäre prägen. Vater Erwin Lihotzky, trotz seiner Stellung als Beamter der Stadterweiterungsfonds-Verwaltung Geigenvirtuose und begeisterter Musikliebhaber – ursprünglich wollte er sogar eine Laufbahn als Konzertmusiker riskieren –, erzieht Margarete und ihre um vier Jahre ältere Schwester Adele in der toleranten Gesinnung eines bürgerlich-liberalen Freidenkers; die Kinder wissen von seiner insgeheimen Abneigung gegen die Monarchie, sie werden beide zu überzeugten Pazifistinnen und sozial engagierten Menschen erzogen. Zwei gemeinsam mit

Das Elterhaus in der Blechturmgasse

dem Vater besuchte politische Veranstaltungen werden bei Margarete tiefen Eindruck hinterlassen:

„Ich erinnere mich, daß mein Vater mit mir auf die Ringstraße gegangen ist, am 1. Mai, ich kann da vielleicht acht oder zehn Jahre gewesen sein. Ich erinnere mich noch, daß er mich an die Hand geführt hat und daß über die Ringstraße kleine Trupps gezogen sind mit roten Fahnen."[2] Und:

„Er war absolut kein Monarchist, im Gegenteil, er hat die Republik freudig begrüßt... Wir waren auch zusammen vorm Parlament, er und ich, als die Republik 1918 ausgerufen worden ist. Daran erinnere ich mich..."[3]

Margarete Lihotzky zeigt bald eine Vorliebe für künstlerische Betätigung: Nach dem Besuch der „Bürgerschule" – zu dieser Zeit dürfen Mädchen noch nicht in eine Höhere Schule eintreten –, wo sie in Mathematik, Aufsatzschreiben und allgemeinen Bildungsthemen unterrichtet wurde, darf das nun vierzehnjährige Mädchen mit Einverständnis der Eltern Privatstunden bei dem Wiener Maler Maierhofer auf der Wiedner Hauptstraße nehmen. Gegenstand der vorwiegend mit Kohle und Aquarell gefertigten Bilder sind figurale Porträts: Sie lassen bereits das enorme Talent der Schülerin erahnen. Sie kommt auf den Geschmack. Eines Tages offenbart Margarete ihren Eltern einen Herzenswunsch – sie möchte unbedingt die Kunstgewerbeschule am Stubenring besuchen.

„Das war die erste Kunstschule im Land überhaupt. Aber da ich sehr zart von Gesundheit war, wollten meine Eltern, daß ich zuerst zwei Jahre in die Graphische Lehr- und Versuchsanstalt ging, da war nicht so ein strenges Regime. Da habe ich Kopf gezeichnet und Lithographien gelernt. Dort konnte man die Druckverfahren lernen, und ich habe ja alles gemacht. Mich hat alles brennend interessiert..."[4]

Vor allem in einem Bereich zeigen sich bei Margarete außergewöhnliche Fähigkeiten: Technische Zeichnungen werden mit nahezu mathematischer Akribie und Perfektion von ihr durchgeführt. Die Eltern sind schließlich einverstanden, ihre jüngste Tochter darf sich in die Kunstgewerbeschule einschreiben.

Doch bis es endlich soweit ist, daß sich das Mädchen zur Aufnahmeprüfung anmelden kann, befindet sich Europa bereits mitten im Ersten

Die Eltern Lihotzky mit den Töchtern Margarete und Adele

Weltkrieg. Im Mai 1915 wird durch den Entlastungsangriff Generalfeldmarschalls August von Mackensen bei Gorlice-Tarnow zwar die russische Front in Galizien zum Einsturz gebracht, dafür erklärt am 23. des Monats das bis dahin neutrale Italien Österreich-Ungarn den Krieg – ein neuer, berüchtigter Kriegsschauplatz tut sich auf, als verlustreiche Isonzo-Front wird er zu zweifelhaftem Ruhm gelangen.

In der Familie Lihotzky hat sich auch einiges verändert, das wunderschöne Biedermeierhaus in der Blechturmgasse hat man verkaufen müssen und statt dessen eine Wohnung in der Hamburger Straße Nr. 14 bei der Wienzeile bezogen, Schwester Adele ist mittlerweile als Lehrerin – einer der wenigen für Frauen dieser Zeit stets offenen Berufe – tätig, Mutter Julie hat sich freiwillig zum Dienst beim Roten Kreuz gemeldet. Auch Margarete tut ihr Bestes, um sich nützlich zu machen: Sie begleitet, so oft es geht, ihre Mutter zum Sanitätsdienst – und wird das erste Mal mit Krieg und Gewalt konfrontiert:

„Das ist mir noch in Erinnerung: Wie die Verwundeten am Nordbahnhof angekommen sind..."[5]

Die junge Margarete Lihotzky kann nicht wissen, daß diese schrecklichen Bilder noch die verhältnismäßig „harmloseren" sind, die sich im Laufe ihres Lebens in ihrem Gedächtnis festsetzen werden.

Spätsommer 1915. Die achtzehnjährige Beamtentochter Margarete Lihotzky steht vor der wichtigsten Prüfung ihres bisherigen Lebens – der Termin für das Aufnahmeexamen naht. Selbst ihre Eltern, sonst sehr von den Fähigkeiten ihrer Jüngsten überzeugt, werden allmählich nervös.

Damit ja nichts schiefgeht, greifen Erwin und Julie Lihotzky lieber auf Altbewährtes zurück – die auch in der k.u.k. Monarchie üblichen „guten Beziehungen". Zum Rektor der Kunstgewerbeschule, dem durch seine Entwürfe fürs Burgtheater berühmten Bühnenbildner Alfred Roller, soll eine „Verbindung" hergestellt werden. Der komplizierte Protektionsweg ist schnell gefunden, die Lihotzkys wenden sich an eine „einflußreiche" Familienfreundin, die derzeit mit ihrem auf der Mariahilfer Straße eröffneten Modeatelier bei der feinen Gesellschaft Wiens für Furore sorgt: Emilie Flöge. Denn die für ihre Anmut und Eleganz stadtbekannte Frau ist nicht irgendwer – sie ist mit Gustav Klimt eng verbunden und gleichzeitig auch dessen künstlerische „Muse“ und Lieblingsmodell. Und Klimt, einst selbst Absolvent der Kunstgewerbeschule und Bahnbrecher der modernen Malerei, wiederum ist – das hat Margaretes Mutter von Frau Flöge persönlich in Erfahrung bringen können – einer der engsten Freunde des Rektors der Kunstgewerbeschule. Frau Flöge gelingt es, einen Termin bei Klimt zu arrangieren, Margarete begibt sich also klopfenden Herzens mit ihren Arbeiten zum großen „Meister“. Dieser gibt sich nach Durchsicht der Zeichnungen äußerst angetan von ihrem Talent und verspricht vor Ort, die Angelegenheit mit seinem Freund Roller zu regeln: Er werde der Prüfungskandidatin rechtzeitig ein Schreiben mitgeben, sie solle den Brief beim Examen vorzeigen, alles andere würde zu ihrer Zufriedenheit ablaufen.

Aber bis in den September hinein geschieht nichts. Weniger Margarete selber, der die ganze Protektion durch den übermächtigen Klimt offenbar peinlich ist, verliert die Nerven – ihre Eltern sind es, die täglich mit größerer Anspannung auf eine Nachricht des „Meisters“ warten. Also wird ein zweites Mal Frau Flöge bemüht, sie möge doch, bitte schön, bei dem für seine „unkonventionelle“ Lebens- und Vorgangsweise berühmt-berüchtigten Genie nachfragen. Die Antwort Klimts erfolgt prompt: Nein, er habe die Angelegenheit selbstredend nicht vergessen, Margarete könne beruhigt zur Aufnahmeprüfung antreten, er persönlich werde dafür sorgen, daß das gewünschte Empfehlungsschreiben rechtzeitig an die Lihotzkys ausgehändigt wird.

Endlich ist der wichtige Tag gekommen – doch vom Brief weit und breit nichts zu sehen. Also begibt sich Margarete Lihotzky, von der Bürde der Protegierung endlich befreit, zum Stubenring. Zwei Stunden später, die Examen sind voll in Gang, überbringt ein Dienstmann ein Kuvert in die Hamburger Straße 14: eben jenes heißersehnte Schreiben aus der Hand Gustav Klimts. Als die Familie Lihotzky den Brief – jetzt, wo er nichts mehr nützt – öffnet, kommt eine der mit schönen Ornamenten und feinen Goldplattierungen verzierten Visitenkarten des Jugendstilmalers zum Vorschein. Als sie die Rückseite lesen, kommen Margaretes Eltern aus dem Staunen nicht heraus:

„Lieber Roller,

Zu meinem Leidwesen bin ich gezwungen, Überbringerin dieses Briefes Dir zu empfehlen. Bitte verfahre ganz nach Deinem Gutdünken!"

Margarete Lihotzky schafft die schwierigen Prüfungen – von zweihundertvierzig Bewerbern, die angetreten sind, bestehen keine vierzig – auch ohne Protektion, im Wintersemester 1915/16 wird sie ordentliche Hörerin der k.k. Kunstgewerbeschule, wo bereits berühmte „Rebellen" der Wiener „Secession" wie Kokoschka oder Hoffmann lehren, und tritt in die Vorbereitungsklasse, Allgemeine Formenlehre, 1. Jahr, ein.

Zu dieser Zeit weiß sie überhaupt noch nicht, für welches Spezialgebiet sie sich entscheiden soll:

„Ich wollte nur an diese Schule, ich hatte keine Ahnung, was ich werden wollte. Man kam zuerst drei Jahre in eine Vorbereitungsklasse, um sich dann zu entscheiden, was man werden wollte. So kam ich natürlich auch automatisch in diese Vorbereitungsklasse, und die hat damals der Professor Strnad geleitet, ein Architekt, dessen Namen ich noch nie vorher gehört hatte."[6]

Am Ende des Jahres 1916 trägt die Neunzehnjährige in die Nationale des Jahrgangs unter der Rubrik „Berufsvorstellung" noch „Illustrationszeichnerin" ein. Ein Jahr darauf überlegt sie sich's wieder anders, die Bleistift und Tusche virtuos handhabende Studentin trägt, wohl auch angeregt von ihren planmäßig vorgeschriebenen Praxisstunden bei einer gewissen Tischlerei Pospischil, „Möbelzeichnerin" ins Jahrbuch ein. Erst nach drei Jahren in der Kunstgewerbeschule hat Margarete Lihotzky endlich ihre „Bestimmung" gefunden:

„... nebenan war die Architekturklasse, und da habe ich gesehen, wie die Leute arbeiten: daß jeder Millimeter, den man zeichnet, einen Sinn hat, daß dann etwas umgesetzt wird, was die tägliche Umgebung des Menschen beeinflußt. Da habe ich erklärt, ich will Architektin werden."[7]

Ihre Eltern sind von diesem Entschluß „entsetzt", vor allem der Vater; bei aller Liberalität hätte es der Verwaltungsbeamte doch lieber, wenn seine Jüngste dem Beispiel ihrer Schwester Adele gefolgt und auch Lehrerin geworden wäre. Selbst ihre Professoren sind besorgt:

„Jeder hat mir das ausreden wollen, daß ich Architektin werde, mein

Lehrer, mein Vater und mein Großvater. Nicht, weil sie so reaktionär waren, sondern weil sie geglaubt haben, ich werde dabei verhungern, kein Mensch wird sich von einer Frau ein Haus bauen lassen. Ich habe das aber durchgesetzt, auch bei Strnad, und nachdem er gesehen hatte, daß ich nicht lockerlasse, hat er sich sehr mit mir beschäftigt..."[8]

Es ist in erster Linie die pädagogische Persönlichkeit des Architekten und Bühnenbildners Oskar Strnad, die in Margarete die Faszination gestalterischen Entwerfens weckt:

„... was es heißt, eine Form zu finden, den Zusammenhang zwischen Form und Funktion, Form und Material, Form und Inhalt zu verstehen."

Die bis dato wohlbehütete höhere Tochter aus bürgerlichem Haus wird vom sozial engagierten Strnad auch auf einen anderen Aspekt aufmerksam gemacht: die immens politische Bedeutung der Architektur. Schon in ihrem ersten Jahr in der Meisterklasse bei ihrem Lehrer organisiert dieser die Ausstellung „Einfacher Hausrat" am Museum für Kunst und Industrie. Die darin gezeigten, von Strnad selber und seinen Studenten gefertigten Möbelentwürfe sollen, wie es im Katalog heißt, „für die vom Kriege betroffenen Gegenden gegen die übliche Händlerware" Stellung beziehen. Den für ihre persönliche Entwicklung wohl wichtigsten Rat gibt ihr der gesellschaftskritische Lehrmeister, als Margarete Lihotzky im selben Jahr an einem „Wettbewerb für Arbeiterwohnungen" teilnehmen möchte:

„Bevor Sie nur einen Strich machen, gehen Sie hinaus in die Arbeiterbezirke und schauen Sie sich an, wie die Arbeiter wirklich wohnen!"

Was sie zu sehen bekommt, als sie sich in die Wiener „Arbeiter"-Bezirke Favoriten, Ottakring und Hernals begibt, schockiert die bis dahin über solche Zustände ahnungslose junge Studentin zutiefst: abbruchreife Häuser, wo nicht selten bis zu acht Menschen eng aneinandergepfercht in einem einzigen Zimmer leben müssen, kaum ein Kind hat ein eigenes Bett; schlechteste Luftzirkulation, unbeheizte Räume im Winter und katastrophale hygienische Zustände, Stromanschluß oder Fließwasser gibt es nirgends.

Diese Erschütterung bewirkt, daß Margarete Lihotzky fortan soziales Mitgefühl mit klarer Ausrichtung auf Funktionalität zu kombinieren versteht, eine Fähigkeit, die sie zehn Jahre später ins internationale Rampenlicht bringen wird. Für eine „Wohnküche in der äußeren Vorstadt", wo sie Wohnungseinheiten mit integrierter Küche um einen größeren Hof anordnet – es ist eine ihrer ersten größeren Arbeiten überhaupt, bei der die Studentin systematisch von der Vorskizze bis zur fertigen Ausschreibung und Vergabe alles selbst durchführt – erhält die Zwanzigjährige „laut Dekret vom 21. 7. 1917" den „Max-Mauthner Preis der Handels- und Gewerbekammer, Wien I". Und, was sowohl Margarete als auch Strnad besonders freut: Sie hat den Preis als einzige teilnehmende Frau des Wettbewerbs gewonnen.

Im Juli 1918 kann Margarete Lihotzky ihr Architekturstudium erfolgreich abschließen – als überhaupt erste Hörerin der Kunstgewerbeschule. Praxis erwirbt sie im Privatbüro Dr. Strnads, unter anderem hilft sie ihm bei der Ausführung von Modellbauplänen seines Entwurfs für ein Schauspielhaus. Der Auftraggeber ist ein überaus prominenter Zeitgenosse: der Theaterdirektor Max Reinhardt. Oskar Strnad, wegen seiner Liberalität und seiner radikalen architektonischen Ansichten von den meisten großen öffentlichen Bauvorhaben ausgesperrt, erhält – durch Reinhardt, mit dem er eng befreundet ist – die Gelegenheit, am Entwurf eines neuen, ganz auf die Erfordernisse des Theaters zugeschnittenen Schauspielhauses zu arbeiten.

Für seine Assistentin ist es eine einmalige Chance: Nicht nur erhält sie den Auftrag, Pläne ihres Professors für deren Umsetzung zu vergrößern – und kann somit wertvolle Einblicke in einen regulären Theaterbetrieb gewinnen –, sie ist auch Zeugin unzähliger Diskussionen zwischen dem Theaterdirektor und ihrem Lehrer über die Realisierbarkeit künstlerischer Konzepte in der Architektur. Strnads Vielseitigkeit beeindruckt sie dermaßen, daß sie sich für ein weiteres Jahr bei ihm als hospitierende Schülerin am Stubenring einschreiben läßt.

Ansonsten übernimmt Margarete Lihotzky alle Aufträge, die sie angeboten bekommt – sie muß Geld verdienen. Ihr Vater Erwin Lihotzky ist – obwohl er die im November ausgerufene Republik mit Freude und Erleichterung begrüßt hat – eines der ersten „Opfer" der Nachkriegszeit: Mitten in den hitzigen Debatten über den Abbau des ärarischen Beamtenapparats der ehemaligen Monarchie wird der Stadterweiterungsfondsverwalter in Pension geschickt. Die beanspruchbare Rente ist in Zeiten von Nahrungsmittel- und Heizmaterialmangel zu gering, um die Familie durchzubringen, der ehemalige Hofratssohn Erwin Lihotzky muß nun, Alternativen gibt es nicht, als Mottenkugelvertreter – „Kinder, jetzt werden uns die Motten ernähren!“ – sein tägliches Brot verdienen. Selbst Mutter Julie nimmt eine Arbeit beim Jugendgericht auf, wo sie Recherchen bei Familien, deren Kinder in die Kriminalität abgedriftet sind, für die Behörden anstellt. Adeles Gehalt als Lehrerin ist keine wirkliche Entlastung der finanziellen Not, höchstens einen Mantel für die kalte Jahreszeit kann sie ihrer Schwester einmal spendieren. Margarete zeichnet Werbeplakate, übernimmt Handlangerdienste, so oft sich die Möglichkeit bietet.

Dennoch vermögen auch äußerst prekäre Verhältnisse die junge Architektin kaum von ihrer schöpferischen Arbeit abzuhalten. Seit Monaten ist sie mit einem ungewöhnlichen Projekt beschäftigt – sie entwirft ein Kulturzentrum, ursprünglich eine Idee des Musikwissenschaftlers Hanslick, der Strnad gegenüber die Bemerkung fallen ließ:

„In jedem Dorf gibt's heut' ein Kriegsdenkmal; man sollte für das Geld – zum Gedenken an die Toten und zur Friedenserziehung – ein Kulturdenkmal errichten...“

Der Professor gibt die Anregung an seine Vorzugsschülerin weiter und beauftragt sie mit der Planung eines „Mahnmals“ für die Kultur.

Es ist eine architektonische Premiere für Margarete Lihotzky, und sie bewältigt ihre Aufgabe hervorragend: Nach Vorbild der griechischen Antike konzipiert sie eine „umfassende Anlage, bestehend aus Museen, Theater- und Konzertsälen, Bibliothek, Klubräumen und Arkadengängen“, die zum meditativen Durchschreiten einladen, ganz im „hellenistischen” Sinne einer gleichzeitigen Pflege der Körper- und Geisteskultur. Blickfang und absolutes Zentrum des Baus: ein vierzig Meter hoher Turm. Jahre vor dem revolutionären Konzept der Architektur-Koryphäe Frank Lloyd Wright für das Guggenheim Museum in New York beinhaltet der Entwurf der jungen Österreicherin – angeregt von ihrem Lehrer Strnad – bereits dessen Quintessenz:

„... auf einer schneckenförmigen Rampe sollte man von unten nach oben die gesamte Kulturgeschichte durchwandern – vom alten Ägypten bis zur Moderne.“

Zwar – das wissen sowohl Strnad als auch seine Schülerin – hat solch ein Kulturdenkmal kaum Chancen, jemals realisiert zu werden, die Studie bleibt somit ein „Luftprojekt“, aber die Ausführungen Margarete Lihotzkys erregen dennoch große Aufmerksamkeit und werden entsprechend gewürdigt: mit dem Lobmeyr-Preis der Gesellschaft zur Förderung der Kunstgewerbeschule, gestiftet von der bekannten Wiener Manufaktur.

Dezember 1919. Margarete Lihotzky befindet sich gerade in einem Zug in Richtung Holland, das Reiseziel ist Rotterdam. Nach der höchst produktiven „Lehrzeit“ bei Professor Strnad hat sie einige Wochen im Büro des Wiener Architekten Oerley ihr Glück versucht, doch dessen architektonische Auffassungen waren der fortschrittlichen Absolventin der Kunstgewerbeschule zu konservativ. Sie beschloß daher, auf eigene Rechnung zu arbeiten. Da gerade etliche Räumlichkeiten in der Wiener Hofburg, bedingt durch die Wirren des Krieges, noch immer leerstehen, richtet sie in einem der unbenützten Zimmer ein eigenes Büro mit wunderschönem Blick direkt auf den Burggarten ein. Seit dem Herbst liegen einige Einrichtungsstudien vor, „Möbelzeichnungen und Perspektiven von Innenräumen“; für eine große Wiener Baufirma, die Aufträge am Wiederaufbau in Nordfrankreich erhalten hat, hat sie sogar Pläne „zerlegbarer Holzhäuser“ angefertigt.

Doch Margarete Lihotzky sucht nach mehr Betätigung – und findet gerade in ihrer Schwester Adele eine Partnerin: Die sozial engagierte Lehrerin steht einem „Holland-Komitee“ vor, mit dem Ziel, Wiener Kindern aus ärmlichen Verhältnissen einen Urlaub in den Niederlanden zu ermöglichen; bei holländischen Gastfamilien und unter ärztlicher Aufsicht sollen sich die vom täglichen Hunger der Nachkriegszeit bedrohten Kinder erholen. Über ein halbes Jahr lang fügt sich Margarete einem selbstauferlegten, strikten Reglement: Am Vormittag unterrichtet sie die überwiegend sechs- oder siebenjährigen Kinder, nach den „Schulstunden“ verdient sie sich ein kleines Zubrot im Büro des bekannten holländischen Architekten Vermeer. An ihren freien Wochentagen pilgert sie, die von ihrer Arbeit ohnehin voll in Anspruch genommen ist, nach dem fünfzig Kilometer im Norden gelegenen Amsterdam, um dort an der Universität Vorlesungen bei Professor Berlage über lokale Wohnverhältnisse, Städteplanung und die neuerrichteten, genossenschaftlichen Arbeitersiedlungen holländischer Bauart zu besuchen. Die bei der größten Architektur-Autorität des Landes gehörten Erkenntnisse, die Lehren ihres gesellschaftskritischen Lehrers Strnad und die von ihr selbst gemachten Erfahrungen betreffend der Wohnungsnot in Wiens Arbeiterbezirken verschmelzen zu einem sozialen Anliegen: Fortan ist Margarete Lihotzky in erster Linie daran interessiert, für die „nicht-priviligierten" Massen zu arbeiten, „ihre" Architektur wird stets vom Anspruch einer gesellschaftsverändernden Wirkung geprägt sein.

So kann es nur logische Konsequenz sein, daß die sozial denkende und politisch engagierte Frau sich zunächst der Arbeiterbewegung, später aus Widerstand zum Nationalsozialismus der Kommunistischen Partei anschließen wird. Und gerade ihre politische Überzeugung wird Margarete Lihotzkys Leben eine brutale Zäsur bescheren...

Szenenwechsel: Wien, 22. Jänner 1941. Margarete Schütte-Lihotzky wird gemeinsam mit Erwin Puschmann ins „Metropol" am Morzinplatz gebracht. Die berüchtigte Gestapo-Zentrale präsentiert sich noch immer als Hotel der Luxusklasse, straft mit Kristallustern, Biedermeiermobiliar und roten Läufern den in ihrem Inneren stattfindenden Schrecken Lügen: Hierher werden Verhaftete zuallererst überführt, das gesamte Obergeschoß ist speziell für brutale Verhöre reserviert. Bereits im Foyer werden Margarete Schütte-Lihotzky und „Gerber" getrennt, erst zwanzig Monate später werden die beiden einander ein letztes Mal sehen – bei ihrer Verhandlung.

Margarete Schütte-Lihotzky wird über die Wendeltreppe im hinteren Teil des ersten Stockes in das Dachgeschoß gebracht; eben diese Treppe wird zu trauriger Berühmtheit gelangen: Für viele Widerstandskämpfer ist sie die letzte Station, – manche von ihnen, verzweifelt und von Angst über die bevorstehenden Verhöre überwältigt, stürzen sich von der Treppe durch ein Fenster in den Freitod.

Bis in die Nacht hinein wird die Architektin verhört, angeschrien, beschimpft. Erst jetzt erfährt sie auch die wahre Identität von „Gerber" – bis zu diesem Augenblick hat Margarete Schütte-Lihotzky aus Sicherheitsgründen nur seinen Decknamen gewußt. Doch die SS-Offiziere können die scheinbar stoische Frau nicht zum Reden bringen, die Gefangene wird in einem Polizeiwagen auf die Elisabethpromenade überführt. Im dortigen Polizeigefängnis – von den Wienern wegen der Adresse noch Jahrzehnte später nur „Liesl" gerufen – wird ihr bis auf die Kleider alles abgenommen; von den Schuhsohlen bis zum Hutfutter wird sie peinlichst genau durchsucht.

Erst als sie sich in einer großen Zelle mit sechzehn Metallpritschen wiederfindet, bricht aus der bisher alles stumm über sich ergehen lassenden Gefangenen die mühsam unterdrückte Angst hervor – sie fängt an, am ganzen Körper zu zittern. Ihre Sorge gilt nicht der eigenen Sicherheit, sondern dem Erhalt der Widerstandsorganisation und dem Schicksal ihrer Mitglieder:

„Über die Folgen der Verhaftung war ich mir im klaren und konnte nicht aufhören, sie mir auszumalen. Kannte ich doch den Stand der Organisation ziemlich genau... Der Widerstand in Österreich mußte zu einem großen Teil zusammenbrechen. Für unzählige Genossen und Nichtgenossen, die mit uns zusammengearbeitet hatten, für alle ihre Angehörigen waren unermeßliche Leiden hereingebrochen. Bei den meisten ging es um Leben und Tod..."[9]

Die nächsten drei Monate verbringt Margarete Schütte-Lihotzky in Isolationshaft; ihre Einzelzelle nach der ersten Nacht in der „Liesl" mißt gerade zwei mal drei Meter. Briefe, Zeitungen oder Mitteilungen von außen sind nicht zugelassen, von Besuchen der Familie ganz zu schweigen – die Gestapo möchte sichergehen, daß die Gefangene keine Chance erhält, sich mit anderen abzusprechen. Insgesamt vierzehn Verhöre muß sie überstehen, zum Glück wenden die sonst nicht zimperlichen Gestapo-Offiziere kaum körperliche Gewalt an, „nur" einen „blutigen Kratzer" trägt sie, der es gelingt, Nerven zu bewahren, davon:

„Ich konnte überlegt meine Aussagen machen, log darauflos und schwieg, wo es galt, zu schweigen und Leute zu schützen. Das Zittern war weg und vorbei in dem Moment, in dem ich wieder in ein Zimmer zum Verhör gebracht wurde... Ich fühlte mich nicht als leidendes, unschuldiges

Opfer der Nazis. Ich hatte sie und ihr Regime bekämpft, und folglich hatten sie mich festnehmen müssen, sobald sie meiner habhaft werden konnten. Die Verhöre waren die Fortsetzung des Kampfes unter anderen Bedingungen. Deshalb empfand ich gegen den einzelnen Gestapomann kaum persönlichen Haß. So konnte ich ohne Emotion, nur der politischen Verpflichtung und der klaren Überlegung folgend, meine Antworten geben.“[10]

Meistens wird sie von zwei, manchmal jedoch von bis zu fünf Gestapo-Schergen gleichzeitig verhört. Doch sie gewöhnt sich an ihr Geschrei, an die Drohungen, an die vielen Täuschungsmanöver, an die Zermürbungstaktik. Selbst als einer ihrer Inquisitoren ein Fenster abrupt aufreißt und zynisch bemerkt:

„Stürzen Sie sich nur hinunter! Ihr Leben ist ja sowieso schon verloren...“, läßt sich die unter höchster Anspannung stehende Frau nicht aus der Fassung bringen. Nur eines kostet Margarete Schütte-Lihotzky in dieser Zeit der ständigen Vernehmungen schwere Überwindung – das permanente Lügen-Müssen:

„Meine Eltern erzogen mich zu strikter Wahrheitsliebe, und mein Leben hatte mir gezeigt, daß ich mit der Wahrheit besser gefahren bin als mit Lügen. Und dann mußte ich plötzlich lügen können. Nicht nur die Worte – die Festigkeit der Stimme, das Mienenspiel, das ganze Verhalten waren wichtig. Von einem Augenblick zum anderen stand ich einer völligen Umkehrung der Moralbegriffe gegenüber. Das Lügen, das ich als etwas Feiges und Verwerfliches betrachtet hatte, wurde zur Tugend, zur moralischen Kraft, das Menschenleben retten konnte...“[11]

Für die nächsten vier Jahre wird ihr Leben bestimmt werden von diesem Lügen-Müssen, von Mißtrauen und Vorsicht, von Angst, Krankheit und Hunger. Und doch wird Margarete Schütte-Lihotzky überleben, niemals, auch nicht in scheinbar hoffnungsloser Zeit, wird ihr Glaube an den – beruflich wie auch politisch – eingeschlagenen Weg erschüttert werden...

Sommer 1920. Margarete Lihotzky kehrt aus Rotterdam in ihre Geburtsstadt Wien zurück. Im August gewinnt die Dreiundzwanzigjährige als einzige Frau in einem öffentlichen Wettbewerb zusammen mit einem entfernten Verwandten, dem Gartenarchitekten Alois Berger, für den Entwurf einer Schrebergartenanlage am Schafberg im Wienerwald den 4. Preis. Die Juroren sind von der Rationalität ihrer Konzeption beeindruckt: Alle Bauten werden von standardisierten Holzbalken, die äußerst ökonomisch hergestellt werden können, getragen. Ein Mann ist besonders von den Qualitäten der unbekannten Bewerberin angetan: der Siedlungsreferent der Gemeinde Wien, Dr. Max Ermers. Im Anschluß an den Wettbewerb tritt dieser an Margarete Lihotzky heran, er kenne jemanden, der ihre Fähigkeiten gut gebrauchen könne.

Die junge Architektin wird dem leidenschaftlichsten Fürsprecher der Wiener Siedlerbewegung vorgestellt: Adolf Loos. In polemischen Zeitungsartikeln und heftig geführten Vorträgen kämpft der Baukünstler um die Anerkennung der Bedürfnisse der Wiener Bevölkerung nach menschlicheren und vor allem erschwinglichen Unterkünften. Seit über einem Jahr als unbezahlter Berater beim Referenten Ermers tätig, hilft Loos in allen Belangen des sich im Aufbau befindenden Siedlungsamtes der Gemeinde Wien am Parkring aus, macht geeignete Baugründe ausfindig, analysiert „Kleinhaustypen und Verbauungspläne", berät unschlüssige Siedler. Am 26. September des Jahres wird der für seine elitäre Lebensanschauung bekannte Architekt sogar mithelfen, die erste große Massendemonstration aller „Kleinsiedler" Wiens zu organisieren: Über 50 000 Arbeiter und Angestellte werden an diesem Tag auf der Ringstraße für das Recht auf Grund und Boden, für die Unterstützung durch Staat und Gemeinde, für genossenschaftlich finanzierte Wohnungen marschieren. Aber da wird bereits seine neue Mitarbeiterin ihm in der ersten Reihe auf der Tribüne vor dem Parlament zur Seite stehen.

Im Frühherbst 1920 trifft Margarete Lihotzky in einem Büro des Siedlungsamtes erstmals auf Adolf Loos – ihre Karriere als Architektin findet eine entscheidende Wendung. Als sie mit ihrer Arbeitsmappe – darin sämtliche Entwürfe seit ihrer Studienzeit penibel zusammengefaßt – ins Zimmer tritt, sitzt der in Wien höchst umstrittene Baumeister gerade am Zeichentisch: Sie bemerkt sofort den eleganten Anzug, die manikürten Hände, selbst den silbernen Stift, den Loos in dem Augenblick verwendet, wird sie nie wieder vergessen. Die Absolventin der Kunstgewerbeschule hat ein schlechtes Gewissen – hat sie nicht, in ihrer Studienzeit, die Vorträge eben dieses Mannes boykottiert? Damals ist der jungen Studentin, die nur auf praktische Arbeit und wissenschaftliche Vorgangsweise eingestellt war, das ganze Ambiente um Adolf Loos herum „snobistisch" erschienen; sie hat nie verstanden, weshalb der berühmteste Verfechter des „Sachlichen Bauens" dermaßen Wert auf Kleidung, Lebensstil oder vornehme Umgangsformen legte. Ebensowenig die Tatsache, daß jene Vorträge von einem ganz bestimmten, ihr allerdings exaltiert anmutenden Publikum überrannt wurden; außerdem wäre ihr die Vorstellung einfach zuviel gewesen, sich vom Rednerpult aus Vorschriften über all diese „Nebensächlichkeiten" wie Hosenweite, Haarschnitt oder die korrekte Art, Halstücher zu tragen, machen zu lassen. Beim ersten persönlichen Zusammentreffen ist Margarete Lihotzky jedoch mehr als beeindruckt; die Auffassungen des fanatischen Anhängers des „English Way of Life" unterscheiden sich, zumindest was die Architektur betrifft, kaum von denen ihres Lehrers Oskar Strnad. Auch Loos seinerseits ist äußerst angetan von den Arbeiten der jungen Frau, vor allem von ihrem Aufenthalt in Holland zeigt sich der erklärte Kosmopolit begeistert, ab sofort müsse sie unbedingt in der Siedlerbewegung mitwirken.

Als die „Erste gemeinnützige Siedlungsgenossenschaft der Kriegsinvaliden Österreichs" gegründet wird und, zuerst in der Josefstädter Straße, dann in der Hermesstraße im vornehmen Hietzing ein Büro eingerichtet wird, ist Margarete Lihotzky von Anfang an mit dabei: Gemeinsam mit ihrem Mentor Loos arbeitet sie an der Planung einer ersten großen Siedlung in der Friedensstadt am Lainzer Tiergarten, nebenbei entstehen in Eigenregie Entwürfe und Skizzen für „Arbeiterreihenhäuser", Einrichtungen und Möbel. Mitten unter diesen Plänen findet sich der „Entwurf zu einer Küche". Sechs Jahre später werden die unter dieser schlichten Übertitelung erstmals vorgestellten Ideen – dann allerdings schon in ausgereifter und höchst ökonomisch umsetzbarer Form – Margarete Lihotzky zu Weltruhm bringen: Hier entsteht zum ersten Mal der Grundriß einer Küche mit „planmäßiger Anordnung und Einbauten" sämtlicher für den Alltag notwendiger Einrichtungen, von Spülnische nahe der Kochstelle bis Einbauschrank, von Vorratskasten bis Arbeitstisch ist alles komplett.

Ihr „Chef" Adolf Loos findet in der jungen Architektin eine wertvolle Mitarbeiterin, sein über sie erstelltes Zeugnis verfaßt der sonst äußerst kritische Baumeister in den höchsten Tönen:

„Sie hatte reiche Kenntnisse im Ausland erworben und konnte diese, dank ihrem praktischen Verstand ausgezeichnet auf österreichische Verhältnisse anwenden. Ich kann Frl. Lihotzky, die auch durch ihren Fleiß und Genauigkeit viele ihrer männlichen Kollegen in den Schatten stellt, auf das Angelegentlichste jedermann empfehlen..."[12]

Die derart mit Lob bedachte Mitarbeiterin ist von ihrer Tätigkeit erfüllt, die Dringlichkeit einer planmäßigen Besiedlung Wiens motiviert sie zusätzlich: Noch kurz nach dem Ersten Weltkrieg mußte die Hauptstadt für mehr als 90 000 Obdachlose, darunter 20 000 Kinder, aufkommen. Jetzt, knapp drei Jahre später, ist die Not unerträglich geworden. Der sogenannte „Wald- und Wiesengürtel" an der Stadtperipherie läuft bereits Gefahr, durch illegale Bautätigkeit – Siedler sind zu Tausenden angerückt und haben aus Kisten oder Dachpappen ganze Wohnblocks gebaut – total verhüttelt zu werden, Zustände wie in den englischen Industriestädten aus dem letzten Jahrhundert sind angebrochen, Tuberkulose ist zur Volkskrankheit geworden. Am 24. Mai 1921 wird das Siedlungsamt als eigene Magistratsabteilung etabliert, Adolf Loos zum Chefarchitekten ernannt. Margarete Lihotzky erhält eine fixe Anstellung im Magistratsbüro des Architekten Ernst Egli, sie wirkt an der Planung der „Reformsiedlung Eden" mit, aus ihrer Hand entstehen Entwurfszeichnungen für verschiedene Haustypen – alle möglichst zeitsparend und finanziell günstig realisierbar – und ein „Kinderheim für die Theosophen". Nebenbei unterhält sie noch ihr eigenes Büro in der Hofburg, wo sie ihr Konzept für Wohnungseinrichtungen – speziell die Küchengestaltung hat es der praktisch denkenden Frau angetan – immer genauer ausarbeitet. Zudem hält sie noch Vorträge an der vom „Österreichischen Verband für Siedlungs- und Kleingartenwesen" und dem Wiener Volksbildungsverein gemeinsam errichteten „Siedlerschule". Neben prominenten Männern wie Adolf Loos, Max Ermers, Josef Frank oder Otto Neurath, dem Generalsekretär des Verbandes und später weltberühmten Nationalökonomen, spricht – wieder einmal als einzige Frau – Margarete Lihotzky über „Einrichtung des Siedlerhauses": Auch hier liegt ihr Augenmerk auf den Bedürfnissen der finanziell

Schwächeren. Um ein möglichst rasches Beziehen der Wohnstätten zu gewährleisten, sollen diese so errichtet werden, „daß sie sich in die planmäßige Bebauung der späteren Siedlerhäuser einfügen und kein verlorener Bauaufwand“ entsteht. Von der Zimmereinteilung bis zu den Möbeln berücksichtigt sie in ihren Plänen die Ansprüche der Bewohner, ihr späteres Wahrzeichen kristallisiert sich langsam heraus – auf kleinstem Grund soll möglichst sparsam und praktisch gewirtschaftet werden.

Die Massendemonstrationen und die engagierte Fürsprache prominenter Sozialpolitiker, Wissenschaftler und Architekten zeitigt bald tiefgreifende Wirkung auf dem Gebiet der Wiener Siedlungspolitik: Neben der Gründung des „Verbandes für Siedlungs- und Kleingartenwesen“ beschließt die Gemeinde eine Festlegung der Siedlungszonen in einem Generalregulierungsplan, eine „baugenossenschaftliche Zentralstelle“ wird errichtet, für die Versorgung der Siedler mit preiswerten Baustoffen und die „treuhändige Durchführung“ von Bauvorhaben die GESIBA – die „Gemeinwirtschaftliche Siedlungs- und Baustoffanstalt“ – geschaffen. Die Stadt Wien erhält am 10. Februar 1922 eine der fortschrittlichsten Richtlinien für die „allgemeine Mietzinsabgabe“, neben dem laufenden Bruttomietzins als Bemessungsgrundlage – fast eine Weltsensation im Bereich der Gemeindeführung – wird festgeschrieben, daß „alle Erträge aus der Besteuerung von Wohnobjekten zur Gänze dem Wohnbau“ zugeführt werden sollen: 60% sind bestimmt für „die Erbauung von Wohnhäusern mit kleineren und mittleren Wohnungen“, 30% für „Siedlungszwecke“, den Rest für „die Erhaltung demolierungsreifer Häuser“.

Mit dem „Gesetz zur Einführung einer Wohnbausteuer“ am 20. Jänner 1923 feiert die sozialdemokratische Kommunalpolitik ihren Höhepunkt – es ist weltweit eine der progressivsten Regelungen dieser Art: Ab nun ist es im Gesetzbuch verankert, der gesamte Ertrag aus dieser Steuer muß dem Wohnbau gewidmet werden. Die Belastung auf finanziell Schwächere fällt fast schlagartig, knapp die Hälfte der Einnahmen des ersten Jahres entstammen von nur 0,5% aller Wohnungen und Geschäftslokale.

Für Margarete Lihotzky sind diese Umwälzungen atemberaubend, mit eigenen Augen kann sie mitansehen, wie Architektur und Wohnbaupolitik die Gesellschaft verändern. Sie erstellt Skizzen, Entwürfe, Zeichnungen, für ihre Arbeit bei der „Vierten Kleingartenausstellung“ im Wiener Rathaus – ihre eigenwillige und höchst praktische Lösung einer „Kochnischen- und Spülkücheneinrichtung“, die als Fertigteil aus Beton gegossen und in Serie produziert werden kann, wird sogar in der Ausstellung in Originalgröße aufgebaut – erhält die Architektin die bronzene Ehrenmedaille der Stadt Wien. Langsam, aber sicher erwirbt sie sich den Ruf einer Spezialistin für den rationellen Bau. Als die GESIBA Anfang 1923 von der Gemeinde Wien einen Kredit über zwei Milliarden Kronen zur Verfügung gestellt bekommt – eine bis dato in der Kommunalpolitik unvorstellbare Zuwendung – und eine beispiellose Bauvorhabensaktion startet, wird auch Margarete Lihotzky zur Teilnahme gebeten.

Die sogenannte „Kernhausaktion“ wird für sie, die ausschließlich pragmatisch vorgeht, ein Riesenerfolg: Bei dem auf einer Art „Baukastensystem“ basierenden Bauprojekt – so sollte zuerst ein „Kernbau“, die eigentliche Siedlerhütte, errichtet werden, und erst im Anschluß daran, wenn die finanziellen Mittel ausreichen, dieser Kernbau durch Zu- und Anbauten ergänzt werden – stechen Margarete Lihotzkys Arbeiten erneut hervor. Als „Kernhaus Type 7“ sollte ihr Entwurf der am meisten gebaute und verbreitete Haustyp werden: Vollständig aus dem Billigmaterial Holz, werden darin alle Bedürfnisse der Siedler erfüllt, von der Gartenlaube bis zur rationell eingerichteten Küche und platzsparenden Einbaumöbeln ist alles, was den Alltag erleichtert, vorhanden. Insgesamt werden von der „Kernhausaktion“ siebzig Wohnungen ausgeführt, und bei der „Fünften Wiener Kleingarten- und Siedlungsausstellung“ – als Resümee des Projekts gedacht – stammen von den drei auf dem Rathausplatz im Originalmaßstab gezeigten Inneneinrichtungen der gebauten Wohnhäuser zwei von der Architektin Lihotzky: die „Type 4“ und die berühmte „Type 7“. Für ihre „Leistungen zum Gemeinwirtschaftswesen und zum Siedlungsbau“ wird Margarete Lihotzky am Ende der Austellung von der Stadt Wien die silberne Ehrenmedaille zugesprochen.

Ihr Arbeitspensum steigert sich von Tag zu Tag: Neben den vielen Bauprojekten findet die Architektin noch Zeit, eine spezielle Beratungsstelle für finanziell schwächere Siedler einzurichten – die sogenannte „Warentreuhand“. Ihrer offiziellen Tätigkeit im Verband für Siedlungs- und

Kleingartenwesen direkt angegliedert, soll die „Warentreuhand" jenen „kleinen" Leuten bei der Einrichtung der gebauten Wohnungen zur Seite stehen, deren Geldbeutel zu klein ist für Möbel aus teurer Produktion wie jener der Wiener Werkstätte oder des Werkbunds - Aushängeschilder der Wiener Inneneinrichtung, die mit bekannten Künstlern wie Josef Hoffmann oder Kolo Moser naturgemäß eher für „exklusivere" Kunden fast ausschließlich unter kunstgewerblichen Gesichtspunkten arbeiten. Persönlich kümmert sich die selber großbürgerlich erzogene Margarete Lihotzky um Mengenrabatte für „ihre" Siedler bei verschiedenen Möbelfirmen, sucht selbst Alltagsgegenstände wie Lampen oder Haushaltsgeräte aus, begibt sich mit eigenen Entwürfen zu Tischlereien, die bereit sind, diese Möbel möglichst billig herzustellen. Stets hat die Warentreuhandgründerin ein durchaus anspruchsvolles Ziel vor Augen:

„... der Verband will durch seine Warentreuhand einen Einfluß auf die Wohnungseinrichtung ausüben, auch er führt den Kampf gegen Möbelschund und Kitsch. Er geht darauf aus, das allgemeine Wohnniveau vor allem der Arbeiterschaft, welche geringere Tradition, daher geringere Vorurteile als das Bürgertum hat, zu heben."[13]

In persönlich geführten Gesprächen versucht Margarete Lihotzky ihre „Arbeiterschaft" von der Notwendigkeit regulierten Bauens zu überzeugen, die Architektin ist sich nie zu schade, selbst in den elendsten Gegenden den direkten Kontakt mit den Menschen zu suchen: Oft genug sind verrauchte Wirtshausstuben ihr Aufenthaltsort, bei Petroleum- oder Kerzenlicht (nur die wenigsten Gasthäuser der Arbeiterviertel Hernals, Ottakring, Favoriten oder Bruckhaufen, wo ungezählte, wegen der Verwendung von einfachen Holzbrettern als Baumaterial "Brettldörfer" genannte illegale Siedlungen entstanden sind, verfügen über Stromleitungen) diskutiert die Abgesandte des Siedlungsamtes mit den Leuten an Ort und Stelle über ihre Zeichnungen und Entwürfe für günstige Bauprojekte. Glücklich darüber, ihre Vorstellungen von der gesellschaftsverändernden Rolle der Architektur im sozialdemokratischen Wien umsetzen zu können, ist die Siebenundzwanzigjährige voller Pläne.

Doch mitten in Arbeitshektik und erste Anerkennung für ihre Leistungen, just als sie miterleben kann, wie „ihre" Architektur allmählich

Früchte zu tragen beginnt, wird Margarete Lihotzky von einer Reihe privater Schicksalsschläge getroffen: Innerhalb kurzer Zeit sterben Vater Erwin Lihotzky und Mutter Julie an der in der Donaustadt grassierenden akuten Tuberkulose. Im Mai 1924 erkrankt die seit Kindheit schwächliche Margarete selbst an der Volksseuche. Fast ein ganzes Jahr lang muß sie ihre Tätigkeit unterbrechen, der Aufenthalt in der Lungenheilanstalt Grimmenstein im südlichen Niederösterreich zieht sich bis in den August des nächsten Jahres hinein. Und als sie dann endlich entlassen wird und nach Wien zurückkehrt, ist der Siedlungsverband wegen Finanzierungsschwierigkeiten aufgelöst, das Baubüro bereits leer, die gesamte Verbandsspitze, inklusive Generalsekretär Otto Neurath, aus ihren Funktionen entlassen – Margarete Lihotzky ist arbeitslos geworden, „ihr" Werk zusammengebrochen. Zum Glück hat sie ein Jahr zuvor noch am Bauvorhaben „Winarskyhof" im XX. Wiener Bezirk mitarbeiten können, gemeinsam mit Loos, Strnad, Hoffmann und anderen Architekten hat sie an der Planung der gigantischen Anlage mit 740 Wohnungen gewirkt. Ein letztes Projekt kann die resolute junge Frau noch durchsetzen – im Rahmen einer Hygieneausstellung am Wiener Messepalast wird im Frühjahr 1925 ihr unter dem Eindruck der eigenen Erkrankung vorangetriebener Entwurf zur „Darstellung über Siedlung und Tuberkulosebekämpfung" gezeigt – dann ist endgültig Schluß, Margarete Lihotzky muß sich Gedanken um ihre Zukunft machen.

Die bereits über die Grenzen Österreichs hinaus bekannte Architektin ahnt nicht, daß zwanzig Jahre später erneut eine Tuberkuloseerkrankung sie zu eben denselben Überlegungen zwingen wird, nur daß die Krankheit dann nicht direkte Folge einer Ansteckung sein wird, sondern eines über vier Jahr währenden Martyriums in mehreren Gefängnissen...

22. September 1942. Ort der Handlung: der Große Schwurgerichtssaal im Wiener Landesgericht. Eineinhalb Jahre nach ihrer Verhaftung wird der „Architektin Margarete Schütte, deren Mann (Anm.: der Architekt Wilhelm Schütte, den sie 1927 in Frankfurt geheiratet hat) sich in Konstantinopel befindet", wegen Hochverrats der Prozeß gemacht. Die fünfundvierzigjährige Frau ist schwer gezeichnet, die letzten siebzehn Mo-

nate hat sie in Einzelhaft im Bezirksgefängnis Wien II., Schiffamtsgasse verbracht. Im Zellentrakt für „schwere Fälle", in erster Linie politische Häftlinge, hat sie den Gefängnisalltag kennengelernt, mitsamt allen Tricks, die zum Überleben notwendig sind: Verständigung mit anderen Gefangenen mittels „Stummerlsprache" oder „Gsiberl" – Stücke von Papier oder entwendete Stoffetzen, die beschrieben werden können –, Austausch von Essensresten zwischen den Zellen durch „Schnürln" – bei Entdeckung drohte stets wochenlanger verschärfter Arrest nur bei Wasser und Brot und ohne den üblichen Strohsack zum Schlafen –, ein spezielles „Telefonsystem" für nächtens geführte Gespräche mit den Nachbarzellen – man steckt dazu, nachdem man das Wasser aus dem Siphon entfernt hat, den Kopf in die Klosettmuschel und horcht in das Abflußrohr. Briefe und Mitteilungen an Freunde und Verwandte sind nur sehr sporadisch zugelassen worden, die wenigen von Margarete Schütte-Lihotzky sind Hilfeschrei und Selbsttrost zugleich:

„Früher hatte ich fast nie geträumt; im Gefängnis träumte ich viel und äußerst lebhaft. In einem Brief schrieb ich, etwa ein Jahr nach der Verhaftung: ‚... Jeden Abend wünsche ich mir, etwas Schönes zu träumen. Das ist dann die einzige Zeit, die man nicht da ist. Und ich träume oft so hübsche Dinge – von schönen Ausflügen und Reisen mit nahen Freunden, viel von Natur, von Blumen... immer Wunschträume und keine Angstträume, ein Zeichen, daß die Wünsche noch größer sind als die Angst.'"[14]

Hunger und ständiges Reden über Essen, das Dürsten nach Neuigkeiten von außen – Margarete hofft auf einen für die Gefangenen günstigen Kriegsverlauf; als am 22. Juni 1941 die Nachricht vom Überfall Deutschlands auf die Sowjetunion die Runde im Zellentrakt macht, regt sich kurz bei den Insassen Hoffnung über ein rasches Kriegsende –, natürlich auch ärgste psychische Belastung, nächtliche Hungerkrämpfe und Krankheiten haben die „Landesverräterin" gezeichnet. Bereits nach sechs Wochen in der Schiffamtsgasse hat sie sich „Scabies", eine durch Krätzemilben hervorgerufene Hautinfektion, zugezogen, tagelange Ganzkörperwickel mit einer übelriechenden Teersalbe waren die Folge.

Nun, an ihrem sehnsüchtig und gleichzeitig mit Bangen erwarteten Prozeßtag sieht Margarete Schütte-Lihotzky „Gerber" wieder. Sie ist erschüttert über Erwin Puschmanns Erscheinung, hat sie doch das Bild eines athletischen, energiegeladenen Mannes in Erinnerung. Bleich und bis auf die Knochen abgemagert präsentiert sich nun der Hauptangeklagte – neben ihm und seinem einstigen „Kurier" wird noch weiteren vier anderen Mitgliedern der Widerstandsbewegung in dieser Verhandlung der Prozeß gemacht – im Gerichtssaal. Nur mit leiser, gebrochener Stimme kann der ehemalige Kopf der kommunistischen Untergrundorganisation auf die gebrüllten Fragen des Richters antworten, Margarete kann nicht wissen, daß es eine Folge der Mißhandlungen an seinen Geschlechtsteilen durch die Gestapo ist.

Im Prozeß erfahren die Angeklagten auch endlich, wer sie verraten hat: Ein Journalist, der seinerzeit als „Herr Glaser" beim „Wiener Tagblatt" angestellt war, allen Beteiligten bis dato nur unter dem Decknamen „Ossi" bekannt und einer der engsten ehemaligen Vertrauten Puschmanns. Somit sind offenbar auch sämtliche geheime Unterlagen und Informationen durch eine einzige „undichte" Stelle in die Hände der Gestapo gelangt. Seit ihrer Verhaftung hat Margarete nur vage Gerüchte über den Verbleib „Ossis" gehört, im Prozeß selbst wird „aus staatspolizeilichen Gründen" die wahre Identität des Spitzels geheimgehalten.

Jahre später, als längst alle Akten über diese Spitzelaffäre verschwunden sind, wird Margarete Schütte-Lihotzky ein letztes Mal mit dem unheilvollen Decknamen „Ossi" konfrontiert werden – im Zusammenhang mit angeblichen Geheimdiensttätigkeiten gegen kommunistische Gruppierungen im fernen Israel.

Um fünf Uhr nachmittags zieht sich das „Volksgericht" zu Beratungen zurück. Drei Stunden später werden die Angeklagten von ihren Wartezimmern wieder ins Gericht gebracht – ein kleiner Hoffnungsschimmer für die Beteiligten, da allgemein bekannt ist, daß bei Todesurteilen die Zeitspanne zwischen Verhandlung und Urteilsverkündung wesentlich kürzer ausfällt.

Als es soweit ist, herrscht im Saal eisige Stille: Erwin Puschmann und zwei andere Mitangeklagte werden „verurteilt zum Tode, zwanzig Jahren Ehrverlust" und – zynischer Nachsatz – „Bezahlung der Prozeßkosten". Für Margarete und ein Ehepaar, das seine Wohnung für konspirative Treffen der Widerstandsorganisation zur Verfügung gestellt hat, lautet das Urteil auf „fünfzehn bzw. dreizehn Jahre Zuchthaus, zwanzig Jahre Ehrverlust und Bezahlung der Prozeßkosten".

Nach dem Krieg wird Margarete Schütte-Lihotzky den tatsächlichen Hintergrund ihrer „milden" Strafe – und somit ihrer Lebensrettung – erfahren, hat sie doch in den eineinhalb Jahren ihrer Untersuchungshaft fest mit dem Tod gerechnet. Doch das glückliche Zusammentreffen von mutigem Einsatz seitens ihrer Mitgefangenen im Bezirksgefängnis, ihrer Schwester Adele und allen voran ihres zu der Zeit in Instanbul weilenden Mannes Wilhelm Schütte und ganz banalen Zufällen haben sie vor der Todesstrafe bewahrt.

Im Herbst 1942 baut das Deutsche Reich wegen des strategisch notwendigen Zugangs zur Passage am Schwarzen Meer noch auf eine Allianz mit der neutralen Türkei, also werden von Berlin alle Wünsche der Regierung in Ankara mit besonderer Rücksichtnahme bedacht. Auf den im Gefängnis üblichen Schmuggelwegen – als eine Aufseherin kurz wegschaut, kann eine Mitgefangene in der Manschette ihrer Bluse eine von Margarete verfaßte Notiz nach außen befördern – gelangt folgende Nachricht auf Umwegen über ihre Schwester Adele schließlich nach Istanbul:

„In dem Kassiber fragte ich meinen Mann, ob er nicht beim Ministerium in Ankara einen neuen Arbeitsvertrag für mich erwirken könne, das würde mein Kommen erleichtern. Deutlicher wagte ich mich nicht auszudrücken..."[15] – falls es gelingen sollte, eine Anfrage der türkischen Regierung an den „Volksgerichtshof" in Berlin zu schicken –

„... Was konnten die Herrn in Berlin dann machen?... Wenn schon meine bloße Verhaftung auf Befehl der Gestapo von meiner Familie so streng in der Türkei verschwiegen werden mußte, konnten sie dann jemanden, der von der türkischen Regierung als Mitarbeiterin angefordert wurde, um einen Kopf kürzer machen? So viel war ihnen mein Kopf dann doch nicht wert!"[16]

Doch der zuständige Sektionschef des Ministeriums in Ankara verweigert Wilhelm Schüttes Ansuchen um einen neuen Arbeitsvertrag für seine ehemals in der Türkei tätige Frau. In dieser ausweglosen Situation handelt der Architekt instinktiv, in einem unbeobachteten Moment entwendet er flugs vom Schreibtisch des Beamten einige amtliche Briefbögen des Unterrichtsministeriums der Türkei. Und fälscht mit Hilfe einer zufällig in Ankara Station machenden Cousine – diese ist auch zufällig in der türkischen Amtssprache sehr gewandt – einfach einen Brief:

„Darin wurde mitgeteilt, daß das Ministerium auf meine Mitarbeit bei der Planung neuer Frauengewerbeschulen Wert legt und einen Arbeitsvertrag mit mir abzuschließen wünschte.“[17]

Nach Beglaubigung und Übersetzung durch einen Notar wird der Brief über das deutsche Konsulat – natürlich mit offiziellem Hakenkreuzstempel – wieder nach Wien zu Adele und dann über den Pflichtverteidiger nach Berlin geschickt.

Am 22. September 1942, um acht Uhr abend, wird das Urteil verkündet: Die bevorstehende Todesstrafe wird zu fünfzehn Jahren Zuchthaus abgeschwächt.

Am 7. Jänner 1943 wird per Dekret des „Oberreichsanwaltes beim Volksgerichtshof“ in Wien der „Hochverräter“ Erwin Puschmann hingerichtet. Zu diesem Zeitpunkt befindet sich die „politische Gefangene Grete Schütte, verurteilt zu fünfzehn Jahren“ seit zwei Monaten im Frauenzuchthaus Aichach. Das 2 000-Seelen Städtchen im südlichen Bayern, gerade fünfundzwanzig Kilometer von Augsburg entfernt, wird bis zum Ende des Krieges ihr Aufentaltsort werden.

Deutschland, im Jahr 1926 – ein ganz anderes Land:

Im Jänner reist Margarete Lihotzky nach Frankfurt, sie hat einen neuen Aufgabenbereich in Aussicht. Die Offerte ist das kuriose Resultat einer Zufallsbekanntschaft, die sie vor fünf Jahren gemacht hat: Ein ihr damals unbekannter Breslauer Architekt hatte sich im Frühjahr 1921 beim Siedlungsamt zu einem Arbeitsbesuch angemeldet, und da weder Loos noch jemand anderer gerade verfügbar war, hat man ihm die einzige dafür kompetente Frau im Baubüro als „Führerin“ durch die neuen Siedlungen zugewiesen. Man hat sich blendend verstanden, die Ansichten beider über Wohnbaupolitik waren fast identisch. Beim zweiten Besuch des Architekten im November 1925 haben sich beide in der Fachwelt bereits einen Namen gemacht: Margarete Lihotzky als Spezialistin für rationelle Siedlungsbauten, der Besucher ist als neuernannter Stadtrat für Bauwesen in Frankfurt am Main nach Wien gekommen. Und gleich nach der Begrüßung im Hotel Imperial stellt dieser an seine ehemalige „Stadtführerin" die Frage, ob sie denn nicht mit ihm nach Frankfurt gehen wolle, im dortigen Hochbauamt würde man ihre Qualitäten äußerst schätzen. Die gerade arbeitslose Architektin sagt spontan zu, eine neunjährige, höchst produktive Zusammenarbeit wird die Folge. Beide werden das Profil des berühmten Hochbauamtes prägen, Margarete als „Erfinderin der Frankfurter Küche" und Typisierungsexpertin, der einstige Wien-„Tourist" als jener „legendäre Stadtrat", der Deutschlands kommunaler Architektur ihr Gesicht verleihen wird: Ernst May.

Die Bevölkerungszahl am Main ist nach dem Ersten Weltkrieg, bedingt durch den Zuzug von Siedlern aus dem benachbarten Elsaß, sprunghaft gestiegen, massive Wohnungsnot und wirtschaftliche Engpässe der Stadtverwaltung haben in Frankfurt zu drastischen Reformen geführt. Große, autarke Siedlungen mit Gemeinschaftseinrichtungen entstehen, die Altstadt wird saniert, ein Generalregulierungsplan erstellt, die neue Hauszinssteuer eingeführt. Und die Stadtratsposten werden von „modern" denkenden Fachleuten besetzt: Als „Kämmerer", also Stadtrat für Finanzen, fungiert der Sozialdemokrat Bruno Asch, der sich bei der Lösung prekärer finanzieller Belange ausgezeichnet hat, als Verantwortlicher für das gesamte Hochbauwesen in der über einer halben Million Einwohner zählenden Stadt eben jener Ernst May, der als ehemaliger technischer Leiter der „Schlesischen Landgesellschaft" in Breslau für seine Wohnungsnotprogramme bekannt ist. Die Bestellung dieser Männer wird sich zudem für den amtierenden Oberbürgermeister Ludwig Landmann als unschätzbarer „Heimvorteil" erweisen – alle sind gebürtige Frankfurter und mit den lokalen Verhältnissen gut vertraut.

Ernst May, der erste Leiter des „Hochbauamtes" – unter diesem Namen wird das neugegründete Dezernat für Bauwesen und Städtebau zu Weltruf gelangen –, hat ein visionäres Ziel vor Augen: Er will ein „neues Frankfurt" schaffen, von der kleinsten Einheit, dem Haus, bis zur Planung des Verkehrs ist alles, wie die 1927 veröffentlichten „Grundsätze" zeigen, programmatisch festgelegt:

„1) Erst das Haus, und dann die Straße

2) Städtebau ist Landschaftssteigerung

3) Die Straße ist nie Selbstzweck, sie erhält ihre Gestalt, Form und Breite nur als Verkehrsträger..."[18]

Natürlich müssen wirtschaftliche und ästhetische Richtlinien berücksichtigt werden:

„...10) Sieht ein Plan gut aus, ist er auch meist gut."

Um die „Zentralstadt" herum sollen „trabantenartige Erweiterungsbezirke" gebaut werden mit Eigenversorgungscharakter, sämtliche gemeinnützige Einrichtungen müssen demzufolge vorhanden sein: Von Arztpraxen, Säuglingsheimen und Kinderhorten bis zu Handwerksbetrieben und Rechtsanwaltskanzleien ist alles eingeplant, auch an zentrale Heizanlagen und die Versorgung mit Warmwasser ist gedacht, und ausreichende Grünflächen für die Erholung dürfen nicht fehlen.

Was die einzelnen Wohnungen betrifft, so befürwortet der liberale Stadtrat May – ganz von den Verhältnissen und den akuten Bedürfnissen der Zeit geprägt – das „typisierte" Haus:

„Die Wohnung ist ein Massenbedarfsartikel... Man muß Typen entwickeln, die in Serie erzeugt werden können. Warum soll man nicht für tausende Menschen mit annähernd gleichen Lebensbedingungen und Einkommen, die in zwei oder drei Zimmer mit Küche und Zubehör wohnen, dieselben Grundsätze anwenden?"[19]

Schließlich habe die Geschichte doch gezeigt, daß

„... die Menschen in allen Teilen der Welt und in jeder Zeit... gewisse Typen bauten, d.h. einheitliche Formen, die sie in einheitlicher Abwandlung tausendfach verwendeten."[20]

Als höchste Priorität hat stets zu gelten,

„... daß die Bewohner mit möglichst geringem Kraftaufwand ihre Arbeit bewältigen können und Zeit für wichtigere (!) Dinge, wie die geistige Erziehung und die Kräftigung des Körpers durch Sport, haben."[21]

Um diesen gigantischen Auftrag bewältigen zu können, hat sich Ernst May für sein Hochbauamt insgesamt vierzig der namhaftesten Architekten aus dem In- und Ausland geholt. Illustre Namen wie Bruno Taut und Walter Gropius werden mehrfach mit den Zielen des Hochbauamtes in Verbindung gebracht, Mart Stam, Hans Schmidt, Hannes Mayer, alle im engeren Kreis um May, werden als Hauptrepräsentanten des funktionalistischen „Neuen Bauens“ über die Grenzen Europas berühmt werden. Und - wieder als einzige Frau - Margarete Lihotzky aus Österreich.

Die Spezialistin für Rationalisierung kommt sofort in eine der wichtigsten Planungsgruppen des Hochbauamtes: Unter dem Leiter Eugen Kaufmann ist die Typisierungsabteilung bis Oktober 1930 ihre Arbeitsstätte. Die Zeit drängt, das Bauprogramm für das erste Jahr steht längst fest. Die neunundzwanzigjährige Architektin ist verantwortlich dafür, Ideen einer „Rationalisierung der Hauswirtschaft auf den Wohnungsbau umzusetzen“; Grundrisse müssen erstellt werden, bald sollen erste Siedlungen in den Bezirken Praunheim und Ginnheim und in der Bruchfeldstraße gebaut werden.

Das produktive Arbeitsumfeld, die moralische Unterstützung durch Ernst May, der große Stücke auf die Mitarbeiterin hält, und die Notwendigkeit, gleich für Tausende von Wohnungen zu typisieren, motivieren zu Höchstleistungen - noch bevor das Jahr zu Ende geht, wird ihr der größte Wurf gelungen sein: Margarete Lihotzky entwirft die „Frankfurter Küche“.

Schon Jahre zuvor hat sie - vor allem, nachdem die „Nicht-Hausfrau“ ein Buch für „Die rationelle Haushaltführung“ von den Autorinnen Frederick und Witte zufällig in die Hände bekommen hat - ihr Konzept publiziert, damals, 1921, allerdings noch in Form eines Aufsatzes in der Zeitschrift „Schlesisches Heim“:

„Die Küche sollte die weitgehendsten Anforderungen an Gesundheitlichkeit und Reinlichkeit erfüllen... Aber daß man bisher bei uns in den ärmlichsten Wohnungen Küchen von 16 bis 20 m² Grundfläche gebaut hat, war eine unerhörte Verschwendung...“[22]

Ihr Vorbild für eine gut funktionierende Küche hat sie sich ganz woanders abgeschaut - von der Bahn:

„In den Speisewägen gibt es eine Küche und eine Anrichte; jede ist 1,83 m auf 1,95 m groß. Es hantieren in diesen beiden Räumen zwei Menschen, welche für 50 Personen (Haushalt 5 Menschen) ein Essen von gewöhnlich 6 Gängen zubereiten (im Haushalt sind es 3 Gänge).“[23]

Was sich also auf unzähligen Bahnfahrten glänzend bewährt habe und die wirtschaftlichste Lösung sei, müsse sich auch auf Wohnungen übertragen lassen. Allerdings gebe es einiges zu untersuchen:

„Jeden Handgriff sollte man abmessen, die Zeit, die man hierfür benötigt, sollte man mit der Stoppuhr abmessen, jeden Schritt sollte man zählen und sozusagen auf die Waagschale legen. Man müßte Berechnungen anstellen, ob man nicht etwas, wozu man heute zehn Handgriffe benötigt, nicht in acht abmachen könnte... Eine Küche ist eigentlich nichts anderes als ein Laboratorium. Sie müßte aussehen wie eine Apotheke, wo jedes Fläschchen und jede Kleinigkeit sein bestimmtes Fach oder seinen ganz bestimmten Platz hat, mit genauer Aufschrift... Meiner Ansicht nach sollte man womöglich alle Dinge in der Küche sehen können respektive hinter Glas sehen lassen. Dinge wie Tee, Kakao usw., die man in Dosen aufhebt, sollte man in Glasdosen geben; wie angenehm und appetitlich es beim Kochen ist, alle Bestandteile förmlich vor sich zu sehen!“[24]

Sämtliche „Bestandteile“ ihrer „modernen“ Küche hat sie schon damals zusammengestellt: eingelassene Schränke mit Glastüren, „ein Gasherd 50 x 50“, über dem Herd eine Nische für Gewürzdosen, Dunsthaube, ein kleiner Schrank mit „Entlüftung zur Aufbewahrung von Eiern, Fleisch und Butter“, Abwasch mit „zwei Becken und beidseitigen Ablaufbrettern“ – „auf das eine kommt das schmutzige Geschirr, von da an kommt es in das Becken mit warmem Wasser, dann in das Becken mit kaltem Wasser und als reines Geschirr auf das zweite Brett zum Abtrocknen“.

Nun realisiert Margarete Lihotzky ihr Konzept, paßt es den Frankfurter Vorgaben an, ergänzt „ihre“ Küche um weitere wichtige Punkte. Wohn- und Kochräume werden durch eine Wand getrennt, allerdings verbunden über eine Schiebetür, „die Frau kann so vom Herd und Küchentisch aus die Kinder im Wohnraum überwachen und es gibt die wichtigste, kürzeste Verbindung zum Eßplatz“. Was die Einrichtung betrifft, so installiert sie praktischerweise alles in der richtigen Arbeitshöhe, „ein Drehsessel soll dazu beitragen, die meisten Arbeiten im Sitzen zu erledigen“. Ausreichend beleuchtet wird die Küche bei Tage durch ein großes Fenster direkt vor dem Arbeitstisch, fürs Kochen am Abend entwirft sie eine „verschiebbare Lampe, deren Lichtkegel auf die Ausleuchtung der Raumbreite in Arbeitshöhe

Die Frankfurter Küche

berechnet ist". Sogar über Belüftung, Fußbodenmaterial und Farbanstriche der Möbel und Wände macht sie sich Gedanken: Schwarze Kacheln sollen das Reinigen erleichtern, blaue Möbel die lästigen Fliegen abhalten, ockerfarbene Verfliesung der Wände eine helle, freundliche Atmosphäre erzeugen.

Mathematisch-präzis kalkuliert sie die Kosten: von kleinsten Details wie Aluschütten, Abfallrinne oder Topfschrank, deren Realisierbarkeit die Architektin genauestens mit der Industrie abgesprochen hat, bis zu Kacheln, Fliesen, Ziegeln und Zement; am Ende bewirkt der Einbau einer solchen Küche eine maximale Mieterhöhung um ein bis drei Mark monatlich, eine für jeden erschwingliche Zusatzbelastung, während der Kauf einer derart vollständigen Einrichtung mindestens 240 Mark gekostet hätte – für den normalen Arbeiter undenkbar.

Bis Ende 1926 sind die ersten 164 Einfamilienhäuser in Praunheim fertiggestellt, zwei Haustypen, an deren Planung Margarete Lihotzky maßgeblich beteiligt gewesen ist, werden durchgeführt. In der Bruchfeldstraße – ein großer Komplex aus Geschoßwohnbauten – findet „ihre" Küche jene Form, die als „Frankfurter Küche" die Erfinderin ins Rampenlicht der Weltpresse bringt. Insgesamt entstehen im ersten Jahr ihrer Tätigkeit im Frankfurter Hochbauamt über 2200 Wohnungen, in über tausend wird die „Frankfurter Küche" eingebaut.

Nach zwei Wohnbauausstellungen in Frankfurt und in Stuttgart zeigt sich bald, daß Margarete Lihotzky neben Ernst May die profilierteste Persönlichkeit aus diesem Architekten-Kreis ist. Sie nutzt ihre Popularität und setzt sich in zahlreichen Zeitungsartikeln und Vorträgen für ihr Konzept ein. Die Presse ist überschwenglich, ihr Bild erscheint in den Zeitungen, die Dreißigjährige wird Gegenstand von liebevollen Karikaturen, die sie als „erste Frankfurter Architektin auf dem Hochbauamt" beim Zeichnen von Plänen zeigen. Margarete Lihotzky ist auf dem Höhepunkt ihrer Karriere.

Auch ihr Privatleben verläuft harmonisch. Die dynamische, junge Frau – ein kurzer Pagenhaarschnitt unterstreicht diesen Eindruck – und ein Kollege aus der Abteilung für Schulbauwesen, der Architekt Wilhelm Schütte, sind einander nähergekommen – im April 1927 heiraten sie. Da

Margarete Schütte-Lihotzky Mitte der dreißiger Jahre

Margarete bereits über die „ideale Wohnung“ zum „Leben und Arbeiten“ verfügt – als Junggesellin hat sie sich dafür extra ein Dachatelier, bestehend aus Vorraum, Wohnzimmer mit Schlafecke, Bad und selbstverständlich einer „Frankfurter Küche“, eingerichtet – zieht Wilhelm Schütte zu seiner Frau in die Kranichsteinerstraße 26.

Das frischvermählte Paar ist mit Arbeit ausgelastet, Wilhelm Schütte mit der Planung und dem Umbau einiger Berufsschulen (in vierzehn davon werden Varianten der „Frankfurter Küche“ für die Kochausbildug der Absolventinnen eingebaut), Margarete Schütte-Lihotzky – sie behält auch nach der Heirat ihren Namen und besteht auf der korrekten Nennung – nimmt an mehreren Ausstellungen zum Thema Wohnungseinrichtungen teil, konzipiert Kindergärten, verfaßt Studien und Pläne über eine „Wohnung für die berufstätige Frau“, hält Vorträge, wo sie die Zunahme von arbeitenden Frauen in der Zukunft vorwegnimmt, deren gesellschaftspolitische Bedeutung hervorhebt und gegen die Isolierung dieser Frauen in ghetto-ähnlichen „Heimen“ heftig polemisiert:

„Auch in Frankfurt hat es nach dem Ersten Weltkrieg viele alleinstehende Frauen gegeben. Viele Männer waren ja gefallen. In diesen Jahren ist das Problem des Wohnens der alleinstehenden berufstätigen Frauen aufgetaucht. Die Stadtverwaltung in Frankfurt wollte zuerst Ledigenheime, wie man das damals genannt hat, bauen. Dagegen bin ich scharf eingetreten, weil ich das entsetzlich finde, daß Frauen allein in einem Haus zusammengepfercht sind. Ich habe vorgeschlagen, daß Frauen und Familien in dieselben Häuser ziehen sollten, daß die Frauen nicht isoliert werden. Gleichzeitig aber sollten die Frauen die Möglichkeit haben, zentrale Dienstleistungen, wie das Aufräumen der Wohnungen gegen Bezahlung, in Anspruch nehmen zu können.”[25]

Sogar für Projekte in ihrer Heimat hat die täglich bis in die Nacht hinein arbeitende Frau noch genügend Zeit; auf Einladung des Architekten Josef Frank fertigt sie Pläne für zwei Einfamilienhäuser bei der österreichischen Werkbundsiedlung.

Spätsommer 1930. Die Frankfurter-Periode endet – genau wie damals in Wien – abrupt und innerhalb kurzer Zeit. Das Hochbauamt kämpft mit Finanzierungsschwierigkeiten, hatte Margarete Schütte-Lihotzky am Anfang noch Jahresverträge erhalten, so sind daraus Halbjahres-, schließlich sogar Vierteljahresverträge geworden. Als im Zuge der Wirtschaftskrise in Deutschland Anfang 1929 eine Propaganda gegen Doppelverdiener gestartet wird, gerät auch das Ehepaar Schütte/Lihotzky in die leidige Diskussion. Da hilft es auch nicht, daß die Ehefrau nach der Heirat als Deutsche gilt, am Ende wird dem Paar nur die Verlängerung eines Arbeitsvertrages zugesprochen: Die renommierte Architektin, von deren „Frankfurter Küche" innerhalb von knapp vier Jahren insgesamt über 10 000 Exemplare gebaut worden sind, muß dem Diktat des Hochbauamtes weichen – die weitere Tätigkeit der Ehefrau könne man nicht mehr gutheißen, schließlich sei ihr Mann da, sein Verdienst reiche doch für zwei.

In dieser für Margarete Schütte-Lihotzky höchst demütigenden Lage ist es wieder Ernst May, der ihr eine Alternative bieten kann: Gerade von einer Vortragsreihe durch die junge Sowjetunion zurückgekehrt, fragt er seine prominenteste Mitarbeiterin, ob sie denn nicht mit ihm nach Moskau gehen wolle, das Ministerium dort hätte ihm angeboten, beim Aufbau des Landes mitzuwirken. Ungeahnte Möglichkeiten würden sich auftun, das Ausmaß der beabsichtigten Projekte übersteige alles, was man bisher gemacht hätte. Und Margarete sagt, wie damals in Wien, wieder prompt zu – allerdings unter zwei Bedingungen:

„Nur, wenn ich dort keine Küchen mehr bauen muß; und nur, wenn mein Mann auch mitkommen darf."

Im Oktober verläßt Ernst May mit sechzehn ausgesuchten Mitarbeitern des Frankfurter Hochbauamtes, darunter auch das Ehepaar Schütte/Lihotzky, Deutschland, um zunächst für fünf Jahre – das Zentralkomitee des Obersten Sowjets hat diesen Zeitraum für den 1. Aufbauplan bestimmt – von Moskau aus das Land architektonisch neu zu gestalten. Der dreiunddreißigjährigen Margarete Schütte-Lihotzky fällt der plötzliche Abschied nicht schwer, zumal sie die politische Entwicklung zwischen Berlin und München zutiefst unbehaglich stimmt. Fast dreizehn Jahre später wird sie über die Zwischenstationen London, Paris, Istanbul und Wien zurückkehren – in einen Alptraum.

Moskau, Herbst 1930. Nicht nur die Hauptstadt der Sowjetunion leidet unter einer bedrohlichen Lebensmittelknappheit, im ganzen Land hungert die Bevölkerung, es gibt kaum noch irgendwelche Güter des täglichen Lebens. Als Margarete Schütte-Lihotzky im Oktober des Jahres ankommt, fallen ihr zunächst nur die – bis auf rote „Pioniertücher" und Lenin-Büsten verschiedenster Provenienz – leergeräumten Auslagen der Geschäfte am Kalinin-Projekt auf. Erstes provisorisches Quartier der „Brigade-May" ist das berühmte, für prominente ausländische Gäste reservierte und noch mit allem „zaristischen" Luxus ausgestattete Hotel „Metropol". Die Frankfurter Architekten werden in sämtlichen Institutionen – Parteikomitees, Ministerien, Städtebautrusts – herumgereicht, werden behutsam auf „sowjetische Verhältnisse" vorbereitet. Erst nach zwei Monaten „Einführung" werden den Experten aus Deutschland Dienstwohnungen zugewiesen – ein Wohnhauskomplex an der Stadtperipherie, je zwei Familien müssen sich eine kleine Zwei-Zimmer-Wohnung teilen.

Die Stimmung unter den „Entwicklungshelfern" ist – trotz der vielen Einschränkungen sowohl bei der Arbeit wie im täglichen Leben – nahezu euphorisch, wenigstens die allgegenwärtigen Versorgungsprobleme der Moskauer Bevölkerung bleiben ihnen erspart: Seife zum Waschen gibt es für Normalbürger nicht, auch Schuhe nicht, geschweige denn warme Wintermäntel oder „Luxusartikel" wie Papier zum Schreiben. Tabak, der nicht mit getrocknetem Heu versetzt ist, Tee oder Kaffee, die den Namen auch verdienen, sind Mangelware.

Natürlich sind sich die „Deutschen" – wie Ernst May und seine Mitarbeiter überall genannt werden – ihres Sonderstatus bewußt: Auf dem Weg zu Führungen und Besprechungen begegnet den mit allerlei Privilegien ausgestatteten Experten das blanke Elend auf den Straßen – in Lumpen aus Sackleinen gekleidete Passanten, Bettler, die trotz Androhung ärgster Repressalien hie und da auftauchen, Kinder, die auf die ausländischen Gäste argwöhnische Blicke voller Neid richten. Und selbst die von offiziellen Stellen zwecks Veranschaulichung der „großartigen Kulturleistungen des Sowjetischen Volkes" gehaltenen „Abendprogramme" verstärken die überall spürbare Beklemmung. Als die Mitglieder der Gruppe May von der Moskauer Parteizentrale zu einem Opernbesuch eingeladen werden, entlarvt sich die Veranstaltung als propagandistische „good-will"-Inszenierung, das mitanwesende Publikum als peinliche Staffage: Offensichtlich hastig zusammengetrommelte Bauern, fast nur Männer, ungepflegt, betrunken und nur mühsam dem Anlaß sich anpassend – alle tragen die am Land üblichen Bastschuhe –, zeigen kaum Interesse an der Aufführung...

Gleich im Oktober werden vom Auftraggeber – der Zekombank, dem zentralen Finanzinstitut für den sowjetischen Wohnbau – der Gruppe May die ersten Vorgaben erteilt: Bis 31. Dezember 1931 sollen Wohnmöglichkeiten – 25% davon Gemeinschafts- und Kommunehäuser, 75% sollen Individualwohnungen sein – für insgesamt 700 000 Menschen geschaffen werden, Zielgebiet sind das Donez- und Kusnezkbecken im Industriezentrum Ural.

Januar 1931. Das südliche Uralgebirge ist tief verschneit. Magnitogorsk, bald darauf über 80 000 Einwohner fassend, die „Eisenerzstadt", ist erste Baustation der Gruppe May. Mit der Bahn von Moskau in fünf Tagen und fünf Nächten zu erreichen, kaum Infrastruktur – im Winter muß das Erz noch per Schlitten fast 100 Kilometer südwärts zur nächsten Zugverbindung bei Kartaly geschleppt werden –, hauptsächlich versprengte Baracken auf der hügeligen Steppe. Ernst May schlägt eine Trabantenstadt in der Nachbarschaft des Fabrikgeländes am linken Uralufer vor, Kapazität zunächst 120 000 Einwohner. Bereits 1932 stehen schon die ersten Wohnkomplexe, die Planung wird auf Unterkünfte für bis zu 200 000 Menschen erweitert.

Frau Architekt Schütte-Lihotzky, nun endlich befreit von den „unseligen" Küchen, übernimmt in der Brigade May die Bauleitung aller Kindereinrichtungen, eine Abteilung, die bald bis zu dreißig Mitarbeiter umfassen wird. Der Bedarf an Kindergärten und Krippen ist nicht nur am Ural enorm, gilt es doch, mehr als 17% der Gesamtbevölkerung in den Industriestädten zu versorgen: Gemäß der sozialistischen Ideologie soll nun das Kollektiv die tradierten Funktionen der Frau, der als Produktionskraft eine „neue" Rolle zuerkannt worden ist, übernehmen; Kinder sollen fortan von zentralen Stellen erzogen und betreut werden.

Für Margarete Schütte-Lihotzky wird es ein Hin- und Herpendeln zwischen der Hauptstadt Moskau, wo sie und ihr Mann die ihnen zugewiesene Wohnung nacheinander mit drei Ehepaaren teilen werden, und den Planungsgebieten entlang der 1500 Kilometer langen Bahnlinie nach Magnitogorsk. Ernst May schildert die bereits bei der Planung äußerst schwierigen Arbeitsbedingungen:

„Der technische Hergang... war der, daß ich mit meinem Stabe von Mitarbeitern... in unserem Sonderwaggon zu dem nächsterreichbaren Punkt der zu planenden Stadt fuhr. Wir ließen uns auf das Abstellgleis schieben und benutzten unseren Schlafwagen als Quartier.... Wir besichtigten das Gelände in Autos, Wagen oder Schlitten, je nach Vorhandensein geeigneter Verkehrsmittel und nach der Jahreszeit... In irgendeinem uns zur Verfügung gestellten Raum – meist dem Sitzungssaal des Ortssowjets – arbeiteten wir gemeinsam ein Skizzenprojekt aus, das in wesentlichen Zügen die Trassen der öffentlichen Verkehrsmittel, das Wagennetz, Grundlinien der Be- und Entwässerung sowie eine Ausweisung der erforderlichen Wohnquartiere mit ihren sozialen Gefolgsbauten zeigte. Mittels Episkop, das wir stets mitführten, projizierten wir dann die Planung in öffentlicher Versammlung und ergänzten sie auf Grund der Diskussionen. Nach unserer Rückkehr in unser Hauptquartier Moskau wurden dann die Pläne durchgearbeitet."[26]

Das „Hauptquartier" sind in der Stadt verstreute Büroräume, von den verschiedenen Ministerien – Volkskommissariate – zugeteilt und ihnen unterstellt. Die Arbeit dauert bis in die Nacht hinein, „zum Wachbleiben wurde zwischendurch auch Musik aufgelegt und getanzt".

Doch auch die Vor-Ort-Durchführungen der erstellten Konzepte sind mehr als hindernisreich. Was Margarete Schütte-Lihotzky betrifft, so muß sich die Fünfunddreißigjährige nicht nur mit der mangelnden Qualität der „Blaupausen" herumschlagen – sie erlauben nur eine Vervielfältigung mittels händisch ausgeführter Tuschzeichnungen, eine aufreibende und von den unzureichend ausgebildeten russischen Mitarbeitern mehr schlecht als recht gemachte Aufgabe –, auch Kommunikationsprobleme zwischen den Mitgliedern ihrer Abteilung sind an der Tagesordnung: Die ihr zugewiesenen Dolmetscher beherrschen nur ein „holpriges" Deutsch, des öfteren genügt nicht einmal die Übersetzung ihrer Anweisungen ins Russische, dann muß man sich eben auf die Suche nach einem Kirgisisch oder Kasachisch sprechenden Kollegen machen. Doch die Hauptursache für Verzögerungen oder gar Arbeitsstillstand sind die nur in geringer Zahl vorhandenen qualifizierten Handwerker an den Baustellen, die katastrophale Infrastruktur – vorsintflutliche Transportmittel in Verbindung mit ungünstigsten klimatischen Bedingungen – und der eklatante Baumaterialmangel. Abweichungen von den ursprünglichen Plänen gelten als normal. Der Mangel an Eisen, Glas oder sogar Zement, die als „Defizitmaterialien“ klassifiziert wurden und somit nur dem reinen Industriebau vorbehalten sind, zwingt die Leiterin der Kindereinrichtungsabteilung, mit improvisierten Baustoffen vorliebzunehmen:

„... Folglich hatte man also eine Fensteröffnung nur so breit zu projektieren, wie sie mit einem Holzbalken überdeckt werden konnte, also höchstens zwei Meter vierzig...“[27]

Margarete Schütte-Lihotzky beweist auch unter diesen schwierigsten Arbeitsbedingungen ihre außergewöhnliche Zielstrebigkeit und Anpassungsgabe. In einem von Ernst May selbst erstellten Zeugnis, datiert April 1933, ist ihr Vorgesetzter voll des Lobes für die seit über sieben Jahren „bewährte Mitarbeiterin“:

„Neben ihrer architektonischen Befähigung kam ihr hierbei eine von innerer Überzeugung getragene soziale Einstellung zu den zu lösenden Problemen zugute. Auch die Verwaltungsstellen erkannten die Qualität der Arbeit von Frau Schütte-Lihotzky durch mehrfache Auszeichnung an...“[28]

Als ein Jahr darauf Ernst May die Sowjetunion in Richtung Afrika verläßt, hat seine Mitarbeiterin, die ihre Aufgabe noch nicht als beendet sieht und in Moskau weitermachen möchte, eine stolze Liste umfangreicher Projekte vorzuweisen: Kindergärten in Magnitogorsk und Briansk – alles Typenentwürfe und Vorbilder für weitere Bauten – sind entstanden, für Wettbewerbe zur Errichtung von Kinderkombinaten und Freiluftklassen liegen fertige Pläne in den Blaupausenmappen, eine Forschungsreise durch China auf Grund offizieller Einladung – Schütte-Lihotzky erarbeitet Richtlinien für Kindergärten im Auftrag des chinesischen Unterrichtsministeriums und hält Vorträge in Shanghai, Peking, Hankau und Hangtsou – ist gerade beendet. Ab 1934 übernimmt sie Aufträge der Akademie der Architektur in Moskau, sie entwirft speziell auf die Bedürfnisse von Kleinkindern zugeschnittene Möbel, Pläne für Wohnungstypen entstehen, zwei Schulen für die Makeewa werden projektiert, für die Volkskommissariate für Bildungswesen, Gesundheitswesen und Innenhandel hält die Architektin Vorlesungen, engagiert sich im Institut zum Schutz für Mutter und Kind.

Doch die politische Situation verschärft sich – zu Ungunsten der „ausländischen Spezialisten". Bereits seit einem Jahr sind erste Vorbehalte gegenüber den „avantgardistischen" Experten laut geworden, die städtische Konzeption der Brigade May – Konstruktivismus, Funktionalismus und Desurbanismus – werden in Fachzeitschriften offen aufs heftigste kritisiert. Hinzu kommt die nicht mehr zu übersehende Anhäufung von Verhaftungen und Deportationen selbst engster Mitarbeiter und Freunde der „Deutschen". Zwar sind vorerst „nur" Sowjetbürger betroffen, doch Gerüchte von Schauprozessen, wo Gegner der immer dominanter auftretenden Stalin-Fraktion „im Namen des Sowjet-Volkes" angeklagt werden, bis zu geheimen Exekutionen unbeliebter Widersacher machen die Runde in der verunsicherten Expertenenklave.

1936 werden sämtliche ausländische Architekten „aus Sicherheitsgründen von allen städtebaulichen Arbeiten ausgeschlossen" – angesichts eines möglich erscheinenden Konfliktes mit dem nationalsozialistischen Deutschland schlägt den noch vor sechs Jahren mit allem Überschwang ins Land geladenen „aufrechten sozialistischen Mitstreitern" die Kriegshysterie der Gastgeber entgegen.

Anfang August 1937 – zwei Monate später werden die sich noch im Land befindenden Restmitglieder der ehemaligen Brigade May verhaftet und offiziell aus der Sowjetunion ausgewiesen werden –, kurz bevor ihre eigenen – deutschen – Pässe ablaufen, verlassen Margarete Schütte-Lihotzky und ihr Mann Wilhelm Schütte fast fluchtartig Moskau. In das NSDAP-kontrollierte Deutschland wagen sie sich nicht mehr zurück, über Paris – am dortigen Konsulat werden zu ihrer Erleichterung neue Pässe ausgestellt – und London gelangt das Ehepaar 1938 schließlich nach Istanbul. Zwei kurze, arbeitsreiche Jahre an der türkischen „Academie des Beaux Arts" trennen Margarete Schütte-Lihotzky von ihrer Verhaftung in Wien, neunundvierzig Monate sind es noch bis zu ihrer Urteilsverkündung, verhängt im Großen Schwurgerichtssaal des Wiener Landesgerichts.

Frauenzuchthaus von Aichach

„In der Zeit des Nationalsozialismus konnte man zu Gefängnis, Kerker oder Zuchthaus verurteilt werden. Zuchthaus war die schwerste Bestrafung.“[29]

Das Frauenzuchthaus Aichach bei Augsburg, November 1942. Der von einer hohen Mauer – steinerne Wachtürme mit spitz zulaufenden Dächern ragen an allen Ecken empor – hermetisch abgeriegelte Gebäudekomplex ähnelt einer mittelalterlichen Burg. Margarete Schütte-Lihotzky kommt mit einem Zug voller Gefangener am Abend an – in Österreich, oder wie es genannt wird, in der „Ostmark“, gibt es keine Frauenzuchthäuser. Antreten in Viererreihen, Leibesvisitation, demütigend genaue Untersuchung durch den Gefängnisarzt, „Gemeinschaftsbad“, Einkleidung mit der Zuchthauskluft – schwarzer Rock und schwarze Bluse, darüber eine blaue Schürze –, alles nur im Stehen, wer sich niedersetzt oder sich irgendwo stützt oder anlehnt, wird sofort angebrüllt. Dann die Zellen: sieben Quadratmeter groß, drei Bettgestelle mit Strohmatratzen, Holzböden, hoch oben an einer Wand ein kleines, vergittertes Fenster. Und in einem Eck – ein Kübel:

„Die Kübel im Zuchthaus gehörten zum Strafvollzug: Die Verurteilten müssen ihren Dreck selbst hinaustragen. Zweimal täglich, nur bei großer Hitze dreimal, mußte man den Kübel in einer Spülzelle leeren und reinigen, zellenweise, damit man nicht mit den anderen sprechen konnte. Der Kübel war schwer, die Spülstelle oft weit entfernt... Woher kam der spiegelnde Holzboden? Jeden Morgen wurde ‚gespult‘. Zentimeter für Zentimeter rutschten die Gefangenen auf den Knien über den Fußboden, eine Zwirnspule mit scharfer Holzkante in der Hand, und polierten einen schmalen Streifen nach dem anderen blank. Jahrelang, täglich, und das Holz glänzte wie Parkett...“[30]

Zuchthausalltag, doch strenger, grausamer als in Wien: Sadistische Aufseherinnen, streng rationiertes Essen, keine Zeitungen oder Nachrichten von außen, nur zum Wochenende dürfen Bücher aus der hauseigenen Bilbliothek in die Zellen mitgenommen werden, viel weniger Möglichkeiten, mit anderen Gefangenen zu sprechen, ständige „Arztkontrollen“. Aber die Häftlinge entwickeln überlebenswichtige Phantasie:

„Es sprachen die Tische... In jeder Zelle gab es an einer Längswand einen Klapptisch mit zwei Sitzen. Die Klapptische von zwei aneinander grenzenden Zellen waren mittels Bandeisen, durch die Trennwand gesteckt, befestigt. Diese Eisen haben den Schall ausgezeichnet übertragen. Preßte man das Ohr fest an die Tischplatte, konnte man hören und gut verstehen, was die Nachbarinnen, ebenfalls den Kopf auf die Platte gelegt, sprachen..."[31]

Auch beim „Kübeln", dem täglichen Ausleeren der Fäkalien, finden die Insassinnen Möglichkeiten, das Redeverbot zu umgehen. Zwar wird strengstens kontrolliert, aber die Gefangenen schaffen es immer wieder, sich kurze Sätze zuzuflüstern oder Zettelchen zuzustecken, die dann sofort in heimlich genähten Rocktaschen der Zuchthauskluft verschwinden. Wird eine Gefangene dabei erwischt, droht ihr verschärfter Einzelarrest:

„Zur Pritsche ohne Strohsack, zur Nahrung von nur Wasser und Brot kam auch noch körperliche Züchtigung. Der Verwalter, ein unscheinbarer kleiner Mann mit Ziegenbart, hatte sie übernommen. Er riß an den Haaren, er prügelte und anderes mehr..."[32]

Die einzige „Beschäftigung" der über 2 000 Zuchthäuslerinnen - mehr als die gesamte Bevölkerung in Aichach - besteht aus Socken-nähen. Mit fünfundvierzig Jahren lernt Margarete Schütte-Lihotzky erstmals dieses „klassische"Hausfrauenhandwerk, schon bald beherscht sie es perfekt. Im Winter ist es unmenschlich kalt - die Wände sind feucht, keine der Zellen wird beheizt -, die Gefangene entwendet beim Nähen Wollreste, um damit wärmende Nieren- und Bauchschoner anzufertigen. Sie schläft meist tief und fest, die einzige Möglichkeit, aus der Gefangenschaft „auszubrechen" - jede Nacht kehren Wunschträume zurück. Und wenn sie wachliegt,

„... hörte man in der Stille, weit, weit weg, das Bellen eines Hundes. Plötzlich sah man die Landschaft, fühlte Freiheit, roch Heu, und noch im Halbschlaf rannen die Tränen über die Wangen, plötzlich wurde einem wieder bewußt, wo man war..."[33]

Erst nach ihrer Befreiung werden sich Alpträume einfinden und sie ihr ganzes Leben lang peinigen:

„Heute noch, vierzig Jahre danach, träume ich manchmal, ich würde verhaftet, und das in solchen Einzelheiten, die mir das Herz stocken lassen..."[34]

Zu der Sehnsucht nach Freiheit kommt die Angst vor Einzelarrest, die Furcht um das eigene Leben – jeden Tag verschwinden Gefangene, viele davon Jüdinnen und Zigeunerinnen, über die dann nicht mehr gesprochen werden darf. Sobald die Zuchthausaufsicht an einer Gefangenen erste Anzeichen von Depression entdeckt, wird sie auf der Stelle abgeführt und hingerichtet. Zu den seelischen Qualen kommen die „üblichen" körperlichen hinzu: Hunger und Krankheit. Manche Frauen sehen schließlich nur mehr im Freitod ihre einzige Erlösung. Damit die über zweitausend Frauen in Aichach keinerlei sexuelle Bedürfnisse verspüren, wird ihnen von der Verwaltung Brom ins Essen beigemischt – man ist in erster Linie an dem reibungslosen Ablauf der täglichen Routine interessiert.

Außer zwei Unterbrechungen, wo sie zu „Zeugenaussagen" nach Wien gebracht wird, verbringt Margarete Schütte-Lihotzky insgesamt 1527 Tage und Nächte im Frauenzuchthaus – bis sie physisch zusammenbricht: Im Frühjahr 1945 erkrankt die Achtundvierzigjährige erneut an Tuberkulose – Folge einer Nacht in der Münchner Bahnhofsunterführung, wo sie, im bewachten Zug von einer Vernehmung im Wiener Landesgericht nach Aichach zurückkehrend, wegen eines Bombenalarms steckenbleibt...

Am 29. April 1945 wird das Frauenzuchthaus von Aichach von amerikanischen Einheiten befreit – das Chaos bricht aus. Zwei Tage und Nächte dauern die Plünderungen der Vorratskammer des Gefängnisses – sie befindet sich im Keller, dort hat die Verwaltung Unmengen von Konserven, Fleisch und Wein gehortet – durch die ausgemergelten Gefangenen. Feiern voller hysterischer Freude finden in fast jeder der Zellen statt, erst dann kehrt langsam wieder Ordnung ein. Die Frauen gruppieren sich nach Nationalität und dürfen dann in Armeelastwägen in die Heimat fahren – geschlechtskranke Insassinnen ausgenommen, diese werden zunächst wieder eingesperrt und erst viel später zu verschiedenen Lazaretten gebracht. Über Augsburg und München gelangt auch die Tbc-kranke Margarete Schütte-Lihotzky, mit fast zweimonatiger Verspätung, im Juni nach Tirol; in der Lungenheilanstalt Hochzirl bekommt sie endlich ärztliche Hilfe:

„Schon nach einigen Wochen erklärte mir der Primararzt, ich könne die Anstalt verlassen. Mein neuer, erbsengroßer Herd sei gut verheilt. Es war klar, er brauchte Betten..."[35]

Am 22. September 1945, über fünf Monate nach ihrer Befreiung, steht Margarete Schütte-Lihotzky vor der leeren Wohnung ihrer Familie in der Hamburger Straße 14 im fünften Wiener Bezirk. Gesundheitlich schwer angeschlagen, weiß sie nicht, was aus ihrer Schwester geworden ist, den Kontakt zu ihrem Mann in der Türkei hat sie verloren. Zudem besitzt sie, außer etwas Weggeld, nur jene von Fremden geschenkten Kleider, die sie am Leib trägt. Sie muß, wieder einmal, von vorne anfangen.

Der Winter 1945/46 wird sehr kalt. Margarete Schütte-Lihotzky ist auf der Suche nach Freunden, Verwandten, nach jemandem, den sie von früher kennt. Nach ihrer Ankunft in Wien hat sie sich als im Widerstand profiliertes Parteimitglied an die örtliche Leitstelle der KPÖ gewandt, aus den Fonds der „Volkssolidarität" werden der knapp Neunundvierzigjährigen 250,- öS im Monat fürs Nötigste gewährt.

Dann die kurze Freude, als sie ihren Onkel, schwerkrank und gezeichnet vom Hunger, zwischen ausgebombten Ruinen und verschütteten Straßen am Wiener Naschmarkt wiederfindet. Doch die Entbehrungen der letzten Kriegsmonate waren für den Achtzigjährigen zu viel. Sie kann zwar noch mit Mühe ein Viertel Laib Brot für ihren Onkel organisieren, vergebens – der alte Mann stirbt. Sein ganzes Hab und Gut hat er in diesen schrecklichen Monaten gegen Lebensmittel eingetauscht - nur die teuren Glacéhandschuhe seiner verstorbenen Frau hat der Witwer bis zum Schluß behalten...

Margarete Schütte-Lihotzky, die selber ums Überleben kämpft, ist dermaßen erschüttert, daß sie sich spontan dazu entschließt, etwas gegen die Not in ihrer Heimatstadt zu unternehmen: Wieder wendet sie sich an die Partei, und mit deren Hilfe entstehen – von ihr professionell organisiert – sogenannte „Wärmestuben". Persönlich klappert sie alle russischen Besatzungsstellen ab, bittet um Kohlespenden, findet leerstehende Wohnungen und Lokale, die dann beheizt werden können. Viele Notleidende werden diese „Wärmestuben" durch den strengen Winter bringen, das Parteimitglied Schütte-Lihotzky kümmert sich um die Hilfesuchenden, diskutiert mit ihnen, versucht, da sie als engagierte Kommunistin fest an die Chance eines sozialen Neubeginns in ihrer Heimat glaubt, den Menschen auf diesem Weg die Ziele der KPÖ näherzubringen.

Februar 1946. Margarete Schütte-Lihotzky kann endlich, nun, da die ärgste Not überstanden scheint, an die eigene Zukunft denken. Vor allem: Sie möchte ihren Mann, von dem sie seit ihrer Befreiung aus dem Zuchthaus Aichach nichts mehr gehört hat, wiedersehen. Jetzt erst kann sie die vor fünf Jahren vorgenommene Reise, von der sie durch Verhaftung und Internierung abgehalten worden war, nach Istanbul antreten. In einem ausrangierten Zug – keiner der Waggons hat noch Fenster – soll es zunächst nach Budapest gehen. Erst eine geschlagene Woche später kommt sie um vier Uhr morgens an, es gibt keine funktionierenden Brücken mehr über die Donau, auf einem provisorisch „gezimmerten" Steg fährt der Zug in den Bahnhof ein. Es ist bitter kalt, ein Schneesturm tobt, die völlig erschöpfte Frau hat nichts zu essen. Wieder einmal ist es die Partei, die ihr weiterhilft, mit einem Empfehlungsschreiben der KPÖ wendet sie sich an das Zentralkomitee der Budapester Parteiorganisation, findet glücklicherweise Unterkunft und Verpflegung.

„Ich war drei Tage dort. Mit Hilfe der Russen konnte ich auf einem offenen Lastwagen von Budapest nach Szeged durch die ungarische Puszta fahren. Ich war noch sehr verhungert. Und neben mir saßen ungarische Bauern, die ihren Speck herausgenommen und gegessen haben. In Szeged bin ich wieder zur Partei mit meinem Papierchen. Die haben mich zum Bahnhof begleitet – weil alles noch so unsicher war, da gab's ja noch SS-Banden. Mit fünf oder acht russischen Soldaten bin ich die ganze Nacht gesessen bis um vier oder fünf Uhr in der Früh, dann ist da endlich so ein elendes Zügerl gekommen. Für 40 km haben wir dann 24 Stunden gebraucht, dann sind wir in Jugoslawien angekommen..."[36]

Endlich gibt es etwas Ordentliches zu essen, der Geschmack vom ersten Schweinefleisch und vom Wein nach so langer Zeit wird Margarete Schütte-Lihotzky ihr Leben lang in Erinnerung bleiben. Von da an geht es nach Bulgarien, als sie in Sofia ankommt, besitzt sie nur noch jene fünf Dollar, die ihr die Partei mitgegeben hat. Ihre Jacke hat sie, um zusätzliches Reisegeld zu bekommen, trotz der schneidenden Kälte am Balkan unterwegs verkaufen müssen. Vier Wochen lang wartet sie auf das Visum für die Türkei, dann schreibt sie ihrem Mann, daß er nach Sofia kommen soll. Inzwischen ist es ihr gelungen, durch Vermittlung eines bulgarischen

Offiziers endlich den Aufenthaltsort Wilhelm Schüttes in Erfahrung zu bringen: Selber im letzten Kriegsjahr in einem kleinen Ort namens Yozcat interniert, hat der Architekt es glücklicherweise wieder bis nach Istanbul geschafft. Nur mehr fünfhundert Kilometer trennen das Ehepaar voneinander. Im Oktober 1946, sechs Monate nach ihrem Reiseantritt in Wien, trifft Margaretes Mann endlich in Sofia ein – sie haben einander seit sechs Jahren nicht mehr gesehen...

Epilog

Am 1. Jänner 1947 kehrt Margarete Schütte-Lihotzky gemeinsam mit ihrem Mann nach Wien zurück. Die Ehe hält noch dreieinhalb Jahre, dann trennt man sich in beiderseitigem Einvernehmen. Man bleibt, was die Arbeit angeht, verbunden – ihren Doppelnamen wird die Architektin nie ablegen –, im Teamwork entstehen ein Wohnhaus der Gemeinde Wien in der Barthgasse im dritten Bezirk und das Verlagsgebäude „Globus“ am Höchstädtplatz in Wien-Brigittenau (mitbeteiligt sind noch die Architekten Fritz Weber und Karl Eder). Sie selbst führt noch drei Projekte in ihrer Heimatstadt aus: ein Wohnhaus der Gemeinde in der Schüttelstraße entlang dem Donaukanal und, als „Vermächtnis“, zwei Kindergärten. Bei den Bauten am Kapaunplatz im 20. Bezirk und in der Rinnböckstraße in Wien-Simmering wendet die Architektin das sogenannte „Pavillonsystem“ an, die einzelnen Trakte läßt sie um eine große Eingangshalle mit Sicht auf den Garten gruppieren.

Ansonsten wird das Mitglied der KPÖ auf Beschluß des Parteivorstandes der Wiener SP boykottiert und totgeschwiegen. Da hilft es der international höchst renommierten Architektin auch nicht, daß sie auf ihre achtjährige Beteiligung an Projekten gigantischen Ausmaßes in der Sowjetunion unter Ernst May verweist – für die wichtigsten Zentren der Schwerindustrie wurden seinerzeit Generalbebauungspläne geschaffen, aus dem Nichts sind ganze Städte wie Magnitogorsk, Novokusnezk oder Prokop'evsk-Tyrgan entstanden. Man ist auch nicht daran interessiert, daß

Margarete Schütte-Lihotzky stets als anerkannte Architektin und Hauptrednerin zu internationalen Kongressen eingeladen wird, sei es nun in Zürich, Bergamo, Moskau, Havanna oder Paris, nicht berücksichtigt werden ausgedehnte Studienreisen, die sie bis nach China und Japan geführt hatten. Weitaus gewichtiger ist die Tatsache, daß die engagierte Kommunistin seit 1948 als Präsidentin den Vorsitz über den Bund demokratischer Frauen Österreichs führt. Es wird beschlossen, ihr keine öffentlichen Aufträge mehr zu überlassen.

Umso intensiver stürzt sich Margarete Schütte-Lihotzky in Vortragsreisen, engagiert sich im internationalen Weltfriedensrat, arbeitet im Vorstand des KZ-Verbandes Österreichs, macht sich für die Frauenbewegung stark. Noch als knapp Siebzigjährige erstellt sie in Berlin für die dortige Bauakademie eine Forschungsarbeit zum Thema Kinderanstalten, ein halbes Jahr lang arbeitet sie in der ehemaligen DDR.

1985 erscheinen Margarete Schütte-Lihotzkys „Erinnerungen aus dem Widerstand 1938-1945". Sie beinhalten die nüchterne, fast klinische Darstellung jener Ereignisse, die auf ihre Verhaftung durch die Gestapo folgen. Das erschütternde Buch ist inzwischen vergriffen, eine Tatsache, die die Autorin besonders schmerzlich stimmt. In einem Interview nimmt sie Stellung gegen das Vergessen und Verdrängen:

„Viele Menschen wissen heute gar nicht mehr, daß es einen höchst aktiven und opferreichen Widerstand gegen das Nazi-Regime in Österreich gegeben hat, bei dem auch Leute mitgewirkt haben, die nicht persönlich betroffen, also weder Juden noch politisch verfolgt waren. Trotzdem haben sie Freiheit und Leben riskiert. Daran wollte ich erinnern und erzählen, wie sich das Leben von Frauen in Zuchthäusern damals abgespielt hat."[37]

Ehrungen und Preise seitens der Heimat stellen sich erst spät ein, ab 1978 kann selbst die Republik Österreich die Verdienste ihrer prominenten Bürgerin nicht mehr übersehen, zumal das internationale Interesse an dem Werk der Erfinderin der „Frankfurter Küche" immer größer wird. Margarete Schütte-Lihotzky wird das "Ehrenzeichen für die Verdienste um die Befreiung Österreichs" verliehen, Ehrendoktorat der Technischen Universität Graz und Ehrenmitgliedschaft der Hochschule für angewandte Kunst – ihrer ehemaligen Kunstgewerbeschule – folgen. Den Staatspreis für Wissenschaft und Kunst, eine der höchsten Auszeichnungen der Republik, der ihr im Februar 1988 zugesprochen wird, lehnt sie allerdings vehement ab. Damit will Margarete Schütte-Lihotzky ihren scharfen Protest gegen einen Mann zum Ausdruck bringen, der den Zweiten Weltkrieg – auf der „anderen" Seite – miterlebt hat: den damaligen Bundespräsidenten Kurt Waldheim.

Nach einem Kuraufentalt in der Lungenheilanstalt Schwarzach in Tirol – ihr altes Leiden, die Tuberkulose, macht sich erneut bemerkbar – ist sie 1972 in eine kleine Gemeindewohnung im fünften Wiener Bezirk gezogen, an deren Planung sie es sich nicht hat nehmen lassen mitzuarbeiten. Heute lebt die fast sechsundneunzigjährige Margarete Schütte-Lihotzky mit ihrem rotgetigerten Kater „Schurli" in dieser von ihr selbst liebevoll eingerichteten Dachgeschoßwohnung im sechsten Stock in der Franzensgasse, keine zwei Gehminuten davon entfernt, wo einst ihr Geburtshaus stand. Alle Einrichtungsgegenstände, von den sachlich-nüchternen Möbeln bis zu diversen Souvenirs aus aller Herren Ländern, haben den für sie bestimmten Platz. Selbstverständlich gibt es Einbauschränke – „damit erspart man sich bis zu 40% Wohnraum" –, und auch die Küche erinnert naturgemäß an ihre berühmteste Erfindung. Fixer Bestandteil ihrer täglichen Routine, wenn sie sich – wieder in Wien – von Vortragsreisen, Ausstellungen oder Freundschaftsbesuchen erholt, ist für die noch immer politisch hochinteressierte Frau die abendliche Nachrichtensendung.

Im Juni 1993 würdigt endlich auch ihre Heimatstadt Wien – internationale Ausstellungen hat es bereits zuhauf gegeben – ihr Gesamtwerk. Im Museum für angewandte Kunst findet die erste umfassende Werkschau aller ihrer Arbeiten statt. Gleichzeitig erscheint – Resultat jahrelanger Forschungsarbeit von vier engagierten Wiener Architektinnen – erstmals eine Übersicht aller erhaltenen Pläne, Entwürfe und Zeichnungen samt biographischem Material in Katalogform.

Auf die Frage, ob sie denn nach dem Arbeitsboykott heute noch irgendeinen Groll gegen die Stadtverwaltung hege, antwortet Margarete Schütte-Lihotzky ohne jegliche Sentimentalität:

„Nein, verhungert bin ich ja nicht, und über Mangel an Arbeit konnte ich mich auch nicht beklagen..."

Anmerkungen

Mileva Einstein-Marić

1 Albert Einstein, Brief vom 19. 12. 1901; zit. nach: Trbuhović -Gjurić, Desanka: Im Schatten Albert Einsteins. Das tragische Leben der Mileva Einstein-Marić; Verlag Paul Haupt, Bern und Stuttgart 1988; S. 76 f. (i.F. TGD).

2 Albert Einstein, Brief vom 3. 10. 1900; zit. nach TGD; S. 69.

3 Seelig, Karl: Albert Einstein, Leben und Werk eines Genies; Bern 1954; S. 73 (i.F. SK).

4 TGD; S.54.

5 Albert Einstein, vermtl. Sommer 1900, erster von ins. zehn Briefen des Jahres; zit. nach TGD; S. 65.

6 Albert Einstein, dat. vermtl. 9. 8. 1900; zit. nach TGD; S. 66 f.

7 TGD; S. 66.

8 Albert Einstein, Brief vom 20. 8. 1900; zit. nach TGD; S. 67.

9 Albert Einstein, Brief vom 12. 12. 1901; zit. nach TGD; S. 76.

10 a.a.O.

11 Albert Einstein, Brief vom 28. 12. 1901; zit. nach TGD; S. 77.

12 Albert Einstein, Brief vom 27. 3. 1901; zit. nach TGD; S. 70f.

13 Albert Einstein, Brief vom 4. 2. 1902; zit. nach TGD; S. 77.

14 SK; S. 41.

15 a.a.O.

16 Albert Einstein, Brief an Marcel Grossmann, 1913; zit. nach TGD; S. 114.

▼ ▼ ▼

Margarete Jeanne Trakl

1 Georg Trakl, „Verfall I"; zit. nach: Georg Trakl, Das dichterische Werk - Auf Grund der historisch-kritischen Ausgabe von Walther Killy und Hans Szklenar; Otto Müller Verlag, Salzburg 1969; S. 141 (i.F. HA).

2 Georg Trakl, „Sebastian im Traum"; HA; S. 53.

3 Georg Trakl, „Musik in Mirabell" 2. Fassung; HA; S.13

4 Georg Trakl, undat. Brief an Kálmar (mit Jörg Trakl unterzeichnet); zit. nach: Basil, Otto: Georg Trakl in Selbstzeugnissen und Bilddokumenten; Hamburg 1965; S. 51 (i.F. BO).

5 Widmung Georg Trakls an Margarete Jeanne Trakl; zit. nach: Georg Trakl, Historisch-kritische Gesamtausgabe I; S. 466.

6 Georg Trakl, „Blutschuld"; HA; S. 148.

7 Georg Trakl, „Ballade III“; HA; S. 140.

8 Grieser, Dietmar: Eine Liebe in Wien; Wien 1990; S. 183.

9 Georg Trakl, Brief vom 11. 6. 1909 an Erhard Buschbeck; zit. nach BO; S. 92.

10 Margarete Trakl, undat. Brief an Erhard Buschbeck; zit. nach BO; S. 93.

11 Margarete Trakl, undat. (vermtl. 1909 od. 1910) Brief; zit. nach BO; S. 78.

12 Georg Trakl, „Traum und Umnachtung“; HA; S. 83.

13 a.a.O.; S. 84.

14 Georg Trakl, Brief vom 21. 3. 1914 an Ludwig von Ficker; zit. nach BO; S. 140.

15 a.a.O.

16 Georg Trakl, vermtl. Anfang 1914; zit. nach: Sauermann, Eberhart: Zur Datierung und Interpretation von Texten Georg Trakls; Innsbruck 1984.

17 Georg Trakl, undat. Brief; zit. nach BO; S. 133.

18 a.a.O.

19 Georg Trakl, “Grodek” 2. Fassung; HA; S. 94f.

20 Georg Trakl, Testament vom 27. 10. 1914; zit. nach BO; S. 145.

21 Margarete Trakl, Brief an Mitzi Trakl, weitergeleitet von Mutter Maria Trakl an Ludwig von Ficker am 24. 12. 1914; zit. nach: Orendi-Hinze, Diana: Frauen um Trakl; in: Untersuchungen zum Brenner; Salzburg 1981; S. 382.

22 Margarete Trakl, undat. Brief an Erhard Buschbeck; zit. nach BO; S. 82.

23 Georg Trakl, „An die Schwester“ – „Rosenkranzlieder“; HA; S. 34

▼ ▼ ▼

Lise Meitner

1 Kerner, Charlotte: Lise, Atomphysikerin; Die Lebensgeschichte der Lise Meitner; Weinheim 1986; S. 82 (i.F. KC).

2 Lise Meitner, Brief vom 21. 3. 1933 an Otto Hahn; zit. nach KC; S.73.

3 Steiner, H.: Lise Meitners Entlassung; Österreich in Geschichte und Literatur 9; 1965; S. 462ff.

4 KC; S. 81.

5 zit. nach KC; S. 26.

6 KC; S. 27.

7 KC; S. 14f.

8 Lise Meitner: Looking Back; Bulletin of Atomic Scientists 20; 11. 11. 1964; S. 2.

9 a.a.O.

10 KC; S. 23.

11 a.a.O.

12 Lise Meitner: Looking Back; Bulletin of Atomic Scientists 20; 11. 11. 1964.

13 KC; S .28.

14 a.a.O.

15 Lise Meitner: Looking Back; Bulletin of Atomic Scientists 20; 11. 11. 1964.

16 Lise Meitner: Einige Erinnerungen an das Kaiser-Wilhelm-Institut für Chemie in Berlin-Dahlem; in: Die Naturwissenschaften 41; 1954; S. 9f.

17 Frisch, Otto Robert: Woran ich mich erinnere; Stuttgart 1981.

18 a.a.O.

19 KC; S. 96f.

20 Hahn, Otto: Mein Leben; München 1968; S. 151.

21 Lise Meitner, Brief vom 26. 11. 1939 an Otto Hahn; zit. nach Krafft, F.: Angewandte Chemie 90; 1978; S. 889.

22 Interview durch Eleanor Roosevelt; NBC Radio Archives, Broadcast vom 9. 8. 1945; übersetzt von Crawford, D.: Lise Meitner - Atomic Pioneer.

23 Lise Meitner, Brief vom 27. 6. 1945; zit. nach KC; S. 100f.

24 KC; S. 117.

25 Lise Meitner, undat. Brief an Eva von Bahr-Bergius; zit. nach KC; S. 112.

▼ ▼ ▼

Milena Jesenská

1 Milena Jesenská; Alles ist Leben, Feuilletons und Reportagen 1919-1939 (Hrsg. Rein, Dorothea); Verlag Neue Kritik, Frankfurt 1990; S. 192f. (i.F. JM).

2 JM; S. 193.

3 Buber-Neumann, Margarete; Kafkas Freundin Milena; © by Langen Müller Verlag in der F.A. Herbig Verlagsbuchhandlung GmbH, München 1963; S. 54f, (i.F. BN).

4 BN; S.55.

5 Kafka, Franz; Briefe an Milena; © 1983 Schocken Books, Inc., New York City, USA. Abdruck mit freundlicher Genehmigung der S. Fischer Verlag GmbH., Frankfurt am Main; S. 202 (i.F. KF).

6 BN; S.21 f.

7 Cerná, Jana; Milena Jesenská; Verlag Neue Kritik, Frankfurt 1985; S.18f (i.F. CJ).

8 BN; S. 31.

9 JM; S.201f.

10 BN; S. 224.

11 CJ; S.136f.

12 CJ; S.109f.

13 CJ; S.151.

14 CJ; S.152.

15 BN; S.52.

16 Brod, Max; Über Franz Kafka; Fischer Taschenbuch Verlag GmbH., Frankfurt am Main, 1974; S. 196 (i.F. BM).

17 KF; S. 266.

18 KF; S. 61.

19 BM; S. 203f.

20 JM; S. 11.

21 JM; S. 13.

22 JM; S. 13f.

23 CJ; S. 46.

24 KF; S. 5.

25 BM; S. 146.

26 KF; S. 4.

27 KF; S. 30.

28 KF; S. 197f.

29 KF; S. 296.

30 BM; S. 203.

31 KF; S. 17.

32 KF; S. 22.

33 KF; S. 52.

34 KF; S. 53.

35 KF; S. 61.

36 KF; S. 81.

37 BM; S. 195.

38 BM; S. 203.

39 BM; S. 204.

40 Kafka, Franz; Briefe; S. Fischer Verlag; Frankfurt; S. 275.

41 BM; S. 197.

42 BM; S.194.

43 KF; S.148.

44 BM; S. 202.

45 a.a.O.

46 BM; S. 203.

47 BN; S. 140.

48 CJ; S. 93.

49 JM; S. 213.

50 BN; S. 22.

51 BN; S. 244.

52 BN; S. 142.

53 BN; S. 307.

54 BN; S. 309.

54 BN; S. 309

55 BN; S. 310.

56 CJ; S. 164.

57 BM; S. 191f.

▼ ▼ ▼

Margarete Schütte-Lihotzky

1 Margarete Schütte-Lihotzky; Erinnerungen aus dem Widerstand 1938-1945; Hamburg 1985; S. 8 (i.F. SLM).

2 SLM; S. 9.

3 SLM; S. 8f.

4 SLM; S. 11.

5 SLM; S. 9.

6 SLM; S. 12.

7 a.a.O; S. 12.

8 SLM; S.13.

9 SLM; S. 76f.

10 SLM; S. 79f.

11 SLM; S. 83.

Die Zitate der Anmerkungen 12, 13 sowie 18-23 und 24–28 stammen aus: Margarete Schütte-Lihotzky; Soziale Architektur; Katalog zur Ausstellung am Museum für angewandte Kunst; Wien 1993

14 SLM; S. 109.

15 SLM; S. 144.

16 SLM; S. 145.

17 a.a.O.

29 SLM; S. 151.

30 SLM; S. 154.

31 SLM; S. 155f.

32 SLM; S. 156.

33 SLM; S. 160.

34 a.a.O.

35 SLM; S. 197.

36 SLM; S. 38.

Margarete Schütte-Lihotzky; Interview in: „Die Presse", 7. 11. 1992.

▼ ▼ ▼

Bildnachweis

Mileva Einstein-Marić:
Verlag Paul Haupt AG Bern,
mit freundlicher Genehmigung von Ljubomir Trbuhović (sämtliche Fotos)

Margarete Jeanne Trakl:
Internationales Trakl-Forum, Trakl-Haus, Salzburg (sämtliche Fotos)

Lise Meitner:
Archiv zur Geschichte der Max-Planck-Gesellschaft (S. 91)
Bildarchiv der Österreichischen Nationalbibliothek (Umschlagfoto, S. 66)
Foto Votava (S. 101, S. 105)
Photo Deutsches Museum München (S. 85)

Milena Jesenská:
Archiv Klaus Wagenbach Berlin (Foto auf dem Umschlag und S. 106, S. 119)
Archiv Verlag Neue Kritik (S. 111, S. 153)

Margarete Schütte-Lihotzky:
Foto ORF/Peter Kurz (Umschlagfoto)
Alle anderen Fotos stammen aus Privatbesitz

Weiterführende Literatur

Mileva Einstein-Marić :

CAHN, WILLIAM; Einstein. A Pictorial Biography; New York 1955
DUKAS, HELEN; Albert Einstein. The Human Side; New York 1979
SEELIG, KARL; Albert Einstein. Eine dokumentarische Biographie; Zürich 1954
SEELIG, KARL; Albert Einstein; Leben und Werk eines Genies; Bern 1954
SUGIMOTO, KENJI; Albert Einstein; Die Kommentierte Bilddokumentation; 1987
TRBUHOVIĆ-GJURIĆ, DESANKA; Im Schatten Albert Einsteins. Das tragische Leben der Mileva Einstein-Marić; Bern 1988
WICHERT, JOHANNES; Albert Einstein in Selbstzeugnissen und Bilddokumenten; Frankfurt 1972

Margarete Jeanne Trakl:

BASIL, OTTO; Georg Trakl; Hamburg 1965
BLASS, REGINE; Genese und Struktur der Dichtungen Georg Trakls; Köln 1967
BRUNNER, FELIX; Der Lebenslauf und die Werke Georg Trakls; Dissertation an der Universität Wien; Wien 1932
BUSCHBECK, ERHARD; Georg Trakl; Berlin 1917

DEMMER, ILSE; Georg Trakl; Dissertation an der Universität Wien; Wien 1933

EBNER, ROSEMARIE; Über die Kreativität und Suizidabilität Georg Trakls; Basel 1988

FOCKE, ALFRED; Georg Trakl, Liebe und Tod; Wien 1955

FÜHMANN, FRANZ (HRSG.); Georg Trakl - Gedichte, Dramenfragmente, Briefe, Wiesbaden 1983

FÜHMANN, FRANZ; Der Sturz des Engels; Hamburg 1982

GOLDMANN, HEINRICH; Gestalten und Vorgänge der Psyche in den Dichtungen Georg Trakls; Dissertation an der Universität Wien; Wien 1954

GOLDMANN, HEINRICH; Katabasis. Eine tiefenpsychologische Studie zur Symbolik der Dichtungen Georg Trakls; Salzburg 1957

GUMTAU, HELMUT; Georg Trakl; Berlin 1975

HANISCH, ERNST/FLEISCHER, ULRIKE; Im Schatten berühmter Zeiten; Salzburg 1986

KILLY, WALTER/SZKLENAR, HANS; Georg Trakl - Dichtungen und Briefe, Salzburg 1971

KLEEFELD, GUNTHER; Das Gedicht als Sühne; Tübingen 1985

METHLAGL, WALTER/YUILL, WILLIAM EDWARD (HRSG.); Londoner Trakl-Symposium; Salzburg 1978

Mitteilungen aus dem Brennerarchiv; Jahrgang 1982

ORENDI-HINZE, DIANA; FRAUEN UM TRAKL; in: Untersuchungen zum Brenner, Salzburg 1981

PALMIER, JEAN-MICHEL; Situation de Georg Trakl; Paris 1972

RITZER, WALTER; Neue Trakl-Bibliographie; Salzburg 1983

SAUERMANN, EBERHART; Zur Datierung und Interpretation von Texten Georg Trakls, Innsbruck 1984

SAUERMANN, EBERHART; Trakls Widmung an Gretl oder das Märchen von Bruder und Schwester; in: Mitteilungen aus dem Brenner Archiv, 3 (1984)

SCHNEDITZ, WOLFGANG (HRSG.); Georg Trakl - Gesammelte Werke, Salzburg 1949

SCHNEDITZ, WOLFGANG; Georg Trakl in Zeugnissen der Freunde; Salzburg 1951

SHARP, FRANCIS MICHAEL; The Poet's Madness; London 1981

SPOERRI, THEODOR; Georg Trakl, Strukturen in Persönlichkeit und Werk, Bern 1954

STRELKA, JOSEPH PETER (HRSG.); Internationales Georg Trakl-Symposium, Albany, New York; Bern 1984

STUPP, JOHANN ADAM; Georg Trakl, der Dichter und seine südostdeutsche Herkunft; Stuttgart 1969

Untersuchungen zum Brenner; Salzburg 1981

VON FICKER, LUDWIG (HRSG.); Erinnerungen an Georg Trakl; Innsbruck 1926

WEICHSELBAUM, HANS; Trakl-Forum 1987; Salzburg 1988

Lise Meitner:

EKLUND, SIGVARD; Lise Meitner und Otto Robert Frisch. Einige Erinnerungen; Kungälv 1989

FRISCH, OTTO ROBERT; What little I remember; London 1979

HAHN, OTTO; Von Radiothor zur Uranspaltung; Braunschweig 1962

HAHN, OTTO; Mein Leben; München 1968

HOFFMANN, KARL; Otto Hahn; Berlin 1978

KERNER, CHARLOTTE; Lise, Atomphysikerin; Die Lebensgeschichte der Lise Meitner; Weinheim 1986

KRAFFT, F.; Angewandte Chemie 90; 1978

MEITNER, LISE; Looking back; in: Bulletin of Atomic Scientists 20; 11. 11. 1964

MEITNER, LISE; Einige Erinnerungen an das Kaiser-Wilhelm-Institut für Chemie in Berlin-Dahlem; in: Die Naturwissenschaften 41; 1954

SIME, RUTH LEWIN; Vortrag auf dem Internationalen Wissenschaftshistorikerkongreß, München; München 1989

SIME, RUTH LEWIN; Lise Meitner and the Discovery of Fission; in: Journal of Chemical Education, 66; 1989
STEINER, H.; Lise Meitners Entlassung, Österreich in Geschichte und Literatur 9; 1965
STOLZ, W.; Otto Hahn, Lise Meitner; Leipzig 1983

Milena Jesenská:

BINDER, HARTMUT; Kafka, ein Leben in Prag; München 1982
BINDER, HARTMUT; Franz Kafka, Leben und Persönlichkeit; Stuttgart 1983
BROD, MAX; Über Franz Kafka; Frankfurt 1974
BUBER-NEUMANN, MARGARETE; Kafkas Freundin Milena; München 1963
CERNÁ, JANA; Milena Jesenská; Frankfurt 1985
DIETR, LUDWIG; Franz Kafka; Stuttgart 1975
HACHERMÜLLER, ROTRAUT; Franz Kafka: Das Leben, das mich stört; Eine Dokumentation zu Kafkas letzten Jahren 1917-1924; Wien 1984
KAFKA, FRANZ; Briefe; S. Fischer Verlag; Frankfurt.
KAFKA, FRANZ; Briefe an Milena, erweiterte und neu geordnete Ausgabe; Hrsg. von Jürgen Born und Michael Müller; Frankfurt 1983
LANGENAECHER, SABINE; „Das Gespräch" in Kafkas „Briefe an Milena"; Wien 1988
PAVEL, ERNST; Das Leben Franz Kafkas; München 1986
REIN, DOROTHEA (HRSG.); Alles ist Leben, Feuilletons und Reportagen 1919-1939; Frankfurt 1990
STREHL, ANGELE; Die Erzählung im Brief (Milena); Wien 1987
WAGENBACH, KLAUS; Franz Kafka, Bilder aus seinem Leben; Berlin 1983

Margarete Schütte-Lihotzky:

SCHÜTTE-LIHOTZKY, MARGARETE; Erinnerungen aus dem Widerstand 1938-1945; Hamburg 1985
SCHÜTTE-LIHOTZKY, MARGARETE; Soziale Architektur, Katalog zur Ausstellung am Museum für angewandte Kunst; Wien 1993

SCHÜTTE-LIHOTZKY, MARGARETE; Ich muß Ihnen das chronologisch erzählen; Interview in „Die Presse"; 7. 11. 1992

Ich danke allen, die mir bei der Realisierung dieses Buches geholfen haben, insbesondere:

Herrn Dr. Sigvard Eklund von der IAEA und Frau Astrid Heyman, die mir wertvolle Einblicke in die Persönlichkeit Lise Meitners gewährt und mich bei meinen Recherchen unterstützt haben;

Frau Arch. Christine Zwingl, Forschungsgruppe Schütte-Lihotzky, die mir damals noch unveröffentlichtes Material zu den Werken Margarete Schütte-Lihotzkys zur Verfügung gestellt hat;

Herrn Edwin Hartl, profunder Kenner Karl Kraus', für seine wertvollen Hinweise auf die Figur Ernst Pollaks im Stück „Literatur, oder man wird da sehen";

Mag. Hans Weichselbaum, Georg Trakl Forschungs- und Gedenkstätte der Salzburger Kulturvereinigung, der Material zur Abstammung Trakls zur Verfügung gestellt und mir auf höchst eloquente Weise die verschiedenen Standpunkte der Trakl-Forschung nähergebracht hat;

J.S.C., Columbia University, der mir bei den Recherchen zur wissenschaftlichen Evaluation der Rolle Mileva Einstein-Marić' bei der Entstehung der „Relativitätstheorie" geholfen hat.

Ich bin vor allem Frau Arch. Margarete Schütte-Lihotzky zu tiefstem Dank verpflichtet, nicht nur dafür, daß sie sich bereitwillig zu stundenlangen Interviews zur Verfügung gestellt und mir Einblicke in ihr privates Material gewährt hat, sondern vor allem für die Wärme, Geduld und Offenheit, die sie mir stets entgegengebracht hat.

Schließlich danke ich Prof. Dietmar Grieser, ohne dessen sachkundigen Rat und freundschaftlichen Beistand dieses Buch nicht möglich gewesen wäre.

Ch. S. Chiu